教育的道理

——谢维和教育文集

（第一卷）

谢维和　著

教育科学出版社
·北　京·

谨以此书献给我的学生，是他们“培养”了我。

自序

我的一份教育学“作业”

做教育研究与实践的人，总是喜欢说教育的话，总是喜欢用教育的词汇描述自己的思考、行为与问题，以教育的规范约束自己，按照教育的标准评价自己，因此，当我的学生极力鼓励和劝说我将自己的教育研究文章编辑成册出版时，我宁愿将这种编辑出版的教育文集，当作我自己多年来学习、思考、研究与实践教育学理论，进而呈交给大家的一份作业，交由各位进行“打分”。

这里，我首先要将这份作业呈交给我的学生，包括我自己带的硕士生和博士生，以及我曾经在不同的学校所教过的学生，请他们给我“打分”。作为一名教师，其学生的评价及其给出的“分数”，具有“一票否决”的地位。所以，我的这些“作业”，能否真正有利于学生的学习和成长，能否有利于他们的学术研究，能否有助于他们对教育学的理论有更加深刻的认识，对中国与世界的教育实践有比较深入的了解，对改革的问题有清醒的认识，等等，必定是评价我的这些“作业”的最基本也是非常重要的标准。如果能够得到他们的首肯，我将万分荣幸。因为，这是做教师的最看重的价值和荣耀。

其次，我将向我的同行们呈交这些“作业”，他们是我这些教育学“作业”在学术“法庭”上重要的“陪审团”。我深深地知道，缺乏交流的知识只是一种诡秘的巫术，或者至多只是一种自我欣赏的“花瓶”。虽然我也曾经陶醉于自己获得的若干奖项，窃喜于同行们对我的研究成果和学术观点的褒奖，但是，更能够让我得意的却是我的学术伙伴和朋友与我在教育理论上的对话、商榷，甚至是相互的批评。如果说，各种各样的奖励和褒扬是对我的一种肯定，那么我更愿意将这些对话、商榷与批评看作一种别样的，甚至是更高的认同。因为，我对自己的这些“作业”的最大的忧虑和担心，并不是同行的批评，而是他们的“不屑一顾”。如果一篇学术论文仅仅只是网络发表，或者成为所谓考核的一种工作量，那实在是太没有意思了。如果我的这些理论观点能够得到同行们的重视和批评，能够引起他们的学术热情从而参与讨论，进而推动教育学理论和中国教育改革发展的实践，其价值当然是不言而喻的。

当然，我还非常清醒地知道，任何的理论研究都逃脱不了实践的证明。因为，实践是检验真理的唯一标准。教育学理论研究的这种实践价值，对我具有更加特别的意义。所以，不管我愿意与否，这些教育学“作业”，都将受到实践的“打分”和评判。坦率地说，我本人对教育学理论具有一种特别的偏好，尤其喜欢进行思辨式分析。所以，能否将自己的学术研究“接地气”，始终是我对自己的“作业”的一种特别关注。我非常担心自己的研究脱离了教育改革发展的实践，成为一种局外人的自说自话。非常幸运的是，由于各种机遇，我曾经参与了国家多个关于教育改革与发展的重大政策的研究与咨询，因而有机会将自己的理论研究与现实问题结合起来，把自己的思考与观点贡献给中国教育改革发展的事业。同时，由于大家的信任和支持，我也在不同大学的各级领导岗位上从事过非常具体的领导和管理工作，分管过各种不同领域的工作，所以，我也总是努力将自己的研究和思考与管理实践结合起来，希望能够在工作实践中达到一种理论的自觉。我非常渴望自己的这些理论思考与理论见解能够真正地在实践中产生积极的效果。

更加重要的是，我的这些教育学“作业”也必须呈交给中国教育学和教育的历史，接受它们的检验。这种历史的检验是非常客观，甚至是无情的，而且也是对理论研究是否包含真理性因素的最根本的验证之一。那种昙花一现的热闹与显赫是没有意义的。为此，我经常问自己：自己发表的百余篇的学术论文和出版的十余本学术著作，洋洋洒洒数百万的文字，在中国的教育学历史上，真正能够留得下来的能有几篇？在学校工作时，我也曾多次对各个文科院系的领导、教授和同事们说，作为一所一流大学的教授，千万不要追求单纯的数量，而应该看看我们现在的研究成果，包括学术论文和著作，在10年、30年、50年，乃至于更长远的未来，能否还被后人引用，其中的某些学术观点能否写入学术史中；应该多想想，我们应该做些什么样的工作，才能够被后人将照片放入校史馆里，或者就像我们纪念学术前辈那样，被挂在醒目的地方被后学所敬仰。如果我的这些教育学"作业"中，哪怕有一两篇能够在数十年以后还被后人引用；其中的某些观点、语句能够被人提及，甚至是批评，我也就心满意足了。

最后，我必须承认的是，我的这些教育学"作业"，虽然出自于我自己的思想与思考，但也还得再一次接受我自己的反思与批判。实事求是地说，由于自己的学术修养不够，部分文章的理论基础与写作也可能会显得非常浅薄和不成熟。同时，当初为了追求一种外在的名利，为了给自己评职称积累数量，甚至为了某些非常功利的目的，的确也写了一些不够档次的文章，包括一些应景和凑数的文章。当然，这样的文章是不能选入这本文集的。因此，对我自己的这些教育学"作业"的自我反思，也是自己进一步学习和研究的新起点。

如果我的这些教育学"作业"能够得60分，我就已经非常知足了，因为这意味着我的"作业"是"及格"的。如果能够得到79分或80分，那我一定会欣喜若狂。当然，欣喜之余，我也非常清楚，即使是60分的成绩，那也是因为中国社会经济和教育改革发展的伟大实践，给我们提供了一种难得的历史机遇，以及自己有幸参与了这场伟大的实践；我也要归功于我的学生、我的老师与同行们，归功于大家给了我从事教育管理与实践的机会。我也一定会在这个基础上，更加勤奋地阅读，更加深入地思考，更加持续地写作，争取在若干年以后给大家呈交另一份更好、水平更高的"作业"。

最后，我必须感谢我的学生，是他们给了我这样一次"交作业"的机会。尤其是刘明堂、刘捷和刘生全三位同学，他们很早就给我提出了这样的建议，而且在百忙之中抽空为我整理、梳理和编辑本书。此外，还有许多其他同学为本书的编辑提供了许多帮助。需要说明的是，本文选的第一卷，其中大多数是我给学生的学术著作所写的序言，这些序言的写作，既是对这些学术著作内涵与价值的认识与挖掘，更是通过他们的研究及其所提出的问题，激发的我对相关问题的思考。所以，这种学术著作的序言的写作，实际上也给我提供了进一步表达自己思想的机会。我非常珍惜这种写序言的机会，不仅绝不让他人代笔，自己仅仅签个名了事，有时甚至几易其稿，有的文章甚至耗时大半年之久。所以，没有他们的研究和学术著作的出版，也就没有我的这些评论与序言，当然也就没有这本书。随后计划出版的第二卷将以中小学研究的若干文章为主，希望能够从比较专业化的角度分析中小学教育中的某些问题，特别是中小学教育改革发展中的某些基础性的理论与实践问题；而计划出版的第三卷，则希望主要以高等教育改革发展的研究为主题，选择若干具有一定理论性，而且经得起实践和历史检验的文章。在这些文章中，我将尽可能地用比较通俗、深入浅出的文风，以日常生活经验去阐释和说明教育的基本理论。我非常喜欢一种“大白话”的理论文章，希望能够发表一些不仅是搞理论的人能够理解，而且在教育实践一线的教师甚至是社会公众也能够喜闻乐见的理论文章。根据我个人的体会，这种文章比纯粹理论性的文章更难写。当然，这套文集还将选择性地收录我关于教育政策方面的学术论文，以及各种关于教育问题的评论、访谈、随笔和少数还有点价值的讲话。总之，在这三卷本的文集中，我将力求将自己那些比较专业化、更加深入浅出、更能够“接地气”的研究文章呈献给大家和社会，希望能够不辜负我所受到的培养和恩惠。

谢维和

2014 年 5 月于清华园荷清苑

目 录

故事、理性和精神[①]

关于教师专业化的研究和讨论，目前是一个比较热门的话题，也有许多相关的论文和论述，不少学者提出了关于这个问题的真知灼见。所有这些，都为我国教师专业化的理论和实践做出了积极的贡献。刘捷博士关于教师专业化的著作，只是这其中的一本，也只是许多观点中的一种看法。但是，刘捷的这本书和他的观点，却又是与众不同的。这种不同和特点可以比较简单地用六个字进行概括，即故事、理性和精神。

首先是故事。当然，这种故事可以是其中的案例，也可以是论述中所包含的具体材料。但是，我这里所讲的故事，却是刘捷在分析和论述时所具有的一种强烈的现实感和针对性。读者在他论述的字里行间中可以感受到一种现实的教育改革和时代的要求，也能够比较真切地体会到作者本人的一种情感和真实。这种故事性对于教师的研究是非常重要的，对于社会学研究也是十分关键的。就前者——教师的研究而言，这种故事性将关于教师专业化研究的宏观叙事与微观诠释比较好地结合起来了，而不仅仅是一种理论的分析和抽象的规定，或者局限于单纯技术性的讨论与建构。由此，它使得人们在阅读时能时时感受到现实的要求和涌动。应该说，这种故事性并不是所有从事教育研究的人都能够做到的。它与刘捷博士的个人经历和生存体验是联系在一起的。作者在教育基层工作过多年，对中国教育特别是基础教育的现实有着十分深入和直接的经验，对教师的工作和生

① 本文是为刘捷的专著《专业化：挑战21世纪的教师》（教育科学出版社2002年版）所写的序言，并发表于《中国教育报》2003年1月18日。

存状态也具有非常丰富的感性认识。当然，对基础教育中教师的地位、重要性和发展的要求等，也有着具体的思考。我认为，没有一种真正的现实体验是达不到这种境界的。从这个意义上说，教师研究中的这种故事性并不是“讲”出来的，而必须是“实践”出来的。就后者——社会学研究而言，教育社会学的研究也要求这样一种故事性。因为，教育社会学首先要求的就是一种“事实”，而教育活动中最基本的事实就是人的活动，是一种充满了鲜活和生命的人的故事。这种故事作为一种基本和直接的“文本”，是教育社会学研究的出发点，也是它分析和解释的基本对象。当然，这种故事的文本又不是缺乏生命的单纯“对象性存在”，它也是一种包含和体现人的活动的“文本”，是一种活的“文本”。换句话说，在这本书的论述中，我们甚至可以“读”到作者本人的个性和经历，感受到他自己的追求和风格。无疑，有了这种故事性，本书也就具有并获得了非常坚实的现实基础。

其次是理性。这里所谓的理性，实际上讲的是一种科学的态度和严谨的学术作风。如果我们比较其他关于教师专业化的著作，就可以十分清楚地看到，这本著作对于教师专业化的分析和说明是非常细致和系统的，而且在论证上可以说是十分缜密的。科学研究需要这样一种态度和作风。翔实的材料，充分的说理，科学的论证，以及必要的限制，所有这些，在一个科学的教育研究中，是必要的基本条件。第一，这种理性是一种实事求是的态度和作风，就是尊重现实，就是一切从实际出发。它包括对各种有利于自己观点的事实的接受，也包括对那些与自己观点不同的各种材料和事实的承认；它要求尽可能充分地收集各种事实和信息，而不能仅仅局限于个人的好恶。第二，这种理性还应该是一种严格的逻辑、思维与研究方法。应用不同的方法，同样的材料和事实往往可以得出各种不同的观点与看法。而严格的逻辑，以及科学的研究与思维方法，则可以从程序上保证我们的研究的真实性和准确性。当然，研究和思维方法可以是不同的，这种不同与个人的学术背景、经历以及研究课题的特点具有一定的关系。但是，对各种不同的方法论和思维方法的选择本身也体现了一种理性的要求。第三，这种理性还包含了一种宽容和谦和，而且，这种宽容和谦和是非常必要的。因为，整个世界是多样化的，对社会和教育的认识也是非常不同的，况且这个世界之大，整个教育之大，不是任何一个人，也不是任何一篇文章，或者是一本书所能够说完的。从这个意义上说，我们每一个人都是有限的，我们所从事的每一个研究，所写的每一篇文章和每一本书也都是有限的，既不可能涉及社会和教育问题的所有方面，也无法穷尽某个具体问题的所有内容。因此，对社会的教育研究应该是多方面的，对一个问题的看法也必然是多种多样的。试图否定这种无限性和多样性，绝不是理性的态度，而肯定是非理性的，也是不科学的。所以，理性本身就包含了一种宽容和谦和，或者说它本身就是一种宽容和谦和。

最后是精神。这种精神说到底就是对教育的责任和对社会与人的发展的关切。换句话说，这种精神所要求的是将自己的研究和工作融入整个社会和教育的发展中去，它并不仅仅是一种个人的得失或成败，也不是单纯理论的爱好和兴趣的实现，它体现的是一种更加高尚的目标和追求，一种更加恢宏的壮观。作者的研究在一定程度上也反映了这种精神的追求。从他的论述中，在他的结构里，我们都可以隐隐约约地感受到这种对中国教育和人的发展的责任和关切，由此也就在一定程度上表现出了一种研究的“大气”。当然，包括我和他在内，离这样的要求和目标仍然相差甚远，我们的研究和探讨在许多方面和领域也只是初步的尝试，但是，我和他一样，都十分清醒地认识到这种精神是我们这些莘莘学子的学术生命之所在。如果缺乏这样一种责任感和关切，任何研究，哪怕它在叙述上如何流畅，在辞藻上如何华丽，在结构上如何完美，以及在逻辑上如何缜密，它充其量也只能是一种精巧的工艺，一种玲珑的修饰，而并没有真正内在的价值。我十分愿意以这样的一种精神和境界与刘捷博士共勉，也和所有我的学生，以及教育工作者共勉。

当然，就本书关于教师专业化的具体研究而言，它一方面为教师专业化的研究和实践提供了非常有益的分析和观点，另一方面也为人们进一步研究和探讨教师专业化的问题开拓了一些新的空间和可能。至于对其中具体观点和分析的评价，我想最好还是把这个权力留给读者。但是，我想要说的是，关于教师专业化的研究和实践，绝不仅仅是教师自身的事情，也不是单纯对教师的要求，教师的专业化实质上反映了一种整个教师培养和管理模式的变化和转型，它内在地包含了一种教师和学生之间关系的变化，体现了一种教师与教育管理机构之间关系的变化和改革，隐含着一种教师地位的变化。当然，这种教师的专业化也意味着教师对自己的一种新的责任和自律。而这些在本书的探讨中仍然是不够的，在现在有关教师专业化的研究中也有待进一步深入。

教育的理想主义[①]

王唯关于基础教育研究的著作就要出版了，她为自己多年来研究基础教育的这本书选择了一个非常有意境的题目："聚焦基础教育：理想与现实的博弈"。这种理想与现实的博弈，既是对基础教育本身发展的一种感受，也是对她多年来研究基础教育的心迹的一次描述。作为她的朋友，我更愿意从后者说几句话。

王唯是一个普通的基层教育科学研究人员。多年来，她一直从事着与基础教育关系密切的各种课题研究，包括：小学生全面发展中的德育与评价、小学生观察能力的研究、教育实验的方法、独生子女教育、素质教育、中小学管理、小班化教学的研究、基础教育的质量研究，等等。她经常在中小学里"泡"着，与中小学的领导和教师们在一起工作着，为基层教育改革和发展做出了十分重要的成绩，也为中小学教师提供了很好的服务。当她出色地完成了一个研究课题，她会为自己的努力与成绩而表现出自己的喜悦，并且与同事和朋友分享；当她遇到麻烦或者难题时，也常常会感到苦恼和憋屈，有时也会向自己的朋友和老师倾诉。我曾经与她一起做课题研究，也多次在自己的研究中获得她的帮助和支持，包括一些材料和案例等。在我与她十多年的交往中，我也同样感受到了她的热心和诚恳，包括她的能力与眼界，当然，也包括她偶尔透露出的那么一点无奈和困顿，以及对现实问题和一些丑陋现象的愤世嫉俗。所以，在我看来，她是一个

① 本文是为王唯的专著《聚焦基础教育：理想与现实的博弈》（北京出版社 2009 年版）所写的序言。

非常真实的人。

其实，王唯的真实，并不在于她不掩饰自己的认识与观点，也不是她具有普通人那样的真实情感。她的真实的可贵之处是，她的研究与论述揭示了教育研究内在的真实矛盾，反映了教育研究工作者内心的真实苦恼，也显示了教育研究内含的真实魅力。看过她的书稿，从她的研究历程中进行演绎，从她的工作对象——基层的教育研究中去揣摩，从她留给我的工作印象和感觉去猜测，我仿佛能够看到一个基层的教育研究工作者如何在理想与现实的冲突中行走：她不时地从理想的召唤中获得力量，又时而从现实的客观中得到鼓舞；她一会儿感受到理想的无力，一会儿又觉得现实的无奈。她常常因为理想与现实的契合而欢欣鼓舞，却又往往为理想与现实的打架而心灰意冷。但我认为，这其实恰恰就是教育研究的真实写照，是教育研究工作者的“宿命”。因为，从本质上说，教育研究工作者本来就应该是一个理想主义者，而且，教育研究工作者的这种理想主义注定是要与现实“纠缠”一辈子的。

教育研究是需要理想的。作为一种社会对未来的委托和期望，作为一种面向未来的社会活动，它需要有一种超越现实的眼光与预期，必须以一种未来的召唤作为自己的使命。而这些是需要以理想为指引的。大凡伟大的教育家，他们之所以能够超凡脱俗，高瞻远瞩，无不与他们的理想有关。历数那些至今仍然为人们所称道与敬仰的教育思想家，他们之所以能够在历史上立功、立德和立言，其实也都是以他们对社会和教育的崇高理想为立足的。同样，任何的教育研究，也都是以这样或者那样的教育理想为基础和根据的。这样的教育理想是一种对社会发展规律的认识，是一种对人类价值的追求，也是一种对未来进步的信念。而且，它也是所有教育研究的内在前提。例如，我们对素质教育的研究，是因为我们相信，这样的素质是儿童和青少年发展的根本，是社会与人类发展的基础，因而也是教育追求的目标；我们对基础教育均衡化的研究，是因为我们崇尚教育公平，我们相信教育公平应该是教育的基本价值，是教育发展的根本目标，而且，我们相信，一个民主和文明的社会必定具有公平的教育。我们探索和研究中小学教育的管理，是因为我们坚信，在中小学的教育中，肯定存在一种客观和内在的发展规律，在影响中小学健康发展与建设的若干因素和变量之间一定还存在某种稳定和本质的联系，我们需要去发现它们，而且我们也一定能够逐渐获得对这种规律的认识。

在研究教师专业化的过程中，我发现有的教育思想家曾经十分强调教师的专业化能力之一是他的判断力。当时，我并没有能够完全理解这种对教育的判断力的含义。后来随着自己从事教育工作的实际体会，以及对教育研究的不断深入，我逐渐体会到了其中的深奥与意境。因为，判断力反映的是一种普遍性与特殊性的结合，是一种共性与个性的碰撞，也是此岸与彼岸的沟通，还是应然与实然之间的交往。简言之，判断力就是一种理想与现实的矛盾，其实，教育本身不正是体现和表现了这样一系列的矛盾和冲突吗？而教育研究不正是体现了这样一种在不同取向和矛盾中进行取舍和选择的判断力吗？

教育应该是公平的，它应该成为改变社会不平等的工具，应该为那些处境不利的个体和群体提供教育上的支持与帮助。但是，教育的现实却往往让这种理想的教育公平成为一种奢望与梦想，人们所看到的常常是教育的不平等，是教育资源分配的不合理。

基础教育的孩子应该是轻松快乐、无忧无虑地成长，处在长身体阶段的儿童与青少年，所需要的应该是关怀和营养，他们不应该有如此沉重的学业负担，而应该是愉快地学习，幸福地成长，充满着对未来的憧憬与理想。可现实的图景却是，年幼的儿童与青少年背着与他们身体不相称的大书包，甚至是拖着一个小箱子；深夜里，万般寂静，可青少年学生却仍然在做作业；周末，各种各样的补习班人头攒动，但却都是小孩子。

教育应该是以培养学生的基本素质为主，应该关心每一个学生的成长，这里不应该有太多的选拔和淘汰，而应该是更多的培养和关怀。基础教育应该更多地强调合作与互助，而不是过于激烈的竞争与拼杀。但是，各种各样的考试，严酷的中考和高考，使得每一分都成为学生的命根子。素质教育蜕变成了课外活动中的唱唱跳跳。谁都不否定素质教育的道理和意义，但面对考试和录取中的选拔，最后，分数仍然是“硬道理”。

……

太多的矛盾和冲突，不尽的失落与反差！究竟道理在何方？道理就在于我们的判断力。教育研究就是要在这样的矛盾与冲突中去找到我们的出路，找到真正能够解决问题的方法。它要求我们把这样的理想和现实结合起来，根据情境的不同定义，寻找它们之间最合理的契合。

这种教育的判断力无疑具有一种逻辑的力量，但却又极大地超越了逻辑的力量。它体现和表达出来的是一种教育的直观。逻辑反映的只是理性的关系与演绎，而对于理性与感性之间的关系，教育的判断力所展示的则是一种布迪厄所说的“实践理性”。我逐渐能够体会到一点王唯的感受，正是她所选择的题目给了我一定的启发。因为，理想与现实的博弈，而且这样一种可能是“无解”的博弈，正是教育研究的魅力。由此，我想，可能也就是教育研究的这种魅力，使她达到了这样一种境界。

经常听到有人说，教育研究是“无解”的。据说这种“无解”的原因是教育研究往往缺乏必要的边界条件，因此，所得到的结论和看法，常常也是仁者见仁，智者见智，而且会随着个体、对象以及时间与空间的变化而有所不同。这种说法还是有一定道理的。实际上，教育本身就是一种没有绝对之“解”的社会活动。作为一种现实对未来的委托和期望，作为一种不得不立足于现实，却又必须指向未来的活动，它本身充盈和洋溢着理想与现实的冲突和矛盾，却也时时追求着理想与现实的和谐与协调。而这样一种矛盾和冲突的协调与解决，只能无固定和绝对之“解”。因为，对不同的人，可以有不同的教育方法；在不同的地方，可以选择不同的教育模式；对不同的问题，可以形成不同的教育方案；对不同的学习需求，可以提供不同的教育服务。

其实，这种“无解”，恰恰就是教育研究的魅力。试想之，如果教育研究可以找到一个固定和绝对的“解”，如果我们可以通过研究发现一个对所有人都行之有效的教育方法，发现一条适用于所有人的成长道路，其后果将是十分可怕的。由此，不仅我们这个社会和世界将变得索然无味，而且这也会造成不可思议的灾难。眼下这个世界和社会之所以生意盎然，我们的人类之所以妙趣横生，恰恰是因为这个世界中每一个人都是不一样的，都有着不同的成长道路和发展方式。我们都有过这样的经历和体会，当我们看到一个人在生活和事业中获得成功时，往往会回想过去他所受到的教育，联系到他的母校、老师、班级和同学，以及他在学校里曾经有过的各种经历，甚至是逸闻与趣事，而且把他的成功在一定程度上归功于母校的教育。同样，当我们看到某个人在生活和事业中遭遇挫折与失败时，也常常会回忆他在学校中的言行举止，甚至试图从他过去在学校的点滴表现中发现后来出现问题的“萌芽”，并且检讨教育的失败。人们会说，对前者的教育是成功的，而对后者的教育是失败的。而且，每一个父母在他们的孩子长大以后，也常常会反思过去对子女的教育，检讨其中的得失。实际上，教育的功能，并不是要去找到一种对所有人都行之有效的教育方法，也不是力求去发现一条适用于所有人的发展道路。它的作用恰恰在于要去为不同的人找到不同的教育方法和成长道路。教育中所包含的无限的理想与可能性，以及充满变幻和机遇的现实和偶然性，恰恰是教育研究的魅力。而且，由于每一个人生来都是不一样的，他们的成长环境各不同，因此也为教育研究的这种魅力的存在和可能提供了无限的空间与机会。任何事物都是发展的，在社会和教育发展的过程中，教育研究工作者对教育实践的解释、思考，乃至对实践的指导，不断从“有解”到“无解”，又从“无解”到“有解”，这就是教育研究魅力之所在吧。

法国思想家萨特曾经比较和分析过有形的害怕与无形的恐惧。他认为，有形的害怕是对某些具体对象的害怕，例如，对毒蛇和土匪的害怕。这种害怕是可以克服和避免的；而无形的恐惧则是一种与人的生存状态联系在一起的意识，因而也体现了一种生存的境界。因为这种无形的恐惧是一种人们对未来的不确定性的担忧，因而也是不可避免的。弗洛姆在讨论恐惧时，认为人们对自由的恐惧是一种生存的本真。因为这样的自由需要人们去承担自己选择的责任与后果。我妄加发挥和演绎，萨特所谓无形的恐惧与弗洛姆对自由的恐惧，实际上只是一种悲观的人生观。人的未来的确充满了不确定性，人的自由当然需要人们去承担自己选择的后果与责任，而这里无疑存在巨大的风险。殊不知，人本身就是一种“无解”的存在，正是这样的“无解”所表现出来的不确定性和自由的选择，给人类的发展和生活带来了无限的机会与可能性，给人们的想象力与自由发展，提供了自主的空间。这恰恰是人类的伟大和生命的魅力。同样，教育研究的魅力也正是它的这种“无解”。因为，也就是这样的“无解”，以及由此所表现出来的不确定性和各种可能性，使得教育研究充满了活力与乐趣，也使得教育研究的探索成为不朽的领域。

教育研究的这种魅力不是抽象的，而是非常具体的，也是能够给人带来快乐的。它存在于生动具体的学校里，体现在充满活力的教室和活泼可爱的孩子中间。它要求我们去认识不同学校的特点，去发现每一个学生的优势和强项，去了解学生在不同成长阶段的发展任务。德国哲学家莱布尼兹曾经这样说过，世界上没有两片完全相同的树叶。我们同样可以说，世界上没有两个同样的孩子和学生。也正是由于学校和学生的这种特点，可以使得学校的生活是常新的，是永远充满活力的，而且是让人不断保持年轻的地方。也正是由于这样，在学校和学生中间，你永远不会感到枯燥与乏味。因为，你每天接触到的都是活泼可爱的青少年学生与稚气的孩子，他们的天真与好奇会使你永远保持一颗年轻的心。从这一点来说，王唯是幸福的，也是幸运的。她曾经告诉我，她经常需要到北京各个区县的学校去进行调查，时常要深入到学校和课堂中听课，而且，不时地还要参加各种各样的会议，讨论课程改革的方案，等等。她和她的同事们的确是非常辛苦的，她的述说也常常带着一种疲倦。但是，我也能够非常清晰地感觉到她的快乐与成就，能够体会到她从中获得的愉悦。从她的研究经历中我们可以十分清晰地发现，她所做的各种研究几乎是没有重复的，她始终在走着一条探索和创新的路子，她的每一天都是常新的。我不敢随意地下结论说这就是王唯之所以执着于基础教育研究的理由，我也不能轻易给她戴上这样一顶“高帽子”，可能还有其他的理由和原因。但是我敢说，教育研究的这种“无解”的魅力，肯定是其中重要的原因之一。

写到这里，我也回想自己这些年走过的路。曾几何时，我也有过从政的机会；在市场经济发展的“下海”浪潮中，我也的确有过经商的机遇，权力与金钱的诱惑也曾经让我心动。但不知是什么原因，总是有一股无形的力量牵扯着我，总有一个执着的声音在说服着我：留在学校、留在教育界。所以，自从我大学毕业以后，就一直在学校工作，哪儿也没去。虽然也有一些不尽如人意的地方，尽管未来的道路仍然充满挑战和压力，但是，我始终觉得我的选择是对的。因为这里的生活是常新的，这里的学生让你年轻。

当然，我完全相信，王唯的著作会给读者提供一些她自己研究的成果和观点，特别是她在基础教育研究方面的体会与理论，对于当前基础教育的改革和发展，都具有非常好的现实意义。但是，我更加希望的是，王唯的著作，特别是由此所反映出的她的研究历程与心路历程，能够给读者带来一种对教育研究的新的认识，特别是教育研究的“无解”及其意义与魅力。

每一个学校都是独特的，每一个课堂都是不一样的，每一个学生都是唯一的，教育的每一天都是新的。这就是教育研究的魅力。

教育概念的含义与功能①

教育改革与发展中存在的各种问题的确涉及体制、政策与人们的观念，但是，我也认为，其中有些问题的产生与出现，也不能不怪我们对教育的某些基本概念及其含义的认识有误，甚至是片面性和谬误。说得严重一点，也与我们多年来对教育基本概念的提炼、总结和准确表述不够有关。难怪英国著名的教育社会学家伯恩斯坦也不无郁闷地说教育科学只是一种“弱语法”。因此，把教育的基本概念搞清楚，真是有好大的功能。

教育中某些基本概念的滥用或误解大致有这样几种情况。第一种情况是由于人们对教育词汇的形容与比喻，甚至是善意的夸张而造成的误解。例如，“培养”概念的误解就是这方面一个十分明显的例子。显然，“培养”是教育学的基本概念。它表达了教育活动最重要的规律与形式，说明了教育活动与其他社会活动非常不同的性质，也是教育活动最基本的特征。尽管人们也常常把“培养”这个词挂在嘴边，但对它的真正含义与功能却知之甚少。人们更加喜欢在吟诵“人类灵魂的工程师”的短句中，把人的培养理解为一种类似工程师制造产品那样的“塑造”，岂不知，教育的培养概念恰恰反对这样一种以老旧的行为主义心理学为基础的“塑造”，而更加体现了教育活动“舒展”人们灵魂的过程。因为人是有生命的，他具有自己成长与发展的内在规律，而培养正是帮助人们遵循这样的规律成长。也正是由于这样，著名的教育学家叶至善和吕叔湘先生把教育活动非常贴切地

① 本文是为 *The Routledge International Encyclopedia of Education* 中文版（英文版由 Routledge 出版社于 2008 年出版，中文版由清华大学教育研究院翻译，将由教育科学出版社出版）所写的序言。

比喻为“农业生产”，而不是“工业生产”。

第二种情况，我猜想可能是由于利益的作祟，而使得有些人自觉或不自觉地误解，甚至是歪曲某些教育基本概念的含义，以至于造成了一种讹传。例如，“学科”就是这个方面一个十分典型的例子。“学科”本来是一个关于知识分类与集合的概念，却被当成了一个束缚知识创新与科学发展的桎梏；本来只是初学者在刚刚进入学术领域中的一种必要的引导，却被当作了划分利益与权力格局的工具，成了学术界不同学科之间“画地为牢”的樊篱。又如，“博士后”本来是一个博士毕业以后参与科研实践的岗位，是一个学术与实际工作之间的过渡，却被有些人奉为了一个甚至要高于博士的学习层次，有些人还将它印在名片上，好像是要显示一种更高的学术地位。

第三种情况则是教育学中确实有一些长期以来似是而非的名词与概念，人们想当然地使用着它们，而教育界的人也并没有说明白，给人们造成了一种教育学不严谨的印象。例如，大学中“系”与“院”的含义及其区别就是一个非常有趣的例子。有一次，某个大学的学术委员会讨论一个研究所更名的议题。学术委员会的教授和院士们便提出了大学中“系”或“所”与“学院”或“研究院”的含义与区别的问题。这样的问题可绝不是抬杠，因为它们都是高等教育学的基本概念和名词呀！可就是这样一个大家都想当然的基本概念或词汇，真正要追根究底，还真是不太清楚。其实，这样的基本概念或词汇在教育学中是有特殊的规定性的。根据某些教育词典的解释以及我的理解，一般意义上的“系”或“所”，常常指的是一种单纯学术上的机构，或者说，主要是学术的分类系统；而一般意义上的“院”或“研究院”，则往往具有某种行政管理意义的色彩。或者说，当某个学术机构的活动超越了单纯学术活动的范围，而与其他社会机构发生着越来越多的非学术交往时，它就不能仅仅是一种单纯的学术机构，而必须具有一定的行政管理的特点。而现在所谓的“升格”或更名现象，常常都与大学的社会经济交往活动越来越多的变化有关。

第四种情况则是在借用其他学科名词与概念时出现的偏差与错位。教育学作为一种以某个领域为基础的学科，常常借用和引进其他学科的概念与方法，因而也往往不可避免地导致偏差与错位。例如，如今在教育学中非常流行的“话语”一词就是一个很好的例子。虽然我自己也还并不能够对“话语”这个概念的含义有完全透彻的理解，但却看到在一些有关的文章和讨论里，把本来应该是一种体现权力与社会关系的文化分析，简单地转换成了一种语言文字或修辞学的语法分析，以至于在相当程度上丢弃了“话语”概念的意义与价值。

第五种情况则是教育学科内部各种概念或名词之间的相似性而引起的混乱与误用，特别是当人们翻译和引进一些国外相关的教育概念与名词时，这样的混乱和误用就表现得更加突出。例如，各种关于能力的不同表述就是一个特别典型的例子。像 ability、skill 、competence 等关于能力的词汇，我们并不十分清楚它们之间的差异与联系。又如，学术自由本来是一个从国外引进的概念，但在引用和表达它时，却往往也是歧义丛生，包括专业的学术自由、法律上的学术自由，学术自由与大学的自主权的关系，等等，也往往是非常不清楚，以至于产生了相当的混乱，进而影响了教育的实践。

除此之外，可能还有一些其他的形态或原因。这样说，并不否定教育学的专业概念与词汇也可以有通俗的表述方式，也可以具有常识的形态，同时也可以在经验中得到丰富与发展。但是，作为一种专业的概念与词汇，它们所表达和承载的内涵的确是需要说清楚的。这对于教育科学的发展与教育实践的实施，都具有格外重要的意义。

首先，对教育学这些专业概念与词汇的认识与把握，恰恰反映了我们对教育科学的认识水平，反映了我们对教育规律的把握。实际上，这些年中国教育改革与发展中所出现的各种问题，特别是教育公平中出现的问题，在很大程度上是与我们对教育学的某些基本概念的认识不清晰，甚至是不到位有关系的。在这个方面，关于教育发展的概念的理解与认识就是一个十分典型的例子。根据教育科学的规定，教育发展的概念所包含的确切含义本来应该是包含两个方面：教育的扩张与增长，以及教育资源分配机制和结构的改善。换句话说，它包括了教育供给或者教育资源的扩大与增加，或者说是教育供给的总量的扩大，以及对这些不断扩大或增加的教育供给与资源的分配机制或结构的改善。如果仅仅把教育发展理解为教育的增长，或者说单纯是增加教育的供给与资源，那就不是真正科学与完整的教育发展，而只能是一种教育扩张，由此也必然在教育改革与实践中带来一定的影响。

其次，对教育学的这些基本概念与词汇的认识和把握，也直接关系到教育改革与发展中某些特定领域的实践。在这个方面，义务教育包括基础教育中出现的某些问题也就直接与人们对义务教育概念的认识联系在一起。尽管我没有做过专门的调查，但的确有相当部分的人，甚至包括部分从事义务教育的领导和教师，仅仅从一种形式主义的角度理解义务教育，认为它仅仅是免费上学，或者至多是政府有义务实施义务教育，而家长有义务送适龄青少年接受义务教育。殊不知，义务教育除了这种形式主义的含义之外，更加重要的是它的内容上的必然性与义务性。也就是说，义务教育阶段中的中小学课堂教什么，达到什么程度，实现什么样的目标等，也都是一种义务教育中所谓“义务”的内涵，是不可选择的。这也是义务教育与非义务教育的最根本的不同。如果仅仅从形式的角度理解和实施义务教育，则非常可能使义务教育产生方向性的问题。

当然，面对教育学的这些基本概念与词汇的认识和把握，也影响了教育事业的发展与进步。关于大学含义的把握就是一个十分有趣的例子。人们常常把大学看成是一个知识传承与创新的地方，看成是一个“传道、授业，解惑”的地方，但是，人们没有从根本上认识到，大学实际上更是一个文化机构，是保持、传承、创造文化的场所。这样的说法和解释并不仅仅是一种学者的较真，它实在具有十分重要的现实意义。因为，不同的理解将直接影响大学的建设与投资。更加重要的是，这里的论述并不是一种“空谈”，如今的某些相关政策恰恰在整个问题上失去概念的依据，因为按照这些政策的条文，大学中某些文化设施的建设将被认为是一种“奢侈”，甚至被认为是“浪费”。

对教育概念与词汇含义的把握属于一种教育科学的认识活动，但这样的认识水平却决定了我们教育实践水平的高低。也正是由于教育概念有这样重要的意义与功能，我们清华大学教育研究院非常乐意向各位读者推荐由 Gary. McCulloch 和 David Crook 主编，由 Routledge 出版社出版的 *The Routledge International Encyclopedia of Education* 中的某些概念和词汇。诚挚地希望这样的工作能够为推动与提高教育学科和中国教育实践的科学化水平做一点微薄的贡献。

谈教育学科的“语法”建设[①]

大家都知道，高等教育和大学的发展会受到经济发展的影响；大家也都会说，大学毕业生的就业与经济增长存在着十分紧密的联系，也是受经济增长所制约的；很多人都晓得，市场经济条件下的就业，尤其是大学毕业生的就业是一个非常复杂的问题。但是，高等教育与大学是如何受到经济发展影响的？大学毕业生的就业与经济增长到底存在怎样的关系？它又是何等复杂？这样的问题在教育理论与实践中，是非常重要的，但往往又很难说清楚。坦率地说，在高等教育与经济发展之间的关系，或者说，在大学毕业生的就业需求与经济增长之间关系上的这种说不清楚的现象，在教育研究中的其他领域也经常出现，甚至说还是一种比较普遍的现象。这种对教育现象和问题缺乏充分解释力的困境，也是教育科学的一个比较突出的问题。为此，英国著名教育学家伯恩斯坦曾经用了一个非常有趣的比喻，称教育科学只是一种“弱语法”，意指它们的理论目前不能很好地说明和解释现实的教育现象与问题。显然，这样一种“语法”的基本内涵就是教育科学的基本规律。可以认为，教育科学的这种“弱语法”，已经是教育学领域中人们的一个基本共识，同时也是许多教育学学者非常不满的问题。所以，加强教育学科的“语法”建设也是教育理论研究的一个重要任务。

本书关于大学毕业生就业的需求约束的研究，包括描述和分析大学毕业生就业的存量与增量、发现制约大学毕业生就业需求的若干因素及其关

---

① 本文是为孙凤和笔者的《大学毕业生就业的需求约束：市场经济中大学毕业生就业问题的研究》（教育科学出版社 2011 年版）一书所写的序言。

系，特别是关于大学毕业生就业的一般弹性系数的探索，实际上也是力求建立关于高等教育与经济发展、大学毕业生就业与劳动力市场之间关系的“语法”；希望能够通过这样一种“语法”的探讨与建设，为我们更加客观、准确和具体地认识与把握高等教育与经济发展之间的关系，分析大学毕业生就业需求与劳动力市场变化之间的关系，提供一个比较科学的理论指导，进一步增强教育科学的解释力，进而能够更加自觉地按照客观规律发展教育，使高等教育的发展和人才培养能够更加适应市场经济的特点和需要。而且，这个想法在我们的研究过程中也变得越来越清晰，越来越自觉。尽管这个研究的对象和范围是非常有限的，研究的成果和结论也可能存在这样那样的不足，但在这个研究与探索的实践中，结合我们过去曾经做过的一些研究，对于如何加强教育学科的“语法”建设，我们也有一些不太成熟的体会与认识。

首先，教育学科的“语法”建设必须建立和形成一整套能够比较客观和准确地描述教育活动与教育现象的符号系统与词汇系统。这也是教育学科的“语法”建设的重要基础。例如，在本书的研究中，大学毕业生或者大学劳动力就是两个非常关键的概念或者符号。大学劳动力反映的是现有劳动力大军中已经具有大专及以上文凭的劳动力，指的是已经就业的大学毕业生；而大学毕业生则指的是即将毕业，但还没有就业的大学生。而且，根据中国的实际，大学毕业生的内涵与外延也是非常具体的，它覆盖了各种不同的类型和层次，以及不同的身份差异。又如，大学毕业生就业的需求约束也是教育学或者高等教育学的一个非常基本的符号、概念和词汇，而且，它是市场经济体制中高等教育改革和发展中的一个新的符号、概念与词汇。它反映了在市场经济条件下高等教育发展的一种新的定位，以及大学在改革和发展过程中的一种新的战略取向。这些概念构成了本书重要的研究基础。在教育学科“语法”系统中的符号和词汇建设中，教育学的基本概念和词汇的规定，往往具有基础性的意义。对此，有一个非常典型的例子。

有一次，在清华大学的学术委员会讨论某个系所更名为学院的过程中，一位专家提出了一个非常简单却又很难回答的问题：什么叫作“系”？什么叫作“学院”？成立“系”或者“学院”的标准是什么？等等。听起来这是一个非常简单的问题，但它却有着十分重要的现实意义。因为，它们的含义与差异可是直接关系到大学的管理，甚至是关系到大学的风气！因为，如今高等教育领域非常流行的“升格”，或者由“系”到“院”的更名，的确是有“浮躁”的嫌疑。而在清华大学，这样的升格常常是受到批评和抵制的。毫无疑问，这是一个教育科学特别是高等教育管理学的问题，但是，我在场却不能回答这个问题，虽然表面上保持着一种平静，我心里却非常不是滋味。我仿佛听到人们在说，教育学连这个问题都解释不了！我甚至还想起了某一位著名学者对教育学十分刻薄的嘲讽。难道我们的教育科学就这样“无能”吗？自此以后，我就一直关心这个问题，包括查找有关这些问题的研究文章，甚至从国内外购买了若干本教育大辞典和教育百科全书，比较不同的规定和观点。虽然这些辞典和百科全书对上述问题的规定与观点也是不甚了了，但我还是通过“系”与“学院”在管理方面学术与行政的属性和特点的差异分析，对这个问题做出了自己的解释。由此可见，教育学科的“语法”建设中这样的符号与词汇是非常重要的。

其次，教育学科的“语法”建设必须反映和体现对教育活动和教育现象的比较客观和科学的分类体系与结构安排。对语言活动和现象的分类与结构安排，是语法的重要功能之一，也是一个语法系统水平高低的体现。对教育活动和现象的分类与结构安排，也是教育学科的“语法”的必要任务和基本内容，包括大学的不同类型、高等教育的结构差异、教师与学生的分类等。在本书的研究和设计中，这种分类与结构安排也是最基本的思路与方法。例如，关于大学毕业生就业问题的分类，以及关于大学毕业生就业问题的三种定义等。另外，在描述和分析经济发展对大学毕业生的需求约束时，本书采用了三次产业的分类框架以及不同的行业系统说明这种就业需求的类型与结构。这里，我更愿意认为，分类与结构对于教育学科的“语法”建设甚至具有更加重要的意义。因为，教育本身是一种高度规范性和稳定性的社会活动，这种规范性和稳定性对教育学科中关于类型与结构的认识要求是非常高的。而且，教育活动与发展的管理也要求有一个比较系统的分类体系与结构安排。同时，随着社会和教育的发展，教育活动本身的分化也达到了一个新的程度，教育活动的复杂程度也越来越高，这些也需要不断完善和丰富已有的分类系统与结构安排。

在这个方面，关于学生的分类理论便是一个非常重要的教育学科的

“语法”问题。众所周知，“因材施教”一直是中国教育理论中的重要思想之一，尽管现在这个思想又有了各种现代的表述，如所谓的个性化培养，但都强调了针对不同学生的差异和特点进行培养的理念。然而，这个思想长期以来却一直没有能够很好地得到落实，甚至在教育学科人才培养的教育教学体系中，也缺乏相应的课程。虽然其中存在比较复杂的原因，但关于学生的类型理论不能不是教育学科的“语法”中的短板。实际上，目前教育领域中的许多问题，包括素质教育等，都与这种关于学生分类的“弱语法”有关。尤其是教育评价的问题，也正是由于我们缺乏对学生的分类范畴，关于学生评价的标准往往非常单一和狭隘，以至于各种各样评价所产生的结果，往往都是极少数人的“专属”，而不能成为真正促进绝大多数学生成长与进步的资源。长期以来，我们头脑中经常有一种习惯性思维，一谈到优秀，往往想到的是极少数人。如果说要让大多数人能够成为优秀，常常被认为是不可思议的梦话。而个中原委不能不与我们对学生的分类有关。正如有的专家所指出的那样，多一条标准，就多一批好学生。

因此，分类是教育学科“语法”建设中一个非常重要的方面。根据科学的一般要求和特征，这种分类甚至是一个学科的基础。同时，对于任何一个学科来说，分类上的进步与发展，也直接意味着这个学科的进步。

最后，教育学科的“语法”建设，还必须包含和说明教育活动与教育现象内部与外部的各种内在和规律性的联系，真正形成对各种教育现象和问题的解释力和预测力。简单地说，教育学科的“语法”体系，不仅指这种“语法”的符号或词汇系统，以及这些教育活动的符号或词汇系统的类型与结构，而且还包括这些符号或结构之间，即教育活动及其各个要素之间动态和内在的联系。可以认为，这个方面是教育学科的“语法”体系中最薄弱的方面。这种“薄弱”突出体现在以下几个方面：一是教育学科对教育活动及其要素之间联系的认识往往具有不确定性，缺乏稳定性，很难形成规律性的“语法”；二是教育学科对教育活动及其要素之间联系的认识常常比较抽象，缺乏具体的可操作性的“语法”，很难对比较复杂的教育现象进行有效的解释；三是教育学科对各种教育活动及其要素之间联系的认识与规律的表达，往往缺乏一定的专业性，以至于存在着失去学科独立性的风险。本书在研究大学毕业生的就业需求与经济发展及市场经济的关系时，也面临这样的问题，所追求的也正是这样一种具有教育专业性的、能够对高等教育发展以及大学毕业生就业需求进行比较有效解释和说明的具体“语法”。因为，长期以来高等教育与经济发展之间的关系，包括大学毕业生与劳动力市场的关系，往往是人云亦云，见仁见智；或者是想当然而难闻其详；或者是失去了教育的特点而成了劳动经济学或者其他学科的附庸。而本书通过对近年来大学劳动力的存量变化、增量变化、这些变化与近年来经济发展的关系，以及劳动力市场中的供求关系和价格水平的变化对这种关系的影响，包括相关制度或政策的影响的研究，所希望探索和发现的关于大学劳动力就业的一般弹性系数及其边界条件，体现和反映的就是教育学科的一种专门性的“语法”。由此，在满足一定条件的基础上，这样的“语法”能够帮助我们更加自觉地认识和把握高等教育与市场经济的关系，提高我们在高等教育发展政策方面的话语权，以及提升教育学科本身在社会和学术上的地位和声音。

这种意义上的教育学科的“语法”，对于教育的理论研究和现实实践都具有十分重要的指导意义，特别是有助于建立某种比较合理的编码系统去整理各种数据和材料，更加科学地描述、分析和评价教育改革与发展中的各种问题。以高等教育分布结构中的公平与效益的研究为例，究竟怎样的分布结构才是比较合理的呢？过去的确是众说纷纭，不一而足，各种各样的调查与观点往往是相互矛盾和冲突的，很难给社会的质疑和政府的政策制定一个比较客观和科学的说法。前几年，我们在关于中国高等教育大众化过程中的结构分析的研究课题中，曾经对这个问题进行了比较深入和专门化的探讨，特别是通过三个符号及其相关编码系统的建设，即不同地方的经济增长占国家整个经济增长的比例、各个地方在校生占全国在校生的比例、各个地方高等教育适龄人口占全国高等教育适龄人口的比例，对中国高等教育分布结构的公平与效益两个取向的变化进行了比较客观和合理的分析与评价。显然，这个研究中特定的编码体系在高等教育结构及其公平的研究中已经获得了普遍的意义和价值，并由此初步形成了相关的教育学科的“语法”。

本书在研究过程中，我们不仅对教育学科“语法”建设的基本内涵等有了一些初步的体会和认识，同时也感到了教育学科“语法”建设中方法论的困惑，而伯恩斯坦所说的教育学科的“弱语法”现象，也并非教育学人的无为，它实际上反映了教育学科“语法”建设的内在困难，其中最突出的一个问题便是：教育学科本身的特点及其“语法”建设的制约或影响。

严格地说，本书关于大学毕业生就业需求与经济发展之间关系的研究并不完全是一种教育学的课题，而是一个跨学科或多学科交叉的研究。同时这种现象又不仅是本书的特点，而是整个教育学科的基本特点。一般而言，作为知识分类的体系，有两种不同的学科。一种是以某些具有内在逻辑的概念和范畴系统而形成的知识体系，包括数理化、文史哲等传统学科。另一种是以某个领域为对象而形成的知识体系，包括环境、生命、海洋、城市、农村等新兴学科，其特点是综合性与多学科知识在某个领域中的聚合。教育学科正是属于后者。因此，这种学科的“语法”应该如何建设？这类学科的符号或词汇系统，其类型与结构安排，以及内在联系等，怎样体现这种综合性与领域性的特点？这些都是教育学科“语法”建设所面临的挑战。在本书的研究过程中，所涉及的知识与数据是多方面的，包括经济、市场、制度与教育等，它们本身都具有不同的特点和属性。然而，我们将所有这些不同的知识和数据都集成在大学毕业生就业的需求约束上，换句话说，这也就是以大学毕业生就业的需求约束这一教育问题和研究对象来集成这些不同的知识与数据。这实际上也就是以高等教育如何适应市场经济这一基本的教育问题作为整合所有这些不同学科知识与数据的平台。从教育学科“语法”建设的意义上说，它的符号或词汇系统可以是多学科的，它的类型系统与结构安排也可以是多学科的，但这种教育学科的“语法”所体现的教育活动中内在的规律性联系，必须是教育学的；它所具有的解释力和预测力，也必须是教育性的。

教育学科的“语法”建设是一个长期的任务，也是一个相当艰巨的任务。没有一种比较科学、合理、有效的“语法”，教育学科本身的价值也是有问题的。没有“语法”的语言活动是自发的，缺乏语法的语言现象是混乱的。同样，没有教育“语法”的教育活动也是自发的，缺乏教育“语法”的教育现象也是无序的。这种“语法”的建设与水平在一定程度上决定了教育学科的地位。本书关于大学毕业生就业的需求约束的研究，希望也能够与其他相关研究一样，对教育学科“语法”建设做一点自己的贡献。

教育、话语与文化①

谭斌博士以“教育学话语现象”来概括中国教育改革和发展过程中教育学理论的变化，对之进行描述并初步分为表层的变化和深层的变化，而且从理论、日常生活、典型个案的角度对中国当前教育学话语现象进行文化分析。这一研究具有相当的理论深度，但同时也比较深刻地揭示了教育学理论发展变化中的一些问题。书中有许多观点和思考是非常有启发性的，也有一些探索性的看法需要进一步的分析和研究。在此，我并不想过多地介绍和描述书中的具体内容和观点，我只是希望在她对教育话语的理论分析的启发下，进一步对目前在教育研究中比较流行的话语理论谈一些个人的看法。

中国文化中对教育活动有一个非常形象的说法和概括，即所谓的“言传身教”，这里，除了“身教”所强调的行为示范以外，“言传”的主要载体当然就是语言了。所以，分析和研究教育活动中的语言，或者说，从语言的角度分析和研究教育活动，是一个非常重要的研究和分析思路。但是，同样的语言，研究和分析的方法则是非常不同的。有的学者喜欢从科学语言的角度研究和分析教育活动，包括教育活动中语言的逻辑性、准确性等；也有的学者则偏好于从日常语言的角度研究和分析教育活动，重视教育活动中语言的生活性和文化特点；在这些语言研究的发展过程中，早期的学者们可能比较多的是把语言作为一种工具和表达方式进行研究，注重于如

① 本文是为谭斌的专著《教育学话语现象的文化分析》（首都师范大学出版社2006年版）所写的序言。

何能够更好地反映和传达一定的意义和内容，以及在这种反映和传达过程中出现的各种变化和问题；后来，又有些学者比较强调语言本身所具有的实质意义，甚至提出了所谓语言就是存在的“家”的观点。所有这些理论和方法，应该说，对于应用语言研究和分析教育活动都是有益的。而且，这些不同的研究角度和方法都可以帮助我们更加深入地认识教育活动的意义和特点，进一步完善教育活动。这方面有许多的例子，例如，伯恩斯坦对课程的分析和他的编码的研究方法；又如，施瓦布在课程分析中所应用的所谓“句法结构”和“实词结构”的分析思路；再如，哈贝马斯关于在交流过程中保证语言交流的三个“承诺”或者条件的观点；等等。这些，在教育活动的研究和分析过程中，都是非常重要的研究方法，也给我们的研究带来了实际的方便。所以，在我看来，无论是教育实践工作者，如教师和教育管理人员等，还是教育研究工作者，都应该在不同程度上了解和掌握必要的语言理论和方法。

近年来，在教育研究中的语言领域里，又出现了一个比较新的观念和方法，即所谓的“话语理论”。而且，在我看来，它似乎也正在成为一个非常时髦的概念。许多的文章和著作中都频繁地出现这个概念，而且在教育学科内部的各种正式和非正式的场合里，不同的人也常常以应用这个概念为荣。在这些文章、著作和讲话中，某些教育领域中出现的新的概念和词汇都戴上了话语的头衔，一些新的教育现象也纳入了话语的范畴。更加有意思的是，话语这个概念甚至被比较广泛地作为定语用来修饰其他的概念，以及同时作为宾语被其他的形容词所修饰，进而获得了越来越广泛的意义。应该说，我对这种现象的出现是感到高兴的，它反映了教育学科的进步和概念系统的发展，也意味着教育学科与其他学科的关系越来越密切。但是，同时我也有一点小小的忧虑和不安。因为，至少到现在为止，我还没有完全能够从所阅读的有关文献中，真正理解话语的含义，以及它在教育学科中所应用的条件和范围是什么，或者这种话语理论所带给我们的方法论意义是什么。当然，这也许与我的阅读和理解能力有关。但是，在与其他同行和老师的交往与交流中，好像也存在类似的问题和困惑，或者是各种不同的解释与定义。这些，当然不能成为否定话语理论及其在教育学科应用的理由，但它确实应该刺激我们进一步探讨它的内涵。例如，这种话语理论的表述方式和以往的概念的确是有所不同的。过去人们比较习惯和常用的是“语言”、“言语”、“讲话”等，而它却用了一个“话语”；同样，在英文中，它的表达方式也是不同的，过去人们所比较习惯的是“language”、“speaking”、“linguist”等，而它则是什么“discourse”。显然，这种表述的不同无疑也反映了其内涵上的差异，至少是它力图通过这种表述的差异传达某些新的意义，如同在现代社会中人们越来越多地用“信息”这个观念，而不是简单地沿用过去的“消息”概念一样。显然，“信息”这个概念已经表达了比“消息”概念更多的含义。当然，从单纯中文字面上理解，“话语”的概念可能同时把讲话的动作与所讲的内容结合起来。这样既有言者的行为，也有语言的内容，所以在研究和理解中就不能仅仅考虑语言本身的含义，而应该分析讲者的各种背景和文化因素等。当然，这可能是一种比较牵强附会的解释。但它至少是给出了一种确实与过去类似概念和词汇的不同含义与功能，也可以拓展人们对话语的认识和它所具有的方法论价值。又如，这种所谓“话语”的概念与以往其他概念的联系又是什么呢？既然都是语言，它们之间的同一性是什么？它们是否体现了人们对语言认识的不同阶段？等等。

这几年我常常为这个问题所兴奋和困扰，也饥不择食地买了不少关于话语理论的书看，当然也包括一些大家的文章，包括谭斌女士的论文。肯定是受到这些书籍和文章的启发，我也有了一点自己的感受。借这次谭斌博士论文出版之际，冒昧地写出来供大家批评和指正，当然也希望借这个机会把自己关于话语的零碎的思考整理一下，就算是自己关于话语理论的一次学习汇报吧！

记得有一次，我参加清华大学人文学院与国外学者共同举办的关于文学翻译的研讨会，并应邀发言。结合我自己过去翻译的一些体会，我谈到了翻译工作的难度，谈到了人们通常所讲的翻译中所谓的“信、达、雅”等。也许是受到当时一直对话语问题进行思考的思维惯性的带动，我在发言中突然产生了一个非常有意思的想法，与其说整个的文学翻译是按照语言和句子的语法进行的，不如更加准确地说，翻译工作应该更多地遵循作品中语言和句子背后的文化规则进行。换句话说，对于一些语句的理解和翻译，实际上单纯依靠语法是非常不够的，因为，文学作品中许多表达和叙述常常是按照一定的社会关系进行的，许多的对话和在这些对话中所体现的内涵和意思，特别是一些表达中所包含的语气和句型等，往往也都是反映了某种社会地位的差异。而这些比较复杂的社会关系和社会地位的差异，完全依靠语法是很难反映出来的。而且真正要达到对这些丰富的语言内容的理解，常常需要一定的文化知识和背景，需要对这些作品中所体现的文化内涵句型领会和琢磨。当我简单地表达和说明了这个观点以后，一些学者在会后对这个观点产生了兴趣，并与我进行了交流。当然，由于我当时只是一种非常初步的想法，所以，还不能比较充分地阐述它。后来又经过了一些思考和比较，才逐渐有了一些稍微系统的想法。

实际上，在人们的日常语言和学术语言的后面，都存在两种规则。一种是所谓的技术规则，即所有语言都应该遵守的语法规则，包括形式逻辑的规则与要求。它能够非常有效地在形式上保证我们的语言的准确性和沟通的可能性，也是我们理解各种语言的基本工具。而另一种则是所谓的文化规则，即所有语言活动都不可避免地承载着社会关系，包括人们之间的政治关系、经济关系和各种现实的人际关系。这种文化规则能够使语言活动具有更加丰富的现实内容，并且在一定程度上制约和引导了人们之间的语言交往，因而它也是我们深入理解和领会语言活动的重要条件。如果说，语言的语法规则是在把语言本身与它的所指、它的言说者以及语言活动的特定场景分离以后分析和研究语言的基本方法和工具，那么，所谓语言的文化规则则是把语言活动本身与它所指称的对象、它的言说者，以及语言活动发生的实际场景结合起来分析语言的基本方法和态度。显然，后者要复杂得多。它涉及更多的边界条件和相关的变量，呈现出更加复杂的表现方式和内涵。更重要的是，这种多方面的结合也使得语言分析具有了更广阔的空间和价值。我想，这大概就是话语理论与一般语言学理论的不同吧！

正是在这个意义上，我对所谓的话语理论有了一点肤浅的认识和理解。显然，语言作为一种话语，不仅仅具有一种形式的意义和价值，它实际上还包含了非常丰富的社会政治内涵，体现了现实中复杂的社会关系，甚至是一定的社会结构。话语作为人们之间的一种活动和交往形式，不仅表现了这种交往过程中的具体内容，而且也不同程度地反映了这种交往中所包含的社会关系，包括权力关系和地位关系等，而且反过来，这种对话语中所包含的这些权力关系和社会地位差异的理解又能够帮助人们更加深入地进行和理解这种交往。当然，一旦我们能够把语言对象、言说者和语言场景等因素结合在一起，进而对体现和反映人们之间不同社会政治关系和社会地位差异的话语活动的一般规律有所认识，并能够将这种认识上升为一种新的理论视野和分析模式，并且更加自觉地应用这种话语理论进一步深化我们的研究，拓展我们对研究对象的认识和理解。所以，单纯从一个新名词的角度去认识和理解话语现象与理论是不够的，仅仅从语法和技术的层次上去分析话语现象也是不够的。如果简单地说，这种话语理论及其研究方法与一般语法规则的差异就在于：它不仅要从形式上理解语言的含义，说明某些语言现象的道理，而且更加重要的是，它要问这种语言现象为什么会是这样的；为什么在一定的语言情境和结构中，某些言说者的语言具有更大的力量，而其他的则显得弱小；为什么有些言说者具有更多的语言空间，而其他人则几乎在对话中处于失语的状态；为什么会形成这样的对话结构而不是其他的；等等。这样，无疑为我们深入理解和认识社会现象和各种问题提供了一个新的角度。

尽管这种理解只能是全部话语理论丰富和深刻含义的一部分，但它至少帮助我朝着更多的理解方向逼近了一步。而且，这种话语理论的确使我们在对语言活动的认识和理解上比过去有了进一步的提高和深入。记得还是在读研究生的时候，我曾经与同学讨论过这样一个问题：在阅读各种学术文献时，究竟“理解”和“领会”有什么不同？当时，大家各执一端，也都有一定的道理。而我则认为所谓的“理解”指的是对“有字之书”的认识，而所谓的“领会”则是对“无字之书”的认识。实际上，我觉得所谓的“领会”也可以认为就是话语理论所涉及和研究的对象了。因此，话语理论也不是什么非常神秘的东西。在我们今天比较常见的各种文件中，经常会提到不仅要理解文件的含义，更加重要的是要领会它的精神，而这里所讲的“领会”也具有这个意思。当然，就话语理论本身而言，它还包括了更多的内容，在应用上也具有更加广泛的价值。

根据这样一种角度来认识和理解今天在教育研究中频繁出现的各种“话语”现象，就不难看到，这种“话语”现象反映的绝不仅仅是一种概念和名词的变化与发展，更重要的是它为我们认识和分析中国教育的改革和发展提供了一个新的角度与视野，同时，这种话语理论也进一步丰富了教育研究的方法和教育理论。但是，我更想说的是，尽管人们已经对话语理论和教育领域中的话语现象进行了各种不同的研究，但它仍然是一个值得进一步探索的课题，而且，对它的研究也可以有各种不同的见解。所以，我也衷心希望谭斌博士的这本书能够在这个方面做出一定的贡献，并能够为人们对话语理论和教育话语的研究提供一点帮助和启发。

谈社会秩序的教育基础[①]

社会发展的基本理论与规律告诉我们，通过不断的分化，一个社会在发展的过程中，必然会通过不同的阶层、不同的群体的出现而变得越来越复杂。因此，建立必要和适当的社会秩序，保持社会的稳定与有序发展，应该是社会建设与社会管理的重要和基本任务。正是在这种社会秩序的建设中，教育在社会分层中的作用与功能实在是不可小觑，并且具有了越来越重要的意义，甚至可以认为是对整个社会秩序的建设与形成发挥了基础性的作用。换句话说，现代社会中差异的存在是客观的，也是不可消灭和否定的。问题在于，社会中客观存在的这些差别，以及由此所形成的社会分层，究竟是如何形成的？它们形成和存在的根据与基础是否合理？或者说，社会的差别与分层是通过什么路径形成的？教育在其中应该扮演一个什么样的角色？刘生全博士的《教育成层研究》一书，非常深入地描述了教育成层的发展历程与演变过程，对教育成层以及相关的基本概念进行了专门化的讨论，特别是对教育成层的理论做了比较系统的阐述与分析；同时，还从当代中国社会的转型以及现代社会的发展等维度，进一步阐述了教育成层的意义与价值。也正是通过这样非常详尽与深入的分析与阐释，该书说明了现代社会中合理的社会分层的根据与基础是什么，并由此深化了对教育的社会功能的认识。

应该说，社会分层是一个非常重要和基本的社会科学研究的对象与问题，从卡尔·马克思到马克斯·韦伯，从阶级与社会分层到种族、性别与

---

① 本文是为刘生全的专著《教育成层研究》（教育科学出版社 2011 年版）所写的序言。

社会分层等，几乎所有的社会学家都不会也不能回避这个问题。马克思通过生产关系与社会分层的关系的研究，特别是通过对阶级与社会分层之间关系的深入阐述，为后人的研究提供了基本的指导，也奠定了一个非常坚实的基础。而韦伯所提出的“阶级、地位与政党”的三要素，以及它们之间复杂的相互影响的分析模式，则进一步丰富和深化了社会分层的理论研究，也为社会分层的研究提供了更加灵活、更加周密的基础。当然，以后的许多学者在这些基础上也不断发展出新的更加具体的理论与方法。其中，特别值得一提的是法国思想家布迪厄的研究。他通过对现代社会影响社会分层的若干因素的具体分析，发现除了经济因素之外，还有许多文化的因素；同时，在一般地位因素的基础上，进一步阐释了影响地位因素的一些更加具体的元素，并通过对于“文化资本”的研究，丰富了传统经济学意义上的资本概念。在他看来，影响社会分层的基本因素包括四个方面：经济资本、社会资本、文化资本与符号资本，由此更加进一步拓展和深化了人们对社会分层的认识。

这里并不想非常详尽地介绍和讨论社会分层理论的发展，但即便是如此简单的说明也十分清楚地反映出，教育这个一直影响和制约社会分层的力量或因素，已经逐步从“后台”走到了“前台”，从一种间接的变量变成了非常直接的变量。可以说，这样的一种变化，既是社会现代化进程的一种必然，也是社会民主化建设的内在要求。我们很难想象，在现代民主社会中，人们还能够容忍或者接受仅仅通过一些外在的力量或因素，来产生和形成人们彼此之间的差异，以及社会的分层；或者说，人们还能够或者愿意听任某些不合理的制度或因素来安排自己的社会地位与身份，以及彼此之间的社会联系。我们所看到或者听到的更多是，人们希望这样一种社会的分层能够更加合理；人们能够有更多的自主权，并且凭借自己的努力来争取并获得自己的社会地位与适当的社会身份；即便是不得不服从社会与制度的安排，也强烈地呼吁和要求这样的制度安排能够更加科学与合理，以至于即便出现事与愿违的结果，也能够心悦诚服地接受。也正是在这种“民意”的基础上，在社会进步的推动下，教育对社会分层的功能与作用可谓是“应运而起”，并且通过各种不同的形式，获得了越来越广泛的关注。如今社会上对教育的如此广泛和普遍的批评，对教育公平的如此高调和强烈的诉求，实际上也从另一个角度反映了教育在社会分层中的重要性。

教育对社会分层的功能与作用，在教育学的专业术语和概念系统中，表达为“教育的选拔功能”，也有人称之为“教育的成层功能”。这是教育的诸多社会功能之一。通俗地说，教育的这种选拔功能，指的是通过教育及其必要与合理的评价机制，不断地认识与发现不同个体的特点、才干及优势，并加以有针对性的培养与帮助，进而使他们能够根据社会发展的需要，以及现代社会分工体系的特点，找到自己比较合适的职业与身份，以及恰当的社会地位。从另外一个角度说，教育的这种选拔功能恰恰是通过教育本身的各种分化或者分流措施，包括评价体系中的各种选拔机制，形成学生在教育系统中的分层与差异，由此成为他们的社会分层与差异的基础。显然，从理论上讲，这种分层机制并不单纯依靠某些外在因素，包括财富与权力，也不是凭借某些强制性的手段，相反，它充分尊重了学生个体的努力与自主性，也体现了某种相对而言比较合理的制度安排。由此可见，教育在社会分层中的这种选拔功能的确是现代社会发展中的一种十分关键的力量，并且获得了越来越广泛的关注。按照某些教育社会学家的观点，当代社会中几乎所有政府和老百姓对教育的关注，与其说是对经济社会发展所需人才的关注，不如说是对教育的这种选拔功能，以及教育在社会分层中的作用的关注。因为，从一定意义上说，现代社会中教育的这种选拔功能对于人们和政府的重要性，其利益相关性可能已经超过了人才培养的功能。

也许有人会觉得奇怪，教育的功能是促进和提高社会公平，怎么还会有这种选拔的功能呢？教育怎么还能够成为影响社会分化的重要因素，进而影响和制约社会分层呢？这样说，教育似乎是在“制造着”社会的不平等，这是不是与教育促进和提高社会公平的功能互相矛盾呢？其实，教育的这种选拔功能和影响社会分层的作用，与教育公平并不是矛盾的，甚至可以认为它们是相辅相成的，是统一的。而且，教育的合理的选拔功能甚至还有助于进一步促进和提升整个社会的公平。实事求是地说，现实社会是不可能绝对公平的，社会阶层与群体之间的差异是客观存在的。社会建设与管理的任务并不是消灭差异与分层，而是建构一种比较合理的分层基础，使社会的分化比较合理，使不同阶层与群体之间形成合理的关系，即良好的社会秩序。其实，问题并不在于社会中是否存在差异或者不均等，更重要的是，这样一种差异或者不均等是否能够为人们或者大多数人所接受和认可。或者说形成这种差异或者不均等的基础、机制和路径是否合理，能否得到大家或者大多数人的认同。而且，教育公平也并非绝对没有差异和区别，换一个角度说，教育公平也意味着建构起一种比较合理的教育秩序。

应该看到，教育的这种选拔功能或者分层功能在现代社会中得到了越来越充分的重视，也的确发挥了越来越重要的作用，促进了社会的健康合理的分层，进而提升了整个社会的公平。但令人遗憾的是，我们也不能不看到，由于某些原因，教育的这种选拔功能在某些地方并没有能够发挥出它所应该发挥的作用。且不说某些人在教育理论上的“糊涂”，分不清教育的这种选拔功能与教育公平之间的关系，进而一味地以教育公平否定教育的选拔功能，至少是避而不谈或者冷漠化。仅仅由于制度设计或者政策等方面的不恰当，以及某些主观或者客观的原因，本来应该是克服或者取代某些传统的或者是不合理的分层因素的教育的选拔功能，却在一定程度上沦为了某些不合理的社会分层力量的“伙伴”，以至于进一步加剧或者是强化了现代社会分层的不合理性，在某种程度上甚至为某些不合理的分层披上了一层“正当”的外衣。这不能不是教育的某种“悲哀”。本来是社会和人们寄予厚望的教育如今却使人们更加失望。也恰恰是由于这种选拔或者分层功能的变形，本来应该由此而得到地位提升的教育，却招致越来越严厉的批评与指责。更有甚者，由于教育的这种选拔与成层功能的变形，不仅降低了教育的地位，影响了教育的形象，而且在一定程度上造成了社会的失序。

该书关于教育成层功能的理论分析与讨论，还包含了两个非常重要的意义。首先，从理论方面讲，作者并没有简单地就事论事地讨论教育成层，而是通过对教育成层功能在现代社会的发展与变化，进一步思考和分析了教育与社会的关系，并且在理论和实践方面提出了新的构想。我自己在多年以前也曾经提出过类似的问题，似乎感觉到现代社会中教育的功能与作用已经越来越大，而且教育与社会的关系好像正在悄然发生着某种变化。但由于本人认识水平与理论水平的限制，并没有能够通过某个切入点对此进行比较深入具体的研究。尽管我还不能简单地认为教育成了整个社会的基础，但刘生全博士通过对教育的成层功能的研究，进而对教育与社会之间关系的探讨，确实为我们对这个问题的认识提供了非常有价值的思路与启发。其次，从现实的角度看，刘生全博士关于教育成层的研究，也为我们当代中国的社会建设与社会管理提供了十分重要的思路与方法。由此我们可以看到，教育既是社会建设与社会管理的重要内容，也是实现社会稳定的重要力量。无疑，社会秩序的重建不能不是社会建设与社会管理的重要内涵。改革开放不仅意味一种经济体制的转型与重建，它同样是一种社会秩序的转型与重建。从某种意义上说，社会秩序重建的难度一点不比经济秩序的重建容易，它需要非常缜密的分析与设计，需要更加广泛的实践与探索，而且需要更加广泛的社会认同与支持。可以毫不夸张地说，如何形成更加合理的社会分层的机制与基础，肯定是其中最重要的方面之一。

教育合理性的重建

——论教育批评的实质与意义①

最近几年，社会上对教育的批评可谓不绝于耳，包括对教育的质量，教育发展的模式、速度，教育中的各种不公平现象，教育中存在的腐败，教育脱离社会经济发展的实际，教师的教学水平和态度，学校的招生与就业，以及教育的管理等。尽管教育和学校建设这些年已经有了非常大的发展和提高，但是，这种对教育的批评却常常是有增无减，甚至是越来越盛。而且，在这种批评的声音中，人们逐渐直接或间接地、有意识或无意识地产生了一个非常困惑的问题：教育究竟怎么了？刘生全同志非常敏锐地发现了这一现象和问题，并且以此为题，进行了深入的研究以及专门的分析和论述，并提出了自己的观点。我非常支持他的这个研究，也通过与刘生全同志的讨论和阅读该书，得到了许多的启发。这里的一些话和随感，也是我对这个问题的一点呼应吧！

教育究竟怎么了？显然，这是一种需要教育研究工作者正视和回答的现象与问题。然而，教育研究工作者对这一问题和现象的看法与回答却是不一样的。有的人认为，这种现象是由于大家都是“天生”的教育家，所以，人人都能够而且愿意对教育的改革与发展说三道四，横挑鼻子竖挑眼。有的人认为，现在正是教育改革与发展的时期，教育的变革必将引起一部分人的不适应，特别是新时期的教育与传统教育的差异，往往也容易招致人们的批评；同时，教育改革以及由此引起的结构调整和资源的重新分布，

---

① 本文是为刘生全的专著《论教育批评》（教育科学出版社 2006 年版）所写的序言。

常常也容易带来利益格局的变化，这样，也会受到一定的批评和反对。有的人认为，当前教育改革与发展的速度太快，在某些地方和局部出现了一定程度地违背教育规律的现象，由此造成了教育发展中的各种问题和如此多的批评。还有的人认为，现在出现的对教育的批评，在一定程度上是因为受到市场化的影响，或者说是教育的公益性受到了损失而招致的批评；等等。应该说，这些看法和见解都从不同的角度对这个问题和这种教育批评的现象进行了说明和分析，也为人们思考这种教育批评的现象提供了不同的视角。但是，我认为，之所以在中国现代社会会出现如此普遍的教育批评的现象，之所以会有这样广泛的对教育的批评，简单地说，是由于人们开始对教育有了不同的评价标准；或者说，人们开始用不同的观念和标准来评价中国的教育。因此，这种教育批评的关键和它的重要意义是，它反映了整个社会对现代教育的新的合理性要求。而这种要求的实质和目标，则是在社会经济文化发展的新的基础上，以及在教育的历史发展的基础上，对教育的合理性进行必要的重建。

所谓教育的合理性，简单地说，指的是对教育活动的一种价值判断，是根据某种价值标准或尺度对教育活动所作的价值判断。而所谓教育活动的合理性的重建，则是指根据社会经济文化发展的新的现实与教育的发展变化，对教育活动的价值判断的标准和尺度的重新建设与创新。而在这种社会经济文化发展的新的现实和教育发展的新变化方面，至少有以下几个问题是值得我们关注的。

第一，社会经济的发展已经到了一个新的历史时期，特别是我国人均GDP已经达到了1000美元。根据国际经验，在社会经济发展水平达到这个阶段以后，整个社会的发展往往会出现一些比较复杂的现象和问题。它可能会是一个快速发展的时期，也可能是经济社会矛盾多发的徘徊时期。因此，在这种新的形势下，社会经济发展对教育将提出一种新的要求，而教育本身的发展也需要一种新的指导思想和目标取向。

第二，随着义务教育的基本普及，以及高等教育的大众化，整个教育的规模也越来越大。这种教育规模的扩大，使得教育与整个社会的联系也越来越广泛和密切。一方面，教育所占有的资产数量越来越大，包括在整个社会和政府财政中的比例越来越大；另一方面，教育在老百姓的生活消费中的比例也越来越大。同时，由于上述情况，整个社会，包括政府、企业和老百姓对教育的改革与发展，包括教育的质量和水平，也越来越关注，要求也不断提高。这种变化使得过去范围较小、影响面不大的单纯的精英教育已经不能满足整个社会的需要。在这种新的情况下，教育非常需要一种新的价值标准和一个更加广泛的社会基础。

第三，知识经济和信息社会的来临和出现，已经使得知识在整个社会中的地位发生了非常大的变化。在这种新的社会经济形态中，知识正在成为一种非常重要的生产因素，正在成为一种非常重要的资本。因此，教育活动与人们的生存，与整个社会和国家的发展，乃至一个民族的命运，都具有更加密切的关系，由此也使得教育日益成为整个社会的基础性、全局性和综合性的活动。特别是对于中国来说，要把人口的包袱转变成为人力资源的优势，进而实现和平与发展的目的，教育已经成为一个举足轻重的因素。显然，在这种新的情况下，传统的教育观念和教育定位已经不能适应社会发展的要求，教育的确需要一种新的理念，需要一种新的发展模式。

当然，在有关教育批评的各种现象和原因发现中，刘生全同志的论述更加丰富和透彻。但是，我觉得所有这些，都非常集中地反映了一种诉求：我们的教育需要一种新的合理性基础，需要在传统教育的合理性基础上，进一步进行完善和重新建设。正是在这个意义上，各种各样的教育批评并不完全是一种消极的现象和因素。这些批评正是在新的形势和环境下重新建设教育合理性基础的契机和动力。尽管我们现在还不能完全清楚这种新的教育合理性基础的具体内涵，但是，通过这些批评和教育发展的现实，我们至少知道：

首先，教育的增长和单纯的数量增加，并不等于教育的合理性。不断增加和扩大教育的规模，提高和增加整个社会接受教育和学习的机会，这当然是现代教育的一个基本标准和目标，也是教育合理性的一个重要方面。但是，这种规模的扩大和数量的增加，绝不等于现代教育的合理性。因为，在现代社会，人们对教育的诉求，不仅是规模和数量的满足，同时也是适应不同的需求。道理非常简单，随着接受教育的人越来越多，人们“品尝”教育和学习机会的口味也越来越多，差异也就越来越大。尤其在基本普及九年义务教育和实现高等教育大众化以后，这种对不同类型和特点的教育的要求更加强烈。而这也是现代社会人们对教育的一个非常重要的新的评价标准。

其次，教育层次提高和一味地延长年限，并不等于教育的合理性。无疑，由于社会经济发展的要求和新知识技能对人们的挑战，整个社会对高层次教育的要求在不断提高，而且，不同形式的教育和学习年限也在持续延长。但是，这种层次的提高和年限延长也不能等同于现代教育的合理性。因为，在这种提高层次和延长年限的背后，实际上反映了一种教育与现代社会经济文化发展相适应的要求，体现了一种人们对教育和学习内容的新的要求。而且，由于终身教育和成人学习与发展特点的要求，主要针对青少年的、作为生活准备的教育的合理性基础，如何转变为一种能够满足所有人在不同发展时期和生命阶段学习需要的教育，已经成为新时期教育所面临的一个重大挑战。

最后，教育条件的改善和单纯的经济投入，也并不等于教育的合理性。由于现代社会和学校所传授的知识越来越复杂，相应地对教育条件的要求和教育投入也越来越高，这是非常必要和正常的。尽管目前这种条件的改善仍然有非常大的差距，经费投入也存在很大的缺口，但是，这种教育条件的改善和经费的增加，也同样不等于教育的合理性。因为，这种条件和经费投入本身并不是教育的目的，人们学习和接受教育也并不是单纯享受这些条件。关键是这些条件和所投入的经费是否真正满足和促进了人们的学习与发展。实际上，在这些年我们所听到的教育批评中，除了对部分农村和贫苦地区的学校条件有所批评以外，对城镇学校的办学条件的批评是不多的。当然，这并不是说它们就没有改善的需要，而是说人们和社会更加关注的是其他方面，包括教师的态度和水平、学校的管理、教学的质量，以及学生的安全等。而这些方面也常常是批评的主要对象。

不难看到，现代教育的合理性的确是一个非常关键的问题，同时也是一个比较难的课题。它既要适应整个社会经济文化发展的需要，又要满足不同人的口味和特点；它既要达到一定的公平，又要提高自己的效率；它既要培养人们对整个社会和民族文化传统的基本认同，形成基本和共同的价值观念与规范，又要促进每个人的个性发展；它既要积极地维护和延续一个民族和国家的文化传统与精神遗产，又要培养和激发人们的创新意识与能力；等等。显然，要将这一系列的目标和不同的取向整合在新的教育合理性中，的确是一件非常困难的事情。它需要有智慧，需要有参与，需要有共同的承担，需要有良好的制度设计与安排，进而建构一个更大的教育平台。但是，它也需要有一种更大的宽容，需要有一种相互的理解和关怀。其实，在充满差异、矛盾和多样性的现代社会中，在现代教育的改革与发展中，这种教育的合理性基础，应该是一种境界。

谈教育的境界[①]

苏尚锋博士的新著《学校空间论》以一种独特的角度与思路，探讨了一个大家都非常熟悉却很少有研究者问津的教育领域：学校的空间。他分析了学校的固定空间，即学校建筑；半固定空间，即学校中人与物相互作用最丰富的场所等；以及不定空间，即学校中的人际空间。而且，苏尚锋认为，学校教育的所有状况表现并反映于全部的学校空间之中，所以学校空间又是学校教育活动的产物和结果，学校空间性总是寓含着一种新的重构和生成的可能。教育改革的一切活动都会表现于学校空间之中，教育改革的核心也许就是学校空间的变革，等等。我想，这些观点尽管对传统的学校教育研究来说，可能具有相当的挑战性，但它同时对学校教育的研究也具有相当的启发性。我在阅读苏尚锋的这部著作时，特别是当我读到若干关于学校空间的具体观点时，始终有一个问题困扰着我：究竟应该以一种什么样的标准去衡量或者评价一所学校的空间格局或设计呢？我们凭什么说或者判断一所学校的空间格局，包括它所谓的固定空间、半固定空间以及不固定空间的优劣呢？或者说，是什么因素或力量在影响或者决定学校空间格局的安排，并造成其中的差异呢？这个问题甚至让我一直不敢接受为该书写序的请求。当然，我也清楚，所谓学校空间的格局与安排，无非是学校内部资源配置的一个方面与体现，所以，学校空间格局与安排的根据与基础，恰恰也就是一种学校资源配置的原则。从这个角度说，虽然其中可能有各种不同的标准和角度，但我个人的想法是，一所学校空间格

---

① 本文是为苏尚锋的专著《学校空间论》（教育科学出版社 2012 年版）所写的序言。

局的好坏优劣，学校空间格局的特征，或者更直接地说，学校本身资源配置的状况，根本上取决于一所学校的教育境界。

其实，境界本身就体现了一种空间的意义，我甚至愿意说，境界本身就是一个空间的概念。无论是所谓的“境”，还是“界”，代表的都是一种空间的意思。根据《辞海》的解释和说明，所谓“境”，指的就是“疆界、地域、住所，以及境况和境地”。而所谓的“界”，也是指“地域的限隔、事物的分界，境域或者区划等”。而所谓的“境界”，反映的也是“疆界，境地等”，所有这些，都体现了空间的意味。可以认为，境界既有物质空间的含义，但更重要的是体现了一种精神和思想的层次与立场。因为，境界这一空间概念的意义已经超越了一般物质空间的局限，而具有精神层面的价值与含义，它反映的是人的思想觉悟和精神修养的层次与水平。例如，革命者的崇高境界，正是指一种立场，体现的是站在解放全人类的立场上。“三个代表”所讲的“中国先进生产力的发展要求、中国先进文化的前进方向、中国最广大人民的根本利益”，反映的也是一种立场和境界。而在思想文化界，境界的概念也反映了一种空间的意蕴。哲学家冯友兰在《新原人》一书中曾把人生区分为四重境界：自然境界、功利境界、道德境界、天地境界，其实讲的也都是不同层次的人生态度，体现的也是一种立场和空间位置。自然境界指的是一个人做事，可能只是顺着他的本能或其社会的风俗习惯。功利境界指的是人做事，其后果有利于他人，其动机则是利己的。道德境界指的是人为社会的利益做各种事，或如儒家所说，做事是为了“正其义不谋其利”。他所做的各种事都有道德的意义。天地境界指的是人为宇宙的利益而做各种事。他了解他所做的事的意义，自觉地正在做他所做的事。由此反映了不同的生存空间。同时，境界作为各种宗教的一个非常核心的概念，往往也是描述一种空间和信仰的层次与地位。例如，道教中所谓的好善，无欲，有智慧，无病的神仙天界；七情六欲，生老病死，以及有欲而烦恼的人界；还有妖魔鬼怪的地界，说的都是生存境界的不同层次。在佛教中，这种境界则是划分为：具有淫欲、情欲、色欲、食欲等有情所居之欲界；远离欲界淫、食二欲，而仍具有清净色质等有情所居之色界；以及唯有受、想、行、识四心，而无物质之有情所住之无色界。显然，这些信仰上的差异，直接影响了信徒们日常生活的空间安排。所以，境界作为世间一切事物的基本存在方式的空间的一个概念，当然也是我们认识和评价学校，包括学校的空间格局与安排的一个十分重要的角度。

然而，境界又不是一般的空间概念，而是一种非常高级别的精神性的空间概念，是空间的系列概念和范畴中居于上位的概念。换言之，它能够对具体物质空间的格局与特点具有一种决定性的影响。特别是人们的物质生活水平能够达到基本的体面以后，境界的影响力和作用则往往显得更加突出和重要。在社会和日常生活中，这种境界集中包含了人们的思想觉悟和精神修养，体现了不同的价值取向。境界高，常常意味着较高的思想觉悟和良好的精神修养，体现人们在社会生活中具有较高的层次、品位与格调。也正是这种思想与精神的境界，能够在很大程度上影响人们对物质空间的安排与调整，决定人们对个体生活的选择与取舍，甚至是制约人们的价值判断和品位取向。王国维先生所说的“有我之境”所反映的“以物观我”，“物皆著我之色彩”；而“无我之境”则是表达了“以物观我”，“不知何者为我，何者为物”。他认为：“无我之境，人惟于静中得之；有我之境，于由动之静时得之。故一优美，一宏壮也。”（参见王国维《人间词话》）按照王国维的观点，境界的差异实际上代表和体现了不同的思想品位，也可以认为是表现了不同的生活格调。因此，在现实生活中，“境界”已经成了一种人生评价的重要尺度。如果某个机构、部门，或者个人被说成是“没有境界”，或者“境界低”，那可以认为是最刻薄、最侮辱的一种评价。

同样，如果某所学校被认为是“没有境界”，或者是“境界低”，那也是对这所学校最严厉的批评和最低的评价，因为，它无异于表明这是一所最差劲的学校。因为，作为教育机构，特别是培养儿童和青年人的机构，体现学校的文化水平与精神修养的境界，直接决定着一所学校的质量。高质量的学校，其实并不完全高在它的物质条件，而更加重要的是取决于它的教育境界，它的办学目标和办学理想。如果说高质量的学校，取决于高水平的教师队伍，那我更加愿意说，一支高水平教师队伍的关键则是整个教师群体的境界。可以认为，一所学校的固定空间、半固定空间，以及不定空间的形态与风格，往往取决于这所学校的文化风格和精神风格，即它的境界。不待言，一所学校的物质空间布局，在很大程度上取决于这个学校的文化与整体的风气；一所学校中人与物之间的联系方式，也是由这个学校的价值观所决定的；同样，一所学校中人与人之间的关系，更是直接受到这个学校的思想境界和整体素质所制约。写到这里，我不由得联想起了一个关于“留白”的说法。所谓“留白”，讲的虽然是一种空间布局和艺术设计的理念，但究其根本，则仍然是一个境界的问题。假如某人家里的客厅尽管面积很大，却被各种各样昂贵的红木家具充塞得满满的，缺少了必要的腾挪空间，以至于造成了人们生活上的不方便。而另外一个家庭的客厅尽管不大，为数不多的几件家具也显得相当普通，甚至有点简陋，却搭配得十分得体，特别是那恰到好处的留白，带给人们无限的遐想。这其中也许有经济条件差异的原因，也可能是客厅空间大小的限制，但我更愿意将这样的差异归因于不同的境界，包括不同的价值观，不同的审美观，以及不同的财富观等。我相信，大多数人会在后者中产生更加舒适、更加自如以及更加充实的感受，而绝不会选择前者。其实，学校的空间安排，包括它的各种建筑、硬件，以及各种设施的格局与配置，也就如同一个家庭客厅的摆设，能够充分体现一所学校的境界。所以，一所学校的好坏，并不完全在于硬件的多少或物质条件的高低，更加重要的是如何安排它们，并且使这些硬件设施的安排与配置能够体现一种教育的境界。同时，我更加愿意说，岂止是学校的空间格局与安排，整个学校的办学水平和质量，都在一定程度上取决于一所学校的境界。而提高教育质量，首先需要提升教育者的境界。

境界这种空间概念之所以能够具有重要的功能，关键在于它所具有的“疆界、限隔、分界，以及区划”等含义，直接制约和影响了人们的视野与眼界。而人们视野与眼界的大小，则是决定了个人水平与层次的高低。一个人只有具备比较恢宏的视野和开阔的眼界，他或者她才能够达到比较高的认识水平，才能够在这种恢宏的视野与宽阔的眼界里发现真正的主流与有价值的东西，才能够做出合理的选择与取舍，才能够真正使自己的发展融到整个社会的大趋势中去。由此，他或者她的生命才能够是真正有价值和有意义的。实际上，教育和学校所从事的工作以及它们的价值，正是在于把个体的儿童和青年人从一种比较狭隘的生存境界中提升到一种更恢宏和宽阔的生存境界，并将他们与整个社会和世界结合成为一体。对此，雅斯贝尔斯在讨论教育的意义时曾经非常深刻地指出："教育正是借助于个人的存在将个体带入全体之中。个人进入世界而不是固守着自己的一隅之地，因此他狭小的存在被万物注入了新的生气，如果人与一个更明朗、更充实的世界合为一体的话，人就能够真正成为他自己。"[①] 显然，教育和一所学校的境界的高低，必然直接决定能够将儿童和青年人提升的高度，进而决定教育和一所学校办学质量的高低。我们可以有非常充分的理由认为，教育工作者，包括校长和教师的境界，将直接影响和决定这个国家、学校和班级的学生的境界，进而影响和决定这个国家和学校、班级的教育教学质量，并且影响和决定这个国家和民族的未来。

显然，教育的这样一种境界，也是一个历史的范畴，是一个不断变化和更新的空间概念。因此，教育境界的变化与新的含义，往往也是教育改革的重要内涵与取向。我曾经读过一本非常有趣的关于信息社会和互联网的著作。该书给读者提出了一个十分具有挑战性的问题：信息社会究竟给我们带来了什么？也许不同的人，从不同的角度可以有不同的回答，但作者认为，如果说，工业社会通过蒸汽机的发明以及由此出现的火车和轮船等，相比较于传统的农业社会，它给人们带来的最重要变化是极大地拓展了人类的生存空间，那么，现代的信息社会则是通过互联网的问世和发展，相比较于工业社会，给人们带来的最重要的变化是极大地拓展了人们的思维空间。显然，这是两种非常不同的境界。如果说，在工业社会极大拓展了的生存空间中，人们所需要的是在这种物质的生存空间中生存与发展的知识与能力，那么，我们可以想象，在信息社会极大拓展了的思维空间中，我们又需要什么新的知识与能力呢？我们又应该教给儿童和青少年什么新的知识与能力呢？假如说在生存空间中更加需要的是动手能力，那么，我们同样有理由相信，在思维空间中真正能够帮助我们年轻一代取得优势和发展的，则是更加敏锐和活跃的思维能力，以及充满激情的想象力。如果我们过去提倡的是 DIY（Do it yourself），那么，我们今天是否应该提倡 TIY（Think it yourself）。这已经直接关系到学校教育教学的改革了。

---

① 雅斯贝尔斯．什么是教育［M］．邹进，译．北京：生活·读书·新知三联书店，1991：54.

我在北京师范大学工作期间，有一次作为主管校长参加学校进修教师和访问学者的开学典礼。在讲话中我向各位进修教师和访问学者提出了一个非常简单却往往难以回答的问题：到北京师范大学来进修和访学的目的是什么？有的老师是为了进修某一门课；有的是为了在某个教授的指导下完成一个研究课题；也有的是为了能够集中一段时间复习准备报考研究生；此外，还有各种各样的比较具体的目的。我当时对大家说，到像北京师范大学这样的国家重点大学来进修和访学，当然可以有助于大家完成各自具体的目的和任务，但是，更加重要的收益并不仅仅在于这些，关键是如何能够在这样具有深厚历史传统和学术积淀的大学中提升自己的境界，即拓展自己的学术视野，使得自己能够站在一个新的平台上认识自己，选择目标，明确定位，发现什么是真正具有高度关联性的战略问题和研究对象，进而使自己个人的发展能够与国家和人类的命运结合在一起，并且由此将个人的努力融入历史的永恒。在我看来，到一所好学校学习的最重要的得益，并不在于具体的知识与能力，而是让自己的境界在这样的优秀学校中，特别在这种学校文化的熏陶中得到提升。这是最宝贵的教育资源，也是真正的优质教育资源。

当然，这些问题仍然是可以并且值得讨论的话题，但是，这些问题却是不可回避的话题。而且，我更加愿意说的是，不管你是否愿意思考和讨论这样的空间或者境界的问题，在教育实践中它却是一个必须面对和选择的问题。苏尚锋博士非常大胆地对这些问题进行了比较深入和系统的思考与分析，所提出的观点是值得参考的。同样，我也要感谢苏尚锋给我的这个机会，能够在他研究和思想的启发下做一点延伸性的发挥与思考，并且与教育界同仁们分享。

文本的阐释也是一种学问[①]

记得还是我在北京师范大学工作的时候，有一天晚上，刚刚从美国访学回来的比较教育研究所的朱旭东给我来电话，他希望我能够组织一些研究人员，专门对目前在世界上非常有影响的一些教育研究著作进行研究，并且就这样一种研究出版一套专门的丛书。应该说，他的想法与我内心的某些遗憾是非常一致的。换句话说，我也非常希望能够有这样一套丛书。而且，我也已经开始这样做了。因为，在我指导博士研究生的论文时，我就非常希望他们能够选择这样一些目前在世界上十分重要的教育学著作进行研究，并且以这样的研究作为博士论文的选题。于是，刘丽玲选择了伯恩斯坦的著作，特别是他的编码理论，进行了非常艰苦的研究；而李慧敏则是选择了吉登斯的自我认同理论，特别是结合他的各种其他社会学著作的阅读与分析，对他的《现代性与自我认同》一书进行了专门的研究。在我的记忆中，伯恩斯坦和吉登斯著作中的那些晦涩和抽象的语言和叙述，不仅让她们苦不堪言，也使我常常感到难以“招架”。但是，经过了一些曲折和痛苦，她们最终仍然是初步地完成了她们的研究。而且，通过这样的研究，不仅使她们的理论水平得到了非常大的提高，而且也使我自己对于伯恩斯坦和吉登斯的理论有了新的认识和体会。现在，她们的研究已经得到了越来越多的学者的认可，包括国内外教育社会学研究人员的重视。如今，李慧敏的论文也很快就要出版了。回想这些工作的经历，结合当前教

① 本文是为李慧敏的专著《社会转型时期的自我认同与教育——以吉登斯自我认同理论为视角》（高等教育出版社 2005 年版）所写的序言。

育研究中的某些现象，我感到有些看法可以提出来供大家分享。它们可能是不全面的，也可能是一孔之见，但假如其中还有一些值得大家反思的成分，我也觉得尽了自己的一份力了。当然，我首先应该感谢李慧敏这本著作的出版给我提供了这样一个机会，为我创造了一个发表自己观点的机会。

如果我们大致看看目前在书店里各种教育学的研究著作，可以发现这样一种现象，即这些教育研究出版物基本上可以分成两类。一类是对于某些教育问题进行专门研究的著作，这些著作或者是建构了一个理论，或者是对某些教育现象与问题进行了批判分析。在这些著作中，大都引用了许多当前国际上十分有影响的教育研究著作中的某些观点和论述，并且根据这些观点和理论对我国的教育现象与问题进行了分析批判。应该说，这些研究中大多数是非常有价值的，它们所提出的观点和理论建树也是十分精辟的，为我国教育的改革与发展，以及教育理论的发展与完善发挥了非常积极的推动作用。另一类则是对于当前国际上非常有影响的教育研究著作的翻译，而且这些翻译往往也是系列性的。同时，这些翻译的教育研究著作的覆盖面也是非常广泛的，从教育学的基本理论，到教育学科的各个分支学科与领域。当然，这些翻译工作对于介绍国际上新的重要教育思想与理论，促进教育研究的相互交流产生了十分积极的作用，为人们打开了更加广阔的眼界，提供了新的思想资源和理论参考系统。但是，与其他学科的出版物比较，以及与过去教育研究的出版物比较，我们发现在教育研究的出版物中，比较少的是一种对于国际上重要教育著作的系统和专门的研究。虽然我们已经有了部分著作的中文译本，而且在教育研究的论文和出版物中，对这些原著的引用也是常见的，但是，却没有对它们的系统研究。我不敢肯定地说，有了这样的研究就一定会对教育学的研究产生什么非常重要的影响，但我敢肯定地说，由于缺乏这样对某些重要著作的系统与专门的研究，却会使得我们在引用和理解这些著作和思想家的观点与理论时，容易产生片面的现象，甚至是断章取义和曲解的问题。这种现象和问题显然对教育研究是不利的，也是有害的。问题在于，为什么会在教育研究的出版物中，缺乏这样的研究呢？

当然，我并没有就这个问题进行过调查研究，但根据我个人的猜测和认识，如果不是所谓的学术浮躁的话，则可能是觉得这样的研究没有学术价值，或者是学术价值不高，它充其量不过是原著的翻版和解释而已。如果真是这样，那可就是一个非常大的误解了。

阅读世界著名原著本身实际上就是一种非常重要的学术活动。正如许多研究人员都曾经有过的经历那样，阅读这样的原著往往是一件非常“痛苦”的事情。这里我们暂且不谈翻译上的问题，这种阅读上的“痛苦”大概有两种情况。一种情况是，虽然每一个文字我们都能够理解，但整个句子的意思常常就不知所云了。或者尽管个别句子的意思还算比较清楚，但整个段落究竟在说什么，则简直就是如同读“天书”一般。另一种情况是，有些概念本身就不知道作者的意思是什么，而且，有些句子和段落本身的意思就读不懂，那种晦涩与艰深仿佛就是一道无法逾越的思想壕沟，包括在阅读原版和中文版的著作时，这两种情况都是存在的，也都是我们这些人文社会科学的研究人员大都有过的经历和阅读经验。于是，在这种情况下，各种不同的“解决方案”也就出来了：有的是反复阅读，有的是请教有关的辅助文本和专家，有的是暂时放放，以后再读；也有的则是充分“发挥自己的想象力和创造力”，进行解放性的阅读；还有的则是采取机会主义的方式，为我所用和断章取义地进行阅读和引用；等等。在后面这种情况下，我们就很难知道这样的阅读和引用是否能够保证原著的准确性，甚至可能出现了曲解和相反的效果。

其实，即使你能够从字面上阅读这些世界著名的原著，这里仍然有一个真正把握其含义的问题。记得在大学读书期间，同屋的同学之间曾经就“理解”与“领会”两个字的含义进行了讨论和分析。有时，我们可能理解原著本身的文字和论述的字面含义，但是，在整体上作者究竟希望说明什么，他为什么要这样写，我们常常是不甚了了。在我上大学的时候，有一位忘年交的大学教授朋友曾经对我说，阅读这样的原著不仅需要学会读它的表面文字，而且要学会阅读它的“无字之书”。我理解他指的就是作者为什么要写的原因，以及他在写作中所针对的对象和那些欲言又止的东西。实际上，我们自己在写作学术论文和著作时，尽管所准备的材料和所考虑的内容非常之多，但真正变成书面文字的可能仅仅只是自己思考的一小部分。许多内容和考虑可能是由于不成熟，也可能是由于其他各种原因，往往是不写出来的。所以，我自己在阅读这样的原著时，真正花工夫的也是在琢磨作者的意图和他为什么要这样写，他这样写是希望解决什么问题，等等。因此，领会是阅读中非常重要的环节，也是真正把握原著核心精神和原意的重要阶段。

也正是因为这样，大多数人文社会科学学者都知道和承认，对原著的阅读实在是一种非常重要的学术水平和能力，也是反映这种学术水平与能力的标志之一，而且都会花费大量的时间和精力在这个方面。

既然学术原著的阅读是这样的重要，那么，对这些原著的阐释和说明的学术价值也就不言而喻了。而且，依我个人所看，这种阐释和说明的工作，其难度比起单纯的阅读本身，可能是有过之而无不及的。也许我们许多人在日常生活和学术研究中都有过这样的体会，有些问题和看法，自己虽然心里清楚，但是，却无法表述出来，或者是说不清楚。因为，从科学上讲，思维与语言是有差距的，思想和文字之间也是有差距的。想得非常清楚的东西，不一定能够非常清楚地表达出来。而且更加重要的是，我们在研究中常常还能够发现这样一种现象，就是在实际的写作和表达的过程中，我们往往还能够发现那些在思想中还没有真正搞清楚的地方。同时，如果说，我们不仅需要写给自己看，而且还需要让其他人也能够理解和领会你的表达和阐释，那就是一件更加需要智慧和尊重他人的工作。所有这些，都充分说明，对学术原著的阐释和说明实在是一件非常重要的学术活动和工作，而且是一件非常有学术价值的工作和活动。

也正是由于对世界上学术原著的阐释和说明是一个非常重要和具有很高学术价值的工作，而且是学科建设中必不可少的工作，所以，在人文社会科学的各个学科中，特别是在这些领域的出版物中，这类著作和出版物是非常多的，而且在这些学科的研究和建设中具有非常高的地位。同样，在这些学科的博士论文的选题中，这一类的选题也是比较常见的。但非常遗憾的是，这样一类选题在教育学科的出版物和博士论文选题中却比较少。而且，我个人主观地认为，这种现象对于我国教育学科更好地吸收世界上教育科学研究的成果，并且将它们与中国教育改革和发展的实际结合，是有点不利的，至少是有缺憾的。

为了防止由于我个人的局限和偏见而对教育研究的出版物做出片面的判断，我还曾经就这个现象与问题请教了一些出版社，包括专门的教育出版社的编辑们，他们也有同样的感觉。当然，他们也由此而希望我能够组织这样一套丛书。但是，我现在还无力做这样一种工作。让我感到非常高兴的是，李慧敏经过自己不懈的努力，在广泛听取许多老师意见的基础上，以博士论文为基础，终于初步地完成了对吉登斯自我认同理论的阐释和研究，而且，其中的许多分析和见解也是非常深刻和有启发的。当然，这样一种研究可能还存在这样或者那样的问题与不足，但我认为它应该是一个好的方向，是一种对国际上重要的教育学术著作进行系统研究的负责任的精神，而且体现了一种比较扎实地做研究的态度。所以，我希望，在大家的阅读中，除了这本书本身对吉登斯自我认同理论的系统阐释和分析能够对于大家的研究和学校工作有一定的帮助之外，这种严肃和认真地对待国外教育学术著作的态度与研究取向，也能够对大家的研究产生一定的启示。

放大的教育符号[①]

基础教育中“三好学生”的评比，本来是一个大家都十分想当然的事情，多年来没有人对它说三道四。可是，在中国教育改革和发展的今天，这个非常神圣，而且是带有几分庄严的事情(“法事”）却也面临着走下“神坛”的危机和命运。甚至是教育界的前辈们也对此提出了非议和责难。似乎这种好学生的评比又不合时宜了，而且听起来好像是“触犯”了素质教育的“虎威”和要义。我非常清楚地记得，就在一次北京某重点中学艺术团的演出中，某位国家教育行政管理部门的领导就曾经问我：“老谢，你对素质教育有一定的研究，那么你认为，中小学里三好学生和尖子学生的评选，符合素质教育，或者说，符合义务教育面向全体学生、促进学生全面发展的要求吗？它们之间有矛盾吗?”坦率地说，这还的确是一个问题。尽管我后来也专门对这个问题进行了研究，写出了论文，而且也多次在课堂上讲过，但是，却至今没有送出去发表。道理只有一个，就是感到自己对这个问题还没有说清楚。而现在，万作芳选择这样一个非常有难度的问题做博士论文，并且进行了非常系统的研究，的确是很有价值的。她着力描述和概括了中国好学生评选活动的历史发展与变迁，分析了这种评选活动中的权力结构，以及好学生评选过程的运作机制，等等。就我个人来看，这个研究在这一领域中是一个不可多得的作品，其中不少观点和分析角度都是非常有启发的。可以这样认为，她的研究为我们更加清楚和科学地认

① 本文是为万作芳的专著《谁是好学生——关于学校评优标准的社会学研究》（吉林人民出版社 2008 年版）所写的序言，并发表于《教育科学研究》2009 年第 3 期。

识当前好学生或者三好生评选过程中的问题和弊端，提供了一个非常有价值的分析思路，也为我们改进学校的学生评价提供了一种新的视角和启示。

我不想非常详细地介绍和评述万作芳对这个问题的研究，我也担心过于具体的评述可能会遮蔽其研究成果的价值。我相信大凡细心的读者都会从中获得各种不同的启迪，但我也希望借此机会与大家分享我所得到的感受。因为，我由此而深深地感到，类似于“三好学生”这样的教育符号在教育学和教育活动中的意义和价值实在是“妙”不可言。

不待言，“好学生”，或者是“三好生”诸如此类的名称，绝不仅仅是一纸奖状，或者是一枚证章，抽象地看，它是一种符号，反映了一种身份，体现了一种社会地位和阶层。它表明了某种标准和价值，承载了一定的文化内涵和规范，代表了一种要求和期望，而且也的确体现了一定的文化控制和话语权，等等。所有这些内容和意义，在所谓符号学的理论和各种关于符号的研究中，已经说得非常清楚了。虽然我也很想多说几句，但不会有多少新意。而我之所以说它“妙”不可言，则是因为这样的符号在中国教育领域中所得到的放大，实在是到了一个无以复加的地步，由此也就非常值得去说上几句。而且，这样的描述和分析也有助于进一步理解今天对三好学生的各种批评，以及万作芳的博士论文所具有的意义。这种符号在中国教育领域中的放大，首先体现在数量之多、规模之大已经难以计数，以至于到了一种无序和混乱的状况。例如，在名称上，有所谓的××学者、××访问学者、××教授、××团队、××人才、××大学、××委员、××博士、××学生、××儿童、××孩子、××教育家、××校长、××学科、××课程、××专业、体育之星、英语之星、创作之星、文艺之星、勤学之星、绘画小天才、校园小百灵、尊师模范、小小书法家、电脑天才、人气之星、杰出学生、英雄少年、新三好学生、新概念三好学生、金爱心学生、标兵三好学生、标兵班干部、标兵团干部、标兵共青团员、标兵宿舍长、学习标兵、特长标兵、纪律标兵、卫生标兵、文明礼貌标兵、A城之星、班级理事、最受欢迎学生、文明学生、十佳学生、五星学生、星级学生、十星级学生，等等，不一而足；在层次上，有国家级的、省级的、市级的、区县级的、学校级的，还有各种混合级的、共建级的，听说还有交叉级的，即本来是地方的产业和部门，或者是某个领域的社会组织和机构，却竟然能够颁发国家级的称号或者各种符号；在种类上，有政府颁发的、学校自主创新的、国外奖励的、基金会资助的、企业扶持的，有以名人命名的，有以人气高低决定的，也还有各种以地域和时间定义的，据说还有以宇宙中的星星和月亮命名的等。夸张一点说，词典上有的，能够沾上一点边的好词，几乎都用得差不多了。记得前几年国家提出“211 工程”，以及建设世界一流大学的战略时，一时间各种关于一流大学的符号更是满天飞，有的是世界一流，有的是世界知名，有的是国际上有影响，等等。有的在学术和影响力方面仍有明显差距的大学，则提出了建设“国际上很活跃”大学的目标，真是令人啼笑皆非。

从某种意义上说，教育的符号多一点不是什么坏事。因为，它可能会给我们提供更多鼓励和表扬青少年学生和教师的资源、手段和办法。按照一位在教育领域很有影响的专家所说的那样，多一条标准，就可以多一批好学生。因为，青少年学生是需要鼓励的。如果能够多设立一些奖励的形式和符号，有更多的青少年学生能够获得不同形式的鼓励，由此促进他们的成长和进步，那岂不是一件好事。现在的问题是，目前的各种教育符号可能是太多了，而且是多的有点乱了。而且，这种相对比较混乱的局面甚至给某些别有用心的坏人留下了可乘之机。据不完全可靠的消息，某时某地竟然出现了有人假冒××××的名义，公然行骗，诈取钱财与美色，听说还差点就得逞了。好在我们英勇机智的公安机关明察秋毫，动若脱兔，迅速地将其缉拿归案，粉碎了一起阴谋败坏教育名誉的案件。这还倒真是给了我们一个警示。

其实不管这个消息本身可靠与否，它的确透给了我们一个信息：这些名目繁多的教育符号，已经不仅仅是一个单纯的符号，它真的是具有蛮高的含金量耶！这也是这种符号在中国教育领域中得到放大的一种表现。如果说这样的符号仅仅是一个名称也就罢了，问题在于，这些不同的符号中实实在在地包含了许多的实际价值和巨大的利益。一方面，各种符号本身应该体现的精神荣誉，在今天的市场经济和商品社会中，已经具有了某种广告的效益；另一方面，不同符号本身所附带的物质内涵，在经济发展水平不断提高的现在，也在开始不断走高和攀升。当然，在知识和信息社会中，知识分子和教育的价值得到提高和增强，是正常和必要的。如果能够通过符号的放大来提高知识分子的待遇，提高教育的地位，那又何尝不是一件好事呢？可是，正如经济学所说的那样，一旦价格完全背离了价值，它就不能给资源的配置提供一种适当的信号，市场就会出现混乱。目前，中国教育领域中符号的价值，可能还真是有点这样的嫌疑。我不敢说它是一种普遍的现象，但就某些符号而言，它们本身附带的含金量可能已经逐渐超过了它的实际价值，其“价格”已经到了背离价值的地步。虽然我没有能够很好地总结这种在教育领域中各种符号的“价格”超越实际价值的情况，但我们可以非常清楚地发现，这样一种具有极高附加值的教育符号确实与相当可观的物质利益联系在一起，甚至还和一定的权力、地位有关联，等等。

更令人感到不安的是，这种符号所表现出来的“价格”超越和背离实际价值的情况，还体现在这些“珍贵”的符号，在一定程度上开始具有了法国思想家布迪厄所说的那种“符号资本”的意义和性质。它在某些场合甚至还获得某种“一般等价物”的功能，具有了相当的可交换性。例如，这种符号的获得常常具有一种所谓的“马太效应”，如果某个学生被评上了三好学生，那么，他或者她很可能获得推荐保送生，或者参加自主招生考试的资格，进而获得了在高等学校招生考试中一定分数的优势，由此能够进入重点大学。所以，这种教育符号的功能在一定程度上已经超越了有限的范围，而得到了不太正常的放大。正是由于这样一种放大，教育符号由此也走入了歧途。不难设想，本来是一种非常有限的荣誉和称号，如果硬要赋予它决定人生命运的功能，或者是给予它强大的“辐射”效应，这样的教育符号必然会变形。本来只是在某个局部，或者某个具体时空中的成就与肯定，如果非要使它“智周万物”，进而突破本身的具体时空和边界条件，这样的教育符号也不得不发生扭曲。但是，让我有点困惑的是，布迪厄的确发现在现代社会中存在一种符号资本，而且，也谈到了这种符号资本的意义，难道教育符号就不能具有这种“符号资本”的功能吗？难道它赋予人们更多其他的价值和物质利益，包括带给人们一定的权力就错了吗？难道提高和扩大教育符号的“含金量”有什么问题和不妥啊？看来，对“符号资本”的理论还需要有进一步的理解和体会，特别是教育符号能否成为一种具有“一般等价物”功能的资本，也需要探讨和分析。至少目前中国教育界的现实中出现的某些问题和现象，让我们对教育符号作为“资本”的说法，有了一些疑问和不安。

联系社会学和有关社会科学的学说，我们上述的疑问，以及教育符号的放大现象，其实涉及了一个非常重要的理论问题。因为，就教育领域中各种符号的社会血缘而言，它应该属于“社会声誉”的范畴。而且，它也的确与经济和权力一起，是关系和影响人们社会地位的三大重要因素之一。但是，至于它们三者之间应该是一个什么样的关系，却是一个十分重要的社会现实问题和理论问题。换句话说，它们之间究竟是应该相互重合，还是应该有一定的分离呢？或者用另外一种表达方式，它们作为基本的社会资源，是集于某些个人或群体一身，还是分配给不同的个体和群体更加合适呢？当然，这样三种不同因素之间应该具有一定的关联性，有一定社会声望的人，当然应该获得相应的经济收入和影响力（权力）；而经济收入比较高的人，同样也能够获得一定的社会地位；而权力当然也会给人带来一定的收入和社会声望。但是，这些影响人们社会地位的三种因素之间的关联又应该是有限制的，而不能完全和高度重合，否则会产生社会财富过分集中的现象，进而导致整个社会的不均衡。这样三种不同的因素作为社会资源，应该按照不同的规则分配给不同的社会群体和阶层，使具有不同特点和才干的人能够各得其所，进而相得益彰。换句话说，这三种不同的社会资源的有区分的配置，往往还是调整社会均衡和公平的有效机制呢！根据有关专家的研究①，在中国改革开放以来的社会变化中，我们似乎就能够发现这样的现象：在改革开放的初期，社会声望、经济收入和权力这样三种因素，往往是有区分地在不同的社会群体和阶层中进行分配或配置。而且，获得其中某一类资源的个体和群体，也常常能够由此来获得一种自我的满足，或者是在精神和心理上与那些在其他类型资源方面有所得的个体或群体抗衡，进而形成一种社会整体的均衡。但是，随着改革和社会转型，这样三种直接影响人们社会地位的社会资源，逐渐开始集中了，或者说是慢慢地重合起来了，即声望、收入和权力逐渐集于某些个体和群体为一身了。由此出现的社会不公平现象和批评也就越来越多了。按照我们的常识

① 清华大学孙立平教授曾对这个问题进行过非常深入的分析。

来看，或者用我们的日常语言来说，则是“什么好事都让一个人占了”，这种现象必然带来社会心态的失衡，从某种意义上说，它甚至是很危险的。所以，教育符号的放大，看来也不仅是教育领域的事情和现象，它实际上也是与整个社会发展中某些现象和问题一致的，或者说，它也有一定的社会基础。

正如本文前面所说的那样，如果商品的价格及其变化超越了其实际的价值，它将对整个市场的资源配置提供一种错误的信号，进而造成整个经济发展的危机和混乱。教育符号所表现出来的“价格”超越实际价值的现象，以及它作为一种具有交换功能的“一般等价物”所产生的巨大“磁力”，将丰厚的经济收入和显赫的政治权力集于一身，因而也已经成了一种非常错误和可怕的信号，在引导着教育资源的配置，以及教育界和学校中个人的追求，并且正在或者已经从有利于教育发展和个体进步的积极因素走向了反面，构成了一种对教育健康和科学发展以及个体全面发展的极大杀伤力。

首先，由于这些教育符号的放大，目前基础教育中青少年学生对三好学生这个符号的追逐行为已经发生了相当的变形，甚至在三好学生这种称号上的竞争中已经掺杂了许多低级的内涵。例如，在某城市基础教育小学升初中的制度改革中，据说是为了缓解择校的矛盾和压力，实行了一种把“三好学生”作为向重点初中推荐资格的做法。但这样一种具有良好动机的政策在现实的操作上却进一步强化了三好学生的竞争，以及这种竞争的变形。有关人士曾经给我讲了这样一个故事，在某小学三好学生的评选中，一位同学竟然在班上公开宣称，如果谁能够投他的票，使得他能够选上三好学生，他就请大家吃饭；他果然当选。后来他给了每个人一个冰激凌。由此，他就可以不参加整个小学生初中的电脑排位而直接由学校向重点中学推荐。而且，尽管他在英语考级中没有能够通过，但仍然上了重点学校。另外相似的案例是，家长也常常告诫自己的孩子请同学到自己家里来吃饭，搞好人缘，争取选票。听起来真有点让人吃惊。

且不论那些尚不成熟的青少年学生，甚至还有少数已经学为人师的教师，在这种具有极大诱惑力的教育符号面前，也常常不能自持。一方面，由于他们在三好学生的评选中掌握了“生杀予夺”的大权，在如此激烈的争夺和竞争中，往往也出现“寻租”的现象，并且因此而堕落。另一方面，在涉及他们自身利益的各种教育符号的竞争中，也有少数人常常不顾“身正为范”的职业律令，利用各种各样不适当的手段和方式，去争夺那些直接关系到他们个人利益和发展前途的符号。且不说，这其中所造成的时间和精力的大量投入，由此所导致的彼此攀比而产生的“相对剥夺”和形成的矛盾，也已经成为学校管理中的难题。更有甚者，因为随着竞争的日益激烈，有的人甚至是“铤而走险”，竟然造假或者是剽窃，而全然不顾“师道尊严”，以至于不得不诉诸公堂，闹出了大丑闻。

更有甚者，听说这样的竞争已经不是某些个人的行为了，它已经逐渐演变成了一种集体的、而且是有组织的行为了。据说是这样的教育符号已经直接关系和影响到某些机构的排行榜了，因而成了一种事关所谓“集体荣誉”的大事了，所以，竞争中出现的各种各样的方式和手段，也都获得了一种“崇高”的“合法性”。但恰恰是在这个过程中，教育的神圣实际上已经遭到了玷污。尽管赢得了这样的教育符号，实际上却是得不偿失，因为，由此给自己带来的伤害却是长久的，甚至是难以“痊愈”的。

我并不想直接指责这些当事人，这也不怪他们，我甚至有点同情他们。因为，这都是那些放大了的教育符号生的事、惹的祸，使他们和它们成了受害者，也使得我们的教育成了受害者，使我们的青少年学生成了受害者。当然，我并不希望就这样地完全抹杀教育符号的意义，问题是它被如此“放大”了，以至于出现了变形。我们同样可以想象另外一种情形：

如果在教育领域中没有这么多的符号，而是真正让“教师”这样一种在中国历史传统上就具有极高地位的职业和称号获得它完全的尊严和价值，那就已经足矣。其实，上述那么多涉及教师的符号，又有哪一个比得上“教师”这个符号的价值呢？既然“教师”这个符号已经获得它应该的地位和价值，那又何必去炮制出如此之多的教育符号呢？由此想到的是，是不是我们目前的“教师”称号已经有所“贬值”，它已经不再那样具有吸引力，才不得已给它再增添这些新的“包装”呢？

如果这些教育符号没有这么大的附加值，或者这样的教育符号所体现的社会声望适当地与经济利益和权力相分离，而使它不能带有过高的“附加值”，更不会成为一种具有“一般等价物”功能的“符号资本”，我想由此导致的竞争恐怕会少得多；也就不会引起那么多的冲突和矛盾，不会有那么多的人力、财力和物力的浪费；当然，我估计各种由此而引起的“丑闻”也一定会少得多。因此而想到的是，是不是目前我们的教育经费投入机制出现了什么问题？

如果教育符号更多的只是一种精神的鼓励和褒奖，或者说进一步强化这些教育符号的精神鼓励的功能和意义，我认为那真正是符合了教育的宗旨和特点。实际上，引导青少年学生有更加崇高的理想，能够承担更多的社会责任，追求一种有品位的存在，以及过一种高境界的生活，应该是教育本身的目标和责任。我认为这恰恰是教育符号的真正的功能和意义。由此想到的是，难道我们的教育已经忘记了自己的使命了吗？我们的教育不会出现迷失方向的问题吧？那才是真正的可怕呀！

也许我是“杞人忧天”，但不管如何，万作芳的这本专著的确给我们提了一个醒。别小看了这样一些教育符号，其中关系到大问题呢！随便说一句，我们的教育部门虽然承担着繁重的管理工作，但千万不要忽视了对教育符号的管理，它也是一种十分重要的教育资源。它同样有供给和需求的矛盾。正如当年起草高等教育法时，对于“大学”和“学院”这样一些高等学校的名称那样，可不能含糊！

公平：教育的“绝对命令”[①]

教育公平的研究有一个特点，它总是让你感到你的研究似乎永远不能结束，这里刚刚收笔，可又觉得余言未尽，曾经的思绪常常也总是挥之不去。可能是没有了写作时那种具体目标和要求的约束，这种心态往往还能够使你获得一种更加自由和开放的思维状况。

早在20世纪90年代，我曾经在教育部有关部门和朋友的支持与帮助下，通过一定的抽样，在30多所高等学校中收集了大量的调查样本，进行了一次关于高等教育公平的实证研究，主要内容涉及大学生的家庭背景、父母职业、成长地区等社会因素，以及不同层次和类型的高等学校。经过理论和相关分析等，对不同社会背景的大学生与不同层次和类型的高等学校之间的相关性进行了比较深入的分析与说明，从一定的侧面揭示了社会背景对不同学生接受高等教育机会的影响，并以研究报告的形式发表在美国哥伦比亚大学教育学院学者曾满超先生主编的《教育政策的经济分析》（人民教育出版社1999年版）一书中。这一研究反映的是中国高等教育精英阶段教育公平的状况，而且，在研究方法上也更多的是将教育公平作为一个事实判断，通过一系列客观数据进行描述和分析。有幸的是，这一研究报告虽然篇幅不大，但在以后其他学者关于中国教育公平的研究中被多次引用，产生了一定的影响。

自20世纪末到21世纪初，中国的教育发生了翻天覆地的变化，九年义

---

① 本文是为笔者与李乐夫、孙凤、文雯合著的《中国的教育公平与教育发展（1990—2005）——关于教育公平的一种新的理论假设及其初步证明》（教育科学出版社2008年版）一书所写的后记，并发表于《中国教育报》2008年9月11日。

务教育得到了基本普及，高等教育从精英形态走向了大众化的阶段。教育发展的各种新的形态和现象同样在经历着新的审视和质疑。其中，教育公平也出现了各种新的要求和问题，出现了一定分化和矛盾。如何认识这个阶段中国教育公平的特点和问题，便成为一个重要课题，并成了对于传统教育公平理论与实践的一个新的挑战。针对这种现象，我进一步区分了底线的教育公平与教育差别这样两种不同的教育公平现象，描述和分析了这样两种不同的教育公平在现代中国社会中的交叉与重叠，探讨了新时期中国社会教育公平的复杂性，提出了新时期教育公平的结构差异，以及相关政策的不同取向。相关研究成果以论文形式发表在《人民教育》2006 年第 6 期。

扩招和高等教育的大众化对于中国高等教育的改革和发展具有十分重要的影响和意义，但同时也受到了广泛的质疑和批评，包括对教育公平的批评和质疑。显然，新的发展阶段和历史时期教育公平也发生了一定的变化，出现了一些新的特点，以及人们对教育公平新的要求。在这些质疑中，一个比较突出的问题是：中国高等教育的规模扩大了，那么教育公平的状况是否也改善和提高了呢？尤其是各个不同地区之间的差异是否也发生了变化呢？为此，我和同伴研究并出版了《中国高等教育大众化进程中的结构分析——1998—2004 年的实证研究》［简体版：教育科学出版社 2006 年版；繁体版：（台湾）高等教育出版公司 2007 年版］，通过对大众化过程中高等教育分布结构的变化，描述了高等教育的机会在不同地区的分布状况，特别是通过与不同地区的经济发展水平和适龄人口比例的比较，说明了在中国高等教育大众化过程中高等教育公平的进步，为人们更加客观地认识和评价中国高等教育的大众化，以及中国教育公平的发展与变化，提供了一个新的角度和依据。

中国的教育公平及其发展是否具有自己的特殊性和规律，一直是困扰我的一个问题。在过去教育公平研究的基础上，自 2005 年起，我和同事、学生们专门就中国教育公平的发展及其规律的问题进行了新的探索。这样，也就有了《中国的教育公平与教育发展（1990—2005）》一书。本书应用词频统计、理论减法、规范与实证相结合，以及教育社会学的各种研究方法，发现和说明了中国教育公平现象中不能为传统教育公平理论所完全解释的残余，提出了一个关于教育公平的新的理论假设，并且通过背景证明、理论证明、数理证明和扩展证明进行了初步的论证，进而对中国教育公平的发展及其规律等问题提出了自己的观点。我不敢说这个理论作品能够达到怎样的高度和水平，也不敢奢望它能够成为一个理论上的精品，而且，我相信它仍然存在许多的问题和缺欠。但是，我的确对它投注了我的心血和生命，倾入了我的激情和冲动。虽然繁重的行政工作让我身心疲惫，但一旦进入到思考与写作的角色，整个人仿佛又兴奋不已。所以，这个作品不仅是一个单纯的理论研究，它也是我对教育使命的一种实践。也正因为如此，每当我与同事、学生和朋友们谈论起这个研究时，我总是十分忘我地沉浸在一种得意中，甚至不顾他人的感受而眉飞色舞、滔滔不绝。坦白地说，我是在享受这个作品，就像所有的人在享受他们自己的生命那样。

有的学生问我，为什么你对教育公平问题如此充满热忱和兴趣；也有的同事和朋友感到好奇：这个老谢怎么对教育公平的问题如此钟情，乐此不疲？我的理智也常常在提醒我，关于教育公平的研究很可能是事倍功半，甚至可能是“泥牛入海无消息”。的确，在我的研究经历中，教育公平是一个反复多次的领域和对象。虽然我还有许多其他的研究课题可以做，但是，却总是有一股力量硬是不断地驱动着自己，去研究教育公平的问题。而且是做了一个再接着做下一个，并且是越做越大，越做越有兴趣。可能就像康德所说的那样，似乎在精神世界中真有那样一个“绝对命令”，在冥冥之中牵引着我，指引着我。可能也正是这样一个“绝对命令”，让我对教育公平的研究亢奋和痴迷。

可以说，教育公平就是教育中的“绝对命令”。这种“绝对命令”是不需要解释的，它甚至是没有任何副词、状语和定语的。它是无条件的，是存在于所有人心底的一种神圣律令。我们没有理由不用我们的理智和头脑去认识和了解这种教育公平，我们更应该以我们的生命和实践去感受和体会这种教育公平，而这恰恰是教育研究中的“绝对命令”。

我常常会这样想，今天，我们都在享受着教育的神圣，包括教育在国家财政中优先保障的政策、学校和教室在人们心目中圣洁的地位、教师所获得的各种美誉以及青少年学生在社会中所得到的眷顾，等等。可是，对于教育的这种殊荣的理由，却很少有人去问一个为什么？有人也许会说，这是因为教育是培养下一代的事业，它代表和象征着国家和民族的未来，所以它应该获得这种社会的尊重；也有人会认为，这是由于教育是传播和生产知识的地方，这些知识和理论体现了一个社会的价值和力量，因此它应该赢得人们的尊敬；可能还会有人这样看，教育是一种教人聪明和给人智慧的活动，它反映了人类的精神生活和人的价值，等等。的确，教育确实具有这样一些非常重要的功能，对于一个民族和国家而言，无论是对青少年一代人的培养，还是知识的传播和人的提升等，都不能离开教育。但是，教育的这些功能与价值，仍然不足以让教育享受如此之多的“供奉”和殊荣。我敢说，教育中肯定还包含了更加要命的价值，由此使得教育能够有这样的神圣地位。

教育中这种最要命的价值，就是教育公平。殊不知，青少年一代的培养如果缺乏公平，这种培养只能是为少数人服务的工具，甚至是维护社会不平等的机制。这样的教育是不可能也不应该得到全社会尊重和供奉的。而教育公平正是要让出身不同阶层的青少年能够不受那些社会背景和因素的影响，共同平等地成长与进步，并且改变那些处境不利青少年的社会地位，进而能够以一种平等的地位参与社会和走向人生。君不见，知识的传播和生产如果不能充分考虑和尊重不同文化和族群的传统，这样的传播和生产必然是不公平和不合理的，甚至有可能成为一种文化压迫和歧视的手段。而教育公平的目标和内涵之一，就是要构建一个合理的平台和机制，让不同的文化都能够相互交流和传播，促进各种文化和知识的共同繁荣。可想之，如果人在获得他们的智慧和聪明当中失去了公正的裁判，这样的智慧和聪明只能是一个怪胎，甚至会贻害众生。而教育公平就是要力求提供一种平等与合理的环境与制度，在这种智慧和聪明的传递与分配中达到一种和谐，进而使社会的不公平也能够得到持续的改善，并逐渐走向一个更加公平和平等的境地。从古到今，遍览中外，尽管程度不同，形式多样，但教育公平的这种地位和作用都是非常清楚的。而且，教育公平也一直是整个社会流动中最重要的影响变量之一。正是教育公平，才使得教育获得了整个社会和国家的厚爱；也正是教育公平，才使得教育具有了永恒的价值。我们可以想象，如果教育是不公平的，它能有这样神圣的地位吗？如果我们的教育不是以追求教育公平为目标和宗旨，它岂能得到整个社会和国家如此大方的投资，学校和教师又岂能获得社会和人们如此慷慨的尊敬。我们很难想象，如果教育失去了公平，它会成为什么样子？社会和人们会以一种什么样的态度对待它？失去公平目标的教育发展，它的意义和价值究竟又在什么地方？

虽然我已经做了这样的证明和回答，但是，我仍然必须承认，用这样一种理性的方式来证明教育公平的重要性，仍然是苍白的。教育公平作为一种教育的“绝对命令”，实际上也是人的尊严的一种体现。这种尊严是不需要解释和规定的，它是一种基本的信念或信仰。过去在读哲学基本理论时，常常一再地为如何去证明世界的统一性在于它的物质性而感到苦恼，因为在这种证明当中，总是会一而再、再而三地陷入矛盾。后来在进一步阅读和研究中，尤其是通过自己的亲身体验和领悟，才稍微得到了一点体会，因为，这种关于世界的统一性在于物质性的证明，本身已经超越了逻辑的范围，因而也是不能根据逻辑去证明的。它也是一种基本的信念或信仰。同样，关于教育公平这样一种“绝对命令”，也具有这样的特点。因为你会发现，在现实生活中，不管你如何去规定教育公平的内容，都会感到有所缺欠；无论你如何证明教育公平的必要性，也都会觉得言语的无力；而且，尽管社会和教育的发展取得了明显的进步，人们也仍然会对教育公平提出批评，以及更多新的和更高的要求。如果我们借用哲学的概念，这种现象恰恰说明了教育公平本身已经具有一种“本体”的意义，它是一种“非位置的存在”，也已经超越了现实和逻辑的范畴。也正是由于如此，每当我们的社会和教育达到一个新的境界以后，我们又常常会发现，教育公平似乎又远离我们而成了一个新的愿景。它既是一种现实，又是一种信念。所以，对于教育公平的把握，单纯凭借理性是不够的，它需要用自己的生命去体会和感悟，而这也恰恰是教育公平的魅力。

我以为，这样的解说并不是一种抽象的思辨与空谈，这种意义上的“绝对命令”实在是具有极大的现实因缘。因为，当今社会中教育公平的各种现象和问题，往往主要并不在于人们认识上的不足，更加关键的是人们实践上的信念与决心。谁都知道教育公平的重要性，所有人也都能够对教育公平的理由“说三道四”，至于文字和理论上的差异也并不足以影响大家对教育公平的高度共识。可恰恰在教育公平的实践上，人们所看到的现实却往往令人感到言说和意识的无力。出于各种各样的原因和理由，包括各种难以启齿的借口，教育公平的认识和理论常常不得不让位于现实的压力。所以，教育公平的实践实在是需要一种决心和信念，需要一种这样的“绝对命令”。在这种“绝对命令”的召唤下，私欲的作祟，功利的诱惑，意志的薄弱，等等，都将不再成为理由和借口。因为，这是在“替天行道”，是不能拒绝的。而这也恰恰是教育公平这种教育的“绝对命令”的真正意义和价值。

所以，教育公平是教育最重要和最根本的质量，教育公平也是教育研究最基本的对象和目标。这是教育的一个最根本的道理，是教育的“绝对命令”，当然，也是教育研究的“绝对命令”。

我们崇尚教育公平，如同抬头仰望着星空。

教育公平：中国与世界[①]

中国教育公平的发展程度和水平与世界其他发达国家之间的比较，是一个很难回答的问题。不同国家和地区教育公平的发展水平往往具有各自的特点和矛盾，以及自身的发展模式。因此，究竟孰高孰低，不好一概而论。但是，教育公平是一个难题，是世界各个国家普遍关注和研究的问题，则又是有公论的。而且，教育公平的研究水平将直接或间接地影响一个国家教育公平的发展程度和状况，特别是它的政策水平，也应该是有公论的。就这一点而言，中国关于教育公平的研究，实在是任重道远。

中国是一个大国，也是一个教育的大国。有人曾经这样戏言：中国大地的上学铃一响，某些国家所有的人口都要进教室。比喻中国学校教育的人数已经超过了某些国家的总人口。所以，中国的教育公平仅仅就其所覆盖的人数而言，在世界上应该是十分重要的；另外，作为世界上一个发展中的大国，它面临的各种矛盾和困难往往也是十分复杂和艰巨的。因此，中国的社会经济发展，包括它的教育改革与发展，往往也在一定程度上成了许多发展中国家重要的参照之一。记得有一次参加世界银行新任行长到中国来举行的宴会，这位新行长在讲话中谈到世界银行对中国的支持时，非常明确地认为，如果世界银行支持中国改革和发展的某些模式能够取得成功，它的经验对于其他许多发展中国家来说，都是非常有参考作用的。我想，这应该也包括对教育项目的支持，以及对这些项目的期望。由此可

---

① 本文是为笔者与李乐夫、孙凤、文雯合著的《中国的教育公平与教育发展（1990—2005）——关于教育公平的一种新的理论假设及其初步证明》一书（教育科学出版社 2008 年版）所写的序言。

见，中国的教育公平从某种意义上说，也是具有世界意义的。但坦率地说，我们对教育公平的研究水平和成果与这样一种任务和期望是有差距的。

当然，中国的许多学者都从事过，而且仍然在进行关于中国教育公平的研究，他们中不乏热情洋溢者，也大有睿智聪慧者。我的一些朋友在这个方面和领域也做出了十分可喜的成绩。这些，都是值得充分称道的。我和李雪莲在20世纪90年代后期也曾经通过各个方面的帮助与支持，在收集到的大量数据的基础上，根据不同家庭背景、出生地、父母职业以及所就读的大学等指标，按照社会流动和教育公平的理论，设计了一个反映和描述中国高等教育公平程度的研究框架，并且取得了一点进展。尽管那个研究的观点和分析至今仍然被广泛地引用，但现在看起来，实际上还是相当不成熟的，存在许多可以进一步修改和完善的方面，特别是研究方法和范式的问题。这次“中国的教育公平与教育发展（1990—2005）”的研究，我力求转换一种新的研究框架和方法，并且尝试应用一些新的理论对中国教育公平的现象与问题进行解释和分析，同时也根据社会学的研究要求，在初步分析和证明的基础上，提出了关于中国教育公平发展的新的假说，等等。虽然与上次的研究比较，有一点小的进步，也的确在努力根据比较严谨和科学的方法分析和研究中国的教育公平问题，但是，我仍然感到一种苦恼，甚至是底气不足。因为，虽然在整个研究中，我们为数据和理论模式的应用也着实费了相当多的工夫，但是，最让我和我的合作者感到困难和不足的仍然是基础理论和方法论的问题，尤其是缺乏中国自己关于教育公平的基础理论和研究方法。

首先是基础理论的问题。在我所引用的各种基础理论中，基本上都是国外学者的理论，虽然我根据研究的需要，进行了广泛的综合和拓展，但真正中国的关于教育公平的理论却的确非常少。也许是我的孤陋寡闻，在文献工作中，甚至可以说没有找到比较像样的理论。虽然我在应用这些外国学者的理论时结合中国的实际进行了必要的修正，但这些也不能算是一种真正意义的原创。同时，我们在描述和分析中国教育公平的现象时，也已经看到了它的一些特殊性，发现了它本身所具有的理论价值。所以，如果说本书中某些具体的研究观点还有一些价值的话，我更希望这个研究能够为中国和外国的学者在研究中国的教育公平时有一个中国的关于教育公平的理论坐标。

其次是方法论的问题。教育公平的研究缺乏合适的方法论和研究方法是绝对不行的，否则，其结论只能是一种“忽悠”。在本书的研究中，我们仍然是在应用外国学者的一些方法，包括参考群体、相对剥夺、文献计量方法，以及库兹涅兹曲线等。在研究过程中，我们也曾在各种文献中寻找自己的方法，却总是十分失望。中国的教育公平本身所包含的特殊内涵和矛盾，已经不能够简单地应用外国的方法进行解释与说明，它需要有我们自己的方法和方法论。本书力求通过综合的办法进行一种方法的创新，但仍然存在不能令人满意的方面。因此，如果说本书在中国教育公平的理论解释方面有一点贡献和成绩，但我更希望的是这个研究能够为中国教育公平的研究方法做一点微薄的奉献。

可以这样认为，在中国与世界发达国家之间教育公平发展的差距上，虽然不能简单进行水平高低的对比，但就研究而言，我们更多的是在应用国外的理论和方法，尤其是发达国家的理论和方法，研究和分析中国的教育公平。这不能不是一个巨大的遗憾，也是值得我们这些教育学者们深思的。所以，在本书的研究和写作过程中，正是这样的考虑和追求，逐渐替代了原来单纯对具体问题和困惑的解答，而成为我的一个主要目的。虽然由于时间和能力的限制，我们并没有能够在这个方面做得非常理想，也存在相当多的遗憾，甚至可能是不成熟的观点，但是，我和我的同伴们在这个方面的若干尝试却也常常使得我们兴奋不已，甚至是通过越洋电话进行长达数小时的讨论，以及在夜深人静之时，不顾家人的休息，而忘乎所以地大声争论和交流，以至于久久沉浸在思想的急流中而不能入眠。当然，在这个过程中我们更多的还是谨慎和小心。因为，在教育公平的领域中尝试着应用一种新的方法，不仅需要勇气，更多的应该是科学的态度。例如，在应用文献计量学的词频方法描述整个社会教育公平问题的发展变化时，我们查阅了大量的这个方面的材料和有关的案例，以及相关的理论，包括这种方法在社会科学领域中应用的可能性和它的局限性。而且，为了检验它的合理性，我们在统计了与教育公平有关的词频以后，还通过对相关文章数量的篇频的统计进行了可重复性的检验。在这个基础上，又对这些文章的具体内容进行了分析和说明，希望由此能够进一步地证明在教育公平的领域中应用这种方法的适当性。又如，在应用回归的方法分析入学率与这些词频的相关性时，我们不仅从初中、高中的入学率进行分析，而且还从大学的入学率进行统计分析。而且，我们还通过综合的因子分析的方法对这种统计分析的结果进行了重新证明。再如，为了使我们关于教育公平与教育发展之间关系的假设得到比较全面的证明，我们从不同的方面进行了四个角度的证明，包括背景证明、逻辑证明、数理证明和拓展证明，希望这样的反复证明能够在更大程度上保证我们的研究比较准确和科学。当然，在本书研究基础上对教育公平发展变化的趋势所做的预测，即所谓的“清华假说”，我们也是从多个角度阐述了它的可能性。而所有这些，都是希望探索和建立一个中国自己的关于教育公平的理论。

在一个转型的社会和国家中，教育发展在相当长的一个阶段内往往并不会提高教育公平的程度，甚至会引起更大的教育不公平。但是，随着教育的进一步发展，特别是教育扩张与教育机会分配改革的结合，教育公平的状况将逐渐得到改善和提高。因此，在教育公平的发展中，也同样会出现一个类似于库兹涅茨倒 U 曲线的变化过程，这也是教育公平发展的一个基本规律。

我们非常清楚地知道，我们在这个方面所做的工作和取得的一点点进展，仍然是非常不成熟和不全面的，也肯定存在一定的错误。但是，它的的确确是我们在建立中国自己的教育公平理论和方法过程中的一个尝试。因为我们深深地知道，中国教育公平的实践和政策可以参考外国教育公平的理论，可以借鉴国外的经验和政策，但是，它更需要中国自己关于教育公平的理论的支持。当然，我们也同样知道，这样一个工作是我们所有教育研究者的共同责任，它需要大家共同和持续的努力。所以，我们非常诚恳地希望它能够得到大家的批评，并且通过这些批评进一步促进中国教育公平的理论和方法的建设与发展。根据预定的计划，以及福特基金会的支持，我们还将在近期邀请国际上若干著名的教育社会学专家和学者来北京讨论和分析本书提出的教育公平的理论，特别是关于教育公平发展的“清华假说”。我们衷心地希望在大家的批评和建议中，中国的教育公平的理论和方法能够走向世界，能够为世界教育公平的理论贡献中国的意见和观点。

教育公平与教育差别

——兼谈教育改革与发展的深层次矛盾[①]

教育公平是教育现代化和教育民主化的一个重要内容，也是建设和谐社会的一个重要方面。同样，教育差别在社会主义初级阶段中也是一个长期存在的现象和问题。如何在进一步深化教育改革、促进教育发展的过程中，协调这两者之间的关系，是当前教育改革和发展中的一个深层次矛盾。

教育公平是一个绝对的命题和目标，也是教育改革和发展始终应该坚持的一个基本目标。与这个概念相关的两个基本概念是“教育平等”和“教育机会均等”。前者指的是，人们不受政治、经济、社会地位和民族、种族、信仰以及性别差异的限定，在法律上都享有同等的接受教育权利。而后者则是教育公平和平等在现代社会政策和教育政策上的一个具体目标，主要内容包括入学机会均等、接受教育的过程机会均等以及取得学业成功的机会均等，等等。它的主要原则就是那些在物质、经济、社会或文化方面处于最低层者应该而且尽可能地通过教育系统本身而得到补偿。[②] 根据不同国家和社会的发展阶段以及国情，这种教育公平可能会有各种不同的具体内容，但是它作为一种目标，已经成为世界各国教育改革和发展中一个非常广泛的政策实践。在我国的教育改革和发展中，教育公平也越来越成为政府和人们普遍关注的问题和努力实践的目标。尤其是在和谐社会的建设中，教育公平也获得了非常高的政策和实践地位。完全可以认为，没有

---

① 本文原载于《人民教育》2006 年第 6 期。

② 顾明远．教育大辞典：第六卷［M］．上海：上海教育出版社，1992.

教育的公平，和谐社会的建设是不可能的。

这种教育公平的政策和实践具有十分重要的现实意义。由于社会经济发展程度的差异和不平衡，特别是农村贫困地区整体发展水平的限制，我国仍然有一部分人口地区没有实现普及九年义务教育；有些地区虽然已经达到了普及九年义务教育的程度，但仍然存在“滑坡”的可能；有些地方还仍然存在“进不去、留不住、学不好”的现象；尽管有些地区已经实现了普及九年义务教育的目标，但由于师资水平、办学条件等因素的限制，教学质量仍然处在一个比较低的水平；等等。在这种情况下，进一步改革和完善基础教育的投资体制，加大中央政府财政转移支付的力度，加强中央各种专项经费的支持，以及通过其他各种体制改革和教师队伍建设的措施等，不断改善这些地区义务教育和基础教育的条件和水平，逐步和努力实现教育公平，对于建设和谐社会是非常重要的。

值得注意的是，这种教育公平的政策和实践在一个发展不均衡的发展中国家和社会中往往存在非常复杂的现象。这种非常复杂的现象和问题之一就是，不同层次和阶段的教育公平的目标往往同时存在，特别是它常常与处于这种发展阶段的国家和社会中长期存在的“教育差别”现象混合在一起。所谓的教育差别，这里指的是人们在普遍达到和接受了某些共同水平和程度的教育以后，所存在的教育需求满足上的差别。例如，由于目前我国优质教育资源的不足，包括基础教育和高等教育领域中这种优质教育资源的有限，人们希望获得更好、更高质量教育的需求常常得不到完全和有效的满足，并且出现一定差别。这种现象最突出的表现就是目前人们在高质量幼儿园、中小学，以及高等学校的入学机会方面的激烈竞争，以及由此所产生的尖锐矛盾。而且，由于伴随着优质教育资源短缺现象而产生的各种“寻租”现象和金钱交易，这种状况和原因所引起的社会矛盾和不和谐现象，在一定程度上已经成为影响社会安定和教育进一步改革发展的重要因素。当然，这种教育差别的存在是不合理的，它对于社会和教育发展也是不利的，教育的改革和发展应该尽可能地减少这样的教育差别，不断满足人们对高质量教育和优质教育资源的需求。但这里存在的问题是，第一，在一个发展中国家和社会中，这样的教育差别将会是长期存在的；而且，这种教育差别现象的存在很可能也是社会主义初级阶段教育的一个特征。所以，对于这种教育差别现象的缓解和改善必将是一个长期和艰难的任务，任何试图在短时间内完全消灭这种教育差别的愿望都是不现实的。第二，这种教育差别与前面所讲的教育公平是不同的，但由于这种教育差别在一定程度上也具有教育不公平和教育机会不均等的某些特征，所以往往与前面所讲的教育不公平中所存在的差别混同在一起，因而也常常被认为是一种教育不公平的现象。为了叙述上的方便，我们仍然分别将它们称为教育公平和教育差别。这种混同对于教育公平的政策和实践都是不利的，容易造成政策目标不清晰，实践上缺乏指导，甚至是加剧矛盾和教育不公平现象的发生。

由此，在我国教育公平的政策和实践中，便面临着一个十分复杂和困难的局面。首先，从政策和实践目标来看，解决教育公平的任务与协调这种教育差别的任务掺合在一起。本来在教育政策目标的价值序列中，教育公平应该是首要的。但是，由于教育差别所涉及的利益群体往往比教育公平所涉及的利益群体具有更大的话语权，以及更多的诉求资源和表达方式，这样，在政策和实践的议事日程上，又常常具有优先的地位。显然，目前在社会和教育领域中，这种反映教育差别的声音明显大于教育公平的声音，当然，它也是以教育公平的声音和形式出现的，是以教育公平的主张为根据的，但实际内容却是有所不同的。其次，从政策和实践的措施来看，由于它们之间的相似性，两者也往往非常容易混合在一起，而且两者也都是非常重要的。因为它们都是要消灭或者减少教育活动和领域中存在的差别，由此必然引起两种形式的矛盾和冲突。一是如何适当区分两种不同的政策和实践的措施，因为它们所具有的意义和内涵是不同的，本身的矛盾也是不同的。二是如何解决资源配置上的矛盾和冲突。因为发展中国家和社会整个资源的有限性，两种不同的政策和实践的措施也难以同时实施。而且，对于这样两种不同政策措施的安排顺序，也将直接关系到整个国家和社会教育改革与发展的模式和实际结果。这既是一个非常重要的政策问题，也是一个十分现实的实践问题。不加区别地将这样的教育公平和教育差别混同在一起，必将模糊教育政策的目标，影响政策措施的有效性，而且在实践上带来消极的结果。

作为一种理论分析和政策建议，我的看法如下。

第一，从理论和概念上清晰地了解教育公平与教育差别之间的关系。实际上，教育公平所包含的教育机会均等至少具有三个方面的含义。一是机会的均等。这是与基本平等的理论结合在一起的，其内涵是根据相对处境不利人群在分层化社会和教育系统内所受不同水平的教育确定的，体现了教育公平的最低纲领。二是参与的平等。它超越了机会平等的阶段，反映的是自由平等主义的观点，其特点是根据参与率，而不是机会率或成功率，来进行教育平等的测量。三是结果或成功的平等。这也是教育公平中最激进的概念，它所要求的平等是根据教育内部边缘人群的教育成就或成功率来测量的。虽然这种成功的含义非常复杂，但一般而言，当参与者达到了一定的教育层次以后，特别是达到了高等教育的层次以后，通常被含蓄地认为是取得了教育的成功。按照这样的理论和模式，我认为，本文所说的教育公平，往往体现了前两种形式，即机会平等与参与平等。因为它们反映的仅仅是获得同样的机会和参与。而教育差别则更多地具有一种结果或成就平等的特征。因为它的目标所追求的既不是一种简单的机会，也不是单纯的参与，而是希望能够获得高质量和高水平的教育，能够通过占有更多的优质教育资源，进而取得教育的成功。由此我们可以看到，教育公平与教育差别的确是不同的，它们具有不同的政策含义和目标，不能简单地混同在一起。

第二，尽管我们不能简单地按照这样的三种模式评估中国教育公平的状况，但是，我们可以认为，目前中国教育公平的现实问题更多的是表现在第一和第二种形式上，即机会平等和参与平等。而且，这也是当前我国教育公平的政策和实践所面临的主要问题。不难发现，我国农村贫困地区和边远地区在教育发展上存在的主要问题也基本属于这种机会和参与平等的问题。这样说，并不是认为教育差别的问题或者成就平等的问题就不重要，而是说，从全国范围以及目前中国教育公平的实际而言，我们的政策和实践应该将教育公平的问题，或者说机会平等和参与平等的问题放在优先考虑的地位上，这也应该是教育公平的政策目标的优先选择。当然，就不同地区而言，这种教育公平的政策目标的价值序列也可以是有所不同的。

第三，由于教育公平与教育差别的含义与目标都是不同的，所以，解决教育公平的政策与实践的措施与解决教育差别的政策与实践的措施显然也应该是有所区别的。根据教育公平的基本理论，我们可以发现，前者要求的是一种积极的补偿和帮助，以便于那些社会经济条件低下的人们和群体能够通过教育获得支持，增强参与社会的能力。而且，这种补偿和支持主要是整个政府的一种责任，而不仅仅是教育管理部门的责任；而后者需要的则是一种不断深化的改革和持续的建设。一方面，通过必要的制度和体制改革，进一步完善优质教育资源的配置和分配机制，尽可能使这种对优质教育资源的分配和竞争更加合理和有序；另一方面，在可能的条件下，不断增加和扩大优质教育资源的比例，广泛地提高教育质量和水平，进而更大程度适当满足人们的教育需求。显然，在这种情况下，用任何一种政策和实践的措施去解决另一种矛盾，都是不可能的，甚至是有害的。

任何教育公平的政策选择都是有限的，都是根据一定社会经济发展的时代特点所做出的抉择。但是，教育公平的追求是无限的，它的含义和目标也是不断变化和提高的。这也是历史唯物主义理论在教育公平上的基本观点。

《教育活动的社会学分析：一种教育社会学的研究》（修订版）序言[①]

这本书出版已经有5年了，印刷了两次，在我国台湾地区也出版了繁体版，得益于教育界前辈和各位同仁以及不少同学的垂爱，得到了一些有益的批评和建议。而且，随着教育的改革与发展，以及教育社会学理论的进展，特别是通过自己对这门学科的认识不断提高，越来越感到原书的不足。当然，经过这几年的学习和各种研究工作，我觉得也具备了一定的修订基础和条件。所以，这次对本书的修订，也只是作为近年来自己在教育社会学学科领域中的研究心得、体会与收获的一个汇报。希望能够继续得到大家的批评和帮助。

近年来，教育社会学的学科发展出现了比较大的变化和进步，包括在国内和国外，出版了一些新书和新的研究论文；教育社会学学科在整个教育领域和社会学领域中的地位也有了进一步的提高，它的研究取向，包括传统的研究主题和新的研究主题，越来越受到了教育领域和整个社会的关注；它的研究成果也得到了比较广泛的引用和重视。正如莫琳·T. 哈里楠所指出的那样，“过去，教育社会学往往被认为是一个比较小的领域，它局限于对特殊的教育问题的分析，而且主要被认为服务于教育决策”，但是，从20世纪中叶开始，“一大批理论丰满、方法独到的研究成果脱颖而出。研究者们从不同的角度审视教育，并运用各种别致的技术分析复杂的资料。

① 本文是笔者的专著《教育活动的社会学分析：一种教育社会学的研究》（修订版）（教育科学出版社2007年版）的序言。

其结果就是教育社会学的迅速发展，在社会学研究领域的地位不断攀升，因为它大大增进了我们对影响学生学习及其社会化过程的社会结构、过程的了解”①。从国内的角度看，教育社会学的发展也是非常令人鼓舞的，在绝大多数教师教育机构中，包括师范大学和教育学院，以及综合大学的教育学院，几乎都开设了教育社会学的课程；教育社会学学科的博士研究生和硕士研究生的数量和层次也不断扩大和提高；教育社会学的研究成果已经成系统的出现，特别是在吴康宁教授的领导下，南京师范大学教育科学学院的老师和学生们已经出版了一套比较完整的教育社会学研究丛书；同时，教育社会学的研究也逐渐深化，包括一些对国际国内重要问题的研究成果也逐渐得到了国内外同行的注意；另外，教育社会学的研究与国际教育社会学界的联系与沟通也得到了比较长足的进展，包括与一些著名的研究机构和大学的联系，以及与一些著名学者和专家的交往，也使得我国教育社会学的研究逐渐得到国际同行的认识和认可。特别是对当代一些教育社会学重要理论和观点的研究，例如，北京师范大学刘丽玲等人对伯恩斯坦的研究、李慧敏对吉登斯自我认同理论的研究等，都取得了比较突出的成果；在教育社会学的理论建设方面，在过去张人杰先生和厉以贤先生先后翻译出版国外教育社会学基本文献的基础上，付松涛先生等人又不辞辛苦，组织和领导翻译出版了能够系统反映当前国际教育社会学研究成果的重要著作《教育社会学手册》；当然，还包括许多其他方面的研究成果，由于我个人的局限，这里不能一一列举，请大家原谅。但是，仅仅就这些已经足以说明我国教育社会学的变化和发展。尽管我对《教育活动的社会学分析：一种教育社会学的研究》一书的修订不可能充分反映近年来我国和国际教育社会学研究领域的发展和成果，而且我对这些进步和成果的理解也许是有局限的，但是，应该承认我是在这样一个非常丰富的学术研究基础上进行修订的，是受到这些研究成果的直接和间接的影响而进行修订的，或者说是依托这些研究成果而进行修订的。所以，我应该感谢大家对我的帮助。

---

① 莫琳·T. 哈里楠. 教育社会学手册［M］. 付松涛，等，译. 上海：华东师范大学出版社，2004：1，3.

近年来，我国教育改革与发展也出现了许多新的、非常大的变化和进展。我国在2000年基本普及了九年义务教育，已经进入了义务教育和基础教育改革和发展的一个新阶段。高等教育的改革与发展也是成果显著。高等教育已经从过去的精英型高等教育进入了大众化高等教育阶段。更加重要的是，我国的教育体制改革取得了非常大的成果，根据我个人的看法，从资源配置的模式上，从高等学校办学模式和自主权方面，以及在教育与市场的关系和教育机构的举办体制、教育机构与受教育者之间的关系上等各个方面，我们初步形成了基本适应社会主义市场经济体制的教育体制。当然，随着这些变化和新的任务与发展目标，教育改革与发展也出现了许多新的问题与特点。特别是由于教育与社会的关系更加密切，影响教育发展的因素也越来越多样化和复杂，变量也越来越多。在这种情况下，教育社会学所面临的挑战和压力也越来越大。它们既对传统的教育社会学理论模式和框架提出了非常严峻的挑战，但也为教育社会学的发展和创新提供了新的机会和可能性。所以，我对本书的修订也正是在这样一个背景下进行的，是这样一个时代提供了进行修订的基本条件。虽然我不敢如此自大地将自己个人的学术行为与这样一个时代联系起来，但应该说总是希望自己在这个方面能够做得好一些。

近年来，受到整个教育改革与发展的激励和鼓舞，我自己也进行了一些有关研究，发表了一些成果，形成了一些粗浅的体会，包括对义务教育普及以后中国义务教育发展的研究，对教育的公共利益的研究，对教师和课程的研究，对高等教育改革与发展所出现的新的变化和问题的研究，对学生就业的研究，对终身教育的研究，以及对OECD的教育政策分析的翻译研究，特别是通过与几个朋友一起主编由台湾高等教育出版公司资助出版的《教育研究杂志（大陆版）》，尤其是通过许多老师和同仁的支持和赐稿，学习了不少新的观念和理论。当然，近年来与香港、台湾地区，以及国外的学者的交流，也使得自己在学术上有了一定的长进。这些也都为本书的修订创造了一定的条件和可能。虽然近年来我一直从事着比较繁忙的学校管理工作，但我并没有完全放弃教育社会学的阅读、思考和写作。而且，由于自己能够有这样一个直接参与国家教育改革和发展的机会，以及直接参与学校管理工作的实践体会，因此，对有些教育问题常常能够将理论和实际结合起来思考，也拓展了自己的研究视野和角度。有些其他学科的教授担任学校的管理工作，常常与他们的学科研究有比较大的距离，因而他们的学术发展常常会受到比较大的影响。而由于我自己本身就是研究教育的，所以，尽管行政管理工作有时也令人疲惫不堪，甚至是非常烦乱，但毕竟自己所从事的工作与研究的领域是直接相关的，而且是可以在一定程度上有所得益的。因此，在这个方面我是占了许多“便宜”的。当然，我个人并不能够“独享”这份“便宜”，而应该把它们写下来，整理出来，并且从理论上进行概括和提高。这样，一方面，我把过去已有章节的部分内容进行了修改；另一方面，也在自己研究的基础上，增加了一些新的章节，包括课程和教学的问题、教育政策的问题等。有些计划则由于研究不够或材料不充分，而暂时作罢。衷心地希望这次修订不仅能够让我自己感到满意，更加重要的是能够让读者和教育学与教育社会学的学生、研究人员们觉得满意。

应该说明的是，这次修订的过程中，我越来越感到一个学科的建设一定要结合中国的实际，如果脱离了这个学科所在社会和国家的实际而仅仅是一些理论的分析，是非常不够的。所以，我力求把自己这些年所研究和发表的部分关于中国教育改革与发展的论文和心得也结合到修订过程中去。当然，由于自己的研究能力所限制，这种结合仍然是非常初步的。但是，我会把这种结合作为自己日后教育社会学研究和整个教育研究的一个基本方向。我相信，如果中国的教育社会学的学者们能够通过自己的努力，不断建设和完善一个有中国特色的教育社会学学科，则将不负我们的责任和使命。

教育：向年轻人学习[①]

教育社会学的著作与教材在国内外已经有多个版本，它们从不同的角度分析和阐述了教育社会学的理论与方法，形成了各种不同的学术流派与风格，不断丰富着教育社会学的理论文献。在这样一些著作与教材中，有一类是特别值得关注的，即由一批年轻的教育社会学家撰写的教育社会学专著。它们的独特价值不仅有学术上的睿智，也有理论上的犀利，还体现了这些年轻学者个人的风格，甚至是他们的感受与激情。在我看来，更加可贵的是，他们作为新生代的教育社会学家，能够用一种新的视角和直观，给教育社会学的学科建设和理论发展带来了一股新的气息，逐渐形成了一种新的学术“味道”。在这样一类教育社会学的作品中，在这样一批年轻的教育社会学家中，徐瑞、刘慧珍及他们的《教育社会学》则是我非常熟悉的，同时也是给我印象很深的一个例子。

著名的科学哲学家库恩在谈到科学革命以及科学的基本范式的转变时，曾经提出了一个非常深刻且富有寓意的观点：科学的革命，或者科学的基本范式的转变与更新，往往并不能够简单或者是渐进性地在科学发展中得以实现，它的发生与出现，常常伴随和对应着人类社会的更新换代，特别是科学共同体中的代际更替。换句话说，科学的革命或者科学基本范式的转变，往往需要由一代新的科学家来完成和实现，更加具体地说，必须由这样一代新的科学家所具有的新的科学范式来重新建构这种新的科学体系。

---

① 本文是为徐瑞、刘慧珍的《教育社会学》一书（北京师范大学出版社 2010 年版）所写的序言，收入本书时改用《教育：向年轻人学习》做标题。

这是颇为值得思考的一个观点，至少我个人认为是非常有道理的。因为，新一代的科学家所具有的科学抱负与志向，包括他们在个人科学经历中所形成的视野与价值观念，特别是由此而自觉或不自觉升华而成的科学规范与科学信仰，已经在一定程度上超越了现存一代科学家共同体的境界，而达到了一个新的层次。而他们在现实世界中，或者说在社会中所看到的现象与问题，正是在这样一种新的境界和层次上所发现的。而这也正是他们的独特优势。他们更加愿意以一种“顺应”的方式去面对和接受新的事物与挑战，而不愿意，或者说是不能够简单地去“同化”它们。而正是这样的“顺应”，使他们获得了非常不同的新理念，由此也的确给学术界和理论界产生了一种新的冲击。当然，这样一种新生代的教育社会学的学术共同体还没有完成或正式形成，或者说，他们也还没有完全的定型和成熟，但他们是值得关注的一个群体，而且，我个人认为，他们的著作、文章和思想观点已经显示了这种蓬勃的生命力和一定的群体特征。这里，我也非常希望借为徐瑞、刘慧珍的《教育社会学》一书写序的机会，抒发对这样一批新生代学者的敬意，谈谈这个新生代学术群体的出现和产生的时代特征与意义，以及由此应该具有的对这样一批新生代教育社会学家作品的阅读方式。

目前，有一个十分值得关注的现象：当整个世界都在高喊“创新”的时候，当这样一种“创新”逐渐由学者的笔端转变成为政策的话语，当这样一种“创新”慢慢地从议政厅的高谈阔论转变成为企业新的产品与社会的时尚时；当这样一种“创新”研究开始成为一种意识形态的时候，我们的教育则受到了越来越多的批评与指责，特别是当整个社会和世界都在呼唤创新人才时，教育的改革似乎总是不能满足社会的要求。这究竟是什么原因呢？我们的教育究竟犯下了什么错误？实事求是地说，我们不能不承认多年来教育领域的改革与发展所取得的成就，我们也应该为中国义务教育的普及与高等教育的大众化给人们带来的巨大机会和普遍的收益感到欣慰，我们也完全可以列举出教育领域中的许多创新与突破来证明教育界人士在改革与发展过程中是有所担当和勤勉的。但是，何以教育在这个创新的时代中总是站在“被告席”上呢？难道是我们以及整个社会关于教育的那些最基本的信念与规范出现了什么问题吗？

按照这样一种思路去思考和分析，在国外学者提出“文凭社会”、“学历社会”时，当法国思想家布迪厄提出“文化资本”的理论时，我们就应该警醒和反思了：过去一直以社会为基础与根底的教育，如今怎么能够有资格给整个社会“定性”呢？过去始终是作为上层建筑的文化与教育，现在何以能够获得了货币所具有的一般等价物的功能呢？我们甚至应该追问，以往一直是由于人生而平等而自然获得的教育公平，以及这样一种对教育公平的消极定义，如今怎么会成为一种直接关系到人们发展与生存的重要因素，进而具有了一种非常积极的定义方式？看来，教育以社会为基础，或者说，社会是教育的基础，这样一种长期以来一直为人们想当然，并且奉为圭臬的原理，开始受到了质疑和挑战。这可是教育科学的一个基本信念呀！也是教育科学研究的基本规范之一呀！由此再浏览一下近年来的教育政策，我们竟然发现，就是在中国的教育政策话语中，类似的论述实际上也早已经存在了。例如，早在几年前，中国政府就提出了教育是整个社会的基础性工程。有一次，我在全国政协的某个会议上提出这个问题时，竟然还得到了与会一位专家的附议，并且指出某欧洲国家也具有同样的政策话语。而就现实而言，如此的案例也不胜其数。例如，教育的投入与支出，无论在国家和家庭，都越来越成为十分重要的支出项目，在家庭中甚至逐渐上升为仅次于住房的第二大支出，并且超过了医疗。就像人们所说的那样，并非人人都要看病，但人人都要上学。又比如，教育中的择校与竞争如此激烈，也从另外一个方面佐证了教育的基础性价值。因为，在教育中能否获得具有优势的地位，直接关系到人们未来在社会中的地位，以至于从幼儿园开始，就出现了择校的现象。而那些不懂事的孩子，也自觉或不自觉地参与了这样非常残酷的竞争。当然，这样的现象与变化，也早已经发生在社会的经济领域中。因为，早在20世纪，美国思想家就已经提出了人力资本的理论，说明了教育对经济增长所具有的积极意义，进而表明了教育已经不单纯是一种上层建筑，而且也成为经济基础中非常重要的组成部分，构成了整个社会的重要基础之一。我们曾经还听到了这样的说法，某个国家的人们在遭受到一次恐怖袭击事件以后甚至认为，无论国家的经济体系受到了怎样的打击，只要这个国家的大学系统存在就没有关系。由此看来，我们过去对教育的整个理论定位好像是出现了问题，因为，按照这样的一些说法和变化，教育的确不能仅仅是一种上层建筑了，它也确实不能仅仅按照一种文化的属性进行运行和管理了，教育需要一种新的形态，一种新的表达方式，一种新的价值体系，当然，它也非常需要一种新的评价标准和发展模式了。难道教育真的要成为整个社会的重要基础了吗？如果真是这样，那已经成为圭臬和常识的教育理论就要被颠覆了！

如果说，上述信念与规范的变化只是一种教育与社会的空间关系的调整与重新定位，那么，与此相关的另一种根本性变化则是时间序列上的变化与调整。而这同样也是一种关于教育的基本信念与规范的变化，是对于长期以来想当然的一种教育“常识”的更新，它同样也涉及教育发展的重新定位。

按照美国社会学家帕森斯的观点，教育本身的基本社会功能是模式维护，即对于社会上已经存在的价值功能、道德与行为规范以及文化传统进行维护、宣传与教化等，因此，根据教育学的一般原理，以及教育的这样一种基本特点，教育本身即具有一种与生俱来的“保守”的性质。这种所谓的保守的性质，决定了教育的发展总是比整个社会的发展，特别是政治经济的发展，要慢一拍。或者说，它使得教育总是给人们一种滞后的感觉与印象。而作为一种原理和基本性质，它也使得教育学界理所当然地接受这样一种“保守性”，或者是自觉或不自觉地认可这样一种“滞后”和“慢一拍”。而这也恰恰是今天的教育总是受到批评或者老是站在“被告席”的重要原因之一，而且是这种现象出现的深层次原因。因为按照这样一种说法与定性，教育创新似乎是有悖于教育性质的事情。而如今对教育的要求则似乎是更加“出格”，因为，根据社会的期望与要求，教育不仅要创新，而且应该具有“先导性”，进而来引领整个社会的前进和发展。显然，这样的“创新”与“先导性”，对正统的教育基本理论都是一种极大的冲击，当然也是一种“颠覆”。而这些也的确是让人们很难接受的事情。因为，这样一种“创新”的教育，不仅不能发挥传统的模式维护功能，不能以社会已经形成的价值标准与道德行为规范去教化青少年，而且它甚至有可能引发新的矛盾与冲突。而所谓的“先导性”，所达到的功能则恰恰是要冲破约束，打破原来已经有的模式，而这岂不是与帕森斯所说的“模式维护”背道而驰吗？然而，现代化的关键的确是人的现代化，而社会的变革与发展也确实需要有一批具有新观念的人来进行引领；更加重要的是，有人已经用“引擎”或者“发动机”这样的角色来比喻大学，这意味着高等教育发挥了推动社会经济与科技文化进步的作用，等等。显然，这已经不是单纯的教育理论系统中某些方面的调整和改变，也不仅仅是教育学中某些概念与范畴的内涵与外延的变化，它涉及整个教育理论体系的重构。如果真是这样，它乃是教育学的基础的变化，是整个教育学理论的“脱胎换骨”，而且，这简直就是教育史上一次完全的革命。

坦率地说，由于我个人学识的浅薄和视野的有限，虽然听到、看到和想到这些变化与矛盾，还实在不敢妄自得出结论，而更多的只是借此提出自己的疑问和困惑。同时，我也不愿意简单地以自己已经形成的观点去同化这样一些疑惑与挑战。但我却有理由相信，与教育现实的这种巨大变化相适应，在教育理论界，在教育社会学界，也一定会有一批新的年轻学者相伴而出现。他们是在这种新的教育现实中成长起来的，他们的思想和理论也是在这样一种现实对教育理论和教育社会学理论的挑战与冲突中逐渐形成的，并且在整个过程中生成一种新的学科信念与学科规范。他们的理论研究和现实认识也许还多多少少带有一些传统教育理论或教育社会学理论的痕迹与印记，他们的话语或叙述或者还并不系统或流畅，但是，他们可能真的是教育理论或教育社会学理论发展的未来，代表了新思想前进的方向。而且，我更愿意认为，教育与教育社会学理论的发展与创新，还的确需要一批新的学者，并且由他们来推动和引领教育社会学的新的变革和发展。因为这是时代的要求。由此，我又记起过去曾经读过的米德的著作《代沟》，特别是其中关于“后喻文化”的论述。按照周晓虹的说法，以往，人们往往把代沟产生的原因仅仅归咎于年轻一代的“反叛”上，而米德却进一步把这种反叛归咎于老一代在新时代的落伍之上。以往，尽管也有人强调两代人之间应该进行交流，但他们往往把建立这种交流当成恢复老一代对新一代教化的手段；而米德却申明：“真正的交流应该是一种对话。”值得注意的是，参与对话的双方其地位虽然是平等的，但他们对未来所具有的意义却完全不同。当代世界独特的文化传递方式（即后喻方式），决定了在这场对话中，虚心接受教益的应该是年长的一代。这种经历或许是惨痛的，但却是无法回避的现实。你若不想落伍于时代，就只能努力向年轻人学习，因为今天正是他们代表着未来。“只有通过年轻一代的直接参与，利用他们广博而新颖的知识，我们才能够建立一个富于生命力的未来。”这就是米德对解决代沟问题所给予的中肯回答。[①] 也许，我们这个时代真是到了库恩所说的科学革命的时候了，到了米德所说的“后喻文化”的时候了。如果真是这样，难道我们还有什么理由去忽视新生代教育社会学家们的作品和观点吗？难道我们不应该给予他们更多的重视和高看吗？

徐瑞只是这些新生代教育社会学家中的一个例子，我知道在当前中国的教育社会学界，还有一批像他这样非常年轻有为的学者。我们应该认真地对待他们，包括他们的作品、观点，尊重他们的意见，审慎地考虑他们的批评。我们不能以自己的理论去同化他们的观点，包括与我们自己不同的说法；我们也不能以自己思想和理论的系统性与闭合性，去责备他们在研究和表达中的某些深刻的“片面”。在这场思想与理论的变革时代里，这是我们顺应趋势的选择。当然，在这本《教育社会学》中，还有许多值得一说的思想观点和理论创新，也有许多能够启发我们的新的探索和角度，包括值得我们进一步思考的地方，但是，在这篇序言中，我并没有谈及本书的具体内容，没有就书中教育社会学的某些理论和观点发表自己的意见，而更多的只是一个“表态”，表示自己向年轻学者学习的态度。写到这里，我忽然产生一个念头：现代教育学比传统教育学有所拓展与发展的方面之一，可能正是：向年轻人学习。

---

① 玛格丽特·米德．文化与承诺：一项有关代沟问题的研究［M］．周晓虹，周怡，译．石家庄：河北人民出版社，1987.

政策分析的新模式[①]

回想自己这些年的学术研究和阅读中所涉及的各种参考文献，发现了一个非常有趣的现象，那就是在这些参考文献中，除了一部分经典的或专题的理论著作之外，由各国政府、各种社会组织以及其他类型的机构组织编写的写实性研究报告，竟然占据了很大部分，包括由世界银行组织编写的各种发展报告、由联合国儿童基金会组织编写的专题性研究报告、由教育部教育发展研究中心组织研究编写的各种研究相告、由有关政府和部门组织编写的研究报告，以及由某些地区性组织和机构进行的研究，等等。经过多次与朋友和同事讨论，了解到这种阅读的变化具有相当的普遍性。这的确是值得关注、值得研究的一个现象。它在一定程度上反映了一种研究取向的变化，也反映了教育研究人员对教育改革和发展现实的关切程度在不断提高。当然，在教育研究中，理论性的研究著作仍然是非常重要的，而且它们本身也是实践的总结和提炼。但是，各种写实性的研究报告也有自己的特点，根据自己的阅读和研究体会，大概可以概括为以下几点。

1. 问题特别明确、突出，而且直面现实

阅读这些研究报告，可以十分强烈地感受到它们对现实的关切和研究问题的突出。而且，这些研究报告所讨论的问题往往都是当前最为重要的热点或难点问题，或者是在一定时期内整个教育改革和发展中具有前瞻性的问题。然而，这种研究报告所具有的现实性和问题意识，与一般的所谓

---

① 本文是为笔者主编的“OECD 教育政策分析译丛”（教育科学出版社出版）所写的译序。

现实性又有所不同。首先，它们不是一般意义上的个案研究。现在，有些现实问题的研究往往比较集中在一些个案的研究上，甚至认为个案的研究才是现实研究，才是有意义的。而这些研究报告所关切的现实问题与个案研究相比，是一种具有一定普遍性的现实问题。而且，我认为，这种具有一定普遍性的现实问题往往具有更加重要的意义。特别是对于研究来说，首先，它们可以给我们提供更加恢宏的视野，从而对问题进行比较恰当的判断和评价。其次，它们并不是简单地采取一种同化的方式去描述和呈现问题，也没有简单地将现实的问题装入某个理论的框架来进行描述和分析，而是比较客观地，或者说是以一种顺应的态度和方式给人们呈现出现实的问题。这使得我们在对问题的认识上能够获得更加真切的感受，当然，在阅读上也具有了更多的真实性和冲击力。

2. 具有非常强烈的政策导向和意识

这种类型的研究报告，它的选题、研究的角度、研究的方法，以及评价的标准等，常常都具有非常明确的政策导向，或者说，它们往往就是根据某种政策制定的要求而写作的，或者是根据国家和地区社会经济发展的需要而开展的研究。这种政策导向的基本体现之一，就是这些研究具有非常强的操作性。它们十分注重实现一定政策目标的过程和技术程序，强调一种研究的相关因素和社会经济背景。而且，在这种研究中，成果的实用性和对政府政治战略的意义，往往具有价值上的优先性。当然，与此相关的是，这种研究在取向上往往也并不十分注重理论上的完整性和系统性。应该说，这样一种政策的研究角度，使得教育理论的研究与现实问题和国家的政策目标形成了更加直接的联系，同时，也为教育的理论研究提供了许多十分重要和现实的课题。从我本人这些年的研究经历看，许多理论性的问题和思考，常常就是出自于这样的政策研究报告，或者更准确地说，这些政策研究报告让我很受启发，帮我提出了许多非常有价值的课题，并极大地丰富了我的教学内容。我的学生都十分喜欢包含这些内容的授课。

3. 包含不同的声音和观点

在这些政策性的研究报告中，其中不少看法和观点是来自于各个不同的方面，包括政府官员、学校的校长和教师、社会经济领域的人士，以及教育科学的研究人员。也正是由于这样，这种研究报告往往具有比较大的综合性。它们既反映了各种不同的声音和观点，也是对这些不同看法的整合和加工。从研究人员的组织形式上，我们可以看到，这种研究大多是由某种专门委员会和小组来进行的，而这些专门委员会和小组则集中了来自各个不同方面的人员。通过各种不同声音和观点的碰撞，这种研究往往能够产生和形成一些比较有价值的结论和政策建议。

4. 依托大量直接、详细的数据和材料进行说明

这些研究报告的另外一个非常突出的特点，是它们大多具有翔实的材料和数据，或是以某些统计材料和实证调查为根据的。这些材料和数据的确非常宝贵和难得，并且比较系统。也正是由于这种研究报告的实证性，由此得出的结论往往也比较可靠和真实。从另外一个角度说，这些报告中所包含的大量材料与数据，实际上也为我们的其他研究提供了许多十分重要和有价值的借鉴和依据。当然，由于文化的差异，有些材料和数据具有相当强的本土特点，它们反映的也常常是某些国家和地区特定的社会经济发展状况，以及教育改革和发展的情况，所以，在引用和借鉴这些材料和数据时，也应该考虑其在中国的适用性。

5. 体现了一种新的教育研究的理论思考方式

尽管这些研究报告非常突出和强调现实性和操作性，注重问题的解决和技术，由此似乎给人们一种缺乏理论深度，或者是理论性不够的印象。当然，如果按照传统的理论标准来评价这些研究报告，它们的确可能有这样的问题和不足，也确实显得没有什么理论性。但是，这些研究报告恰恰以它们特有的方式和风格，创造和形成了一种新的理论研究的方式和形态。而且，这种新的理论方式和形态与整个信息社会和知识社会的基本特点也是联系在一起的。正如有的专家所指出的那样，知识社会的一个重要特点就是过去那些传统的联系正在被打破，原有的各种分类和界限正在面临挑战和重新建构。其中比较突出的就是所谓传统意义上理论与应用的划分和界限。所以，可以认为，这些研究报告中所体现的理论研究的方式和形态，正是在一定程度上反映了知识社会的这种变化和要求。按照我的观点，这种研究报告所体现的理论研究的方式和形态，就在于它们是从领域的角度进行研究和分析问题的。换句话说，是在一定领域的平台上描述和综合问题，形成一定的系统性，由此构成一个比较专门化的理论。而且，我认为，这种理论具有与传统理论同样的价值。

当然，在说明这些特点的同时，应该看到，这样的政策研究报告也有一定的局限性。因为，为了更加突出地强调问题的某一个方面，包括研究角度、方法、评价标准等，它们往往也容易忽视问题的全面性。这是难免的。任何政策都是一种选择，而任何选择也就意味着一定的放弃和否定。所以，分析和参考这些研究报告时，也应该从它们的任务和目标去学习和借鉴。

在这些研究报告中，经济合作与发展组织（以下简称 OECD）编写的《教育政策分析》，就是非常典型的和十分有价值的研究报告。在《教育政策分析》报告中，上面所介绍的几个特点都十分明显，而且，它还具有一定的前瞻性。同时，《教育政策分析》报告与 OECD 组织编写的《教育概览》（*Education at a Glance*）是相互配合的。正是有了《教育概览》中的大量调查和统计数据，才有了《教育政策分析》。所以，在阅读《教育政策分析》时，如果能够参考它的《教育概览》，那么，我们便能够更好地理解其中的意义。

目前，中国教育政策的分析研究正在逐渐兴起，各种类型的发展报告和专题性的研究报告也正在出现。它一方面反映了国家教育行政部门更加重视政策制定过程中的研究和咨询，进一步完善决策的科学性；另一方面它也体现了教育研究人员对教育现实和国家政策的关心和参与。应该看到，通过政府和学者的共同努力，这样的政策研究正越来越走向成熟，正在逐渐形成自己的研究模式。但是，目前我国政策研究的方法和理论仍然是不太成熟的，非常需要向其他领域和方面学习，包括向国外学习。这样，我国教育政策的分析和研究将能够更加发挥出它的独特价值和作用。

可以说，这样两个目的正是我们组织翻译这套丛书的初衷。我们一方面希望它能够带给我国的教育研究人员和教育管理人员大量的信息，使他们能够迅速地了解当前国际上教育改革和发展的动态，从而确立我们自己的政策选择和理论走向。另一方面，我们也希望它能够为我国的教育政策分析和研究，提供一些模式和方法上的参考，以便了解国际上教育政策分析与研究的一般做法，进而有利于在教育国际化的今天，在我国加入 WTO 以后，能够以更加规范的话语，与其他国家的教育研究进行对话和交流。

一个未完待续的故事①

我们都曾经读过或听说过许多生动的故事，包括生死缠绵的爱情故事，跌宕起伏的武打故事，以及峰回路转的侦探故事，等等，但却很少有人听说过学术的故事，可能也没有听说过一个由许多人共同撰写的一个抽象但又生动的学术故事。而发生在2011年至2013年这个教育领域中一场关于高中定位的学术讨论，其中所包含的若干人物、事件和情节等，则正是这样一个非常值得一读的故事。

这是一个关于高中定位的故事，是随着中国高中的职能变化而发生的故事，是关系到数千万高中毕业生发展前途与命运的故事。它所描写的是在将近80%的高中毕业生即将走向高等学校的背景下，对高中办学如何适应这种变化，发生在不同研究者、高中校长、政府官员、新闻媒体工作者以及各种各样的利益相关者之间的理智与情感的矛盾、纠葛与友情的故事。在这个故事里，有在清华大学校园中的政府管理人员、高中校长、研究人员以及新闻媒体记者共同参加的“四方会谈”，有激扬在黄浦江畔不同观点之间的“金山论剑”，有在金华的秀山丽水中作者与基础教育管理干部的对话，还有互联网中各种不同观点的交流与碰撞……有人说我是这个故事的始作俑者、发起者或者是引领者，但我宁可认为自己是一个参与者、学习者和写作者。我非常享受这个故事，从中获得乐趣与动力，也因此与许多学者、校长和领导成为相知与朋友。因为，我也从其中学习了非常多的东西，甚至是激发了我关于高中，以及其他事物的思考。有人跟我说，在中

① 本文是为翟博等编著的《高中的故事》一书所写的序言，本书将由教育科学出版社出版。

国这样一个高度组织化、行政化的社会中，在一个几乎所有事情和活动都是由政府或社会机构组织和发起的社会中，由一个学者的一两篇学术文章而能够引起的如此广泛的学术讨论，并且客观地影响了现实的教育改革和发展，是非常不容易和难能可贵的。但我却更加愿意认为，这其实是中国教育改革和发展的潮流与趋势，是中国社会民主发展的潮流与趋势，是中国教育研究发展的潮流与趋势，特别是高中本身发展变化的趋势所然，我只不过是“乘势”而已。还有人对我说，你一直是研究教育学理论，特别是教育社会学和高等教育的学者，过去总是看到你在这些方面的文章，怎么会突然写起高中改革和定位的文章呢？这是偶然所为吗？我不能不承认这其中的确存在那么一点点偶然的因素，学术研究中常常也存在所谓的“不能承受之轻”。但我更加愿意将这种偶然性看成是一种教育研究人员对中国教育改革和发展的一种发自内心的关切和责任，学术研究的分类并不能够成为限制和束缚学者研究的桎梏，更不能将研究人员画地为牢。现实的问题就是我们研究的对象。实事求是地说，尽管我过去曾经研究过高中地位的相关问题，但与许多在这个领域积累多年的学者和专家比较，我的确是一个新兵。还有人说……所有这些，都是无足轻重的，也是无关宏旨的。最主要的事情是，中国的高中教育，这个长期以来似乎被遗忘的重要教育领域和阶段，这个关系到基础教育和高等教育的具有高度关联性的领域和阶段，这个涉及几千万青少年学生的教育领域和阶段，通过大家的努力，尤其是中国教育报的支持和努力，终于“浮”出了水面，逐渐成为各个方面关心的对象，而且得到了多方面学者和专家的深入讨论，而越来越显露出它的“庐山真面目”。如果说，这个故事的确有那么一点感人，对推动中国教育改革和发展发挥了一点微薄的作用，做出了一定的贡献，我更加愿意将它看成是中国教育改革与发展为我们提供了这样的机会和空间，是中国教育改革和发展所带来的巨大变化，将高中的定位问题呈现给我们。而且，也应该感谢所有参加这个故事的创作、设计、编写、讨论，以及关心的各位学者和专家，是大家的共同智慧为人们奉献了这样一道精神的“大餐”。当然，在这里应该特别致谢的是中国教育报的主要领导和责任编辑，是他们的“慧眼”，发现了这个话题及其讨论的价值，是他们对中国教育改革和发展的责任感和担当，大力支持和组织了这个讨论；更加让我感到钦佩和尊重的是，对于这样一个在当时仍然存在争论、意见，并且存在一定风险，甚至可能招致批评的话题，他们却没有任何的顾虑和犹豫，义无反顾地挑起了主持这个讨论的担子，并且一直继续下去。还有，还有……这真是一个十分精彩的教育故事，是一个值得读一读的教育故事。

当然，这也是一个未完待续的故事，是一个没有讲完，或者，甚至是没有写完的故事。实际上，即使在今天，关于高中的讨论仍然在继续，有的省份的教育管理部门专门讨论高中的定位问题；有的社会机构将它作为基础教育培训的重要内容，有的学校将关于高中定位的若干讨论文章结集成册，组织大家讨论；还有的政府研究部门，专门投入经费，将此列为专题，进行专门研究。实事求是地说，尽管高中的职能变化已经成为一个客观事实，但关于高中的故事并没有完结，关于高中定位的问题仍然需要更加深入的理论和学术研究。高中改革与发展本身的内在矛盾究竟是什么？这种高中本身的内在矛盾所涉及的因素是什么？中国高中的特殊性是什么？等等问题，都是需要进一步讨论和研究的话题。

这个高中故事的未完待续，还在于这个故事也引起和带动了一系列的相关研究，逐渐成了“连续剧”。这里的“待续”，一方面，指的是关于高中的研究，已经从定位的问题及其讨论，开始延伸到了更加广泛的方面，包括它的课程、教学模式与方法以及管理体制，等等，许多问题仍然有待于进一步的研究和讨论。而眼下正在进行的关于高中课程改革的调研与讨论，已经不可回避地与这个故事联系起来了。另一方面，由于高中教育所具有的特殊的承上启下的地位，它在定位方面的变化所引起的相关一系列教育活动的变化，包括高考改革，对高等教育的影响，等等，都仍然是充满魅力和挑战的话题。实际情况也正是如此。君不见，也仍然是在中国教育报上，关于高考改革的讨论，以及高等教育与高中关系的讨论，不也正在持续进行着嘛！所有这些，都是这个高中的故事所未完待续的。我相信，这个故事待续的那些内容和情节将会更加精彩感人。

然而，我想说的这种“未完待续”，还不仅是这些直接与高中教育有关的方面与层次，而且还在于它对整个教育研究可能发生的潜在影响力。不难看到，这个故事中的另一层内涵与影响，就是这个关于高中定位的讨论，实际上进一步凸显了高中教育的专业性，以及整个教育的专业性建设的问题。长期以来，教育界的同事们常常为教育的非专业性感到十分的苦恼，甚至是觉得职不如人。这种现象当然与教育本身和人们自身教育经验的联系有关，但也与教育研究和学术话语本身的“语法”太弱有关。从我们自身反思的角度看，则与教育研究中的专业性程度不高相联系。以高中教育的研究为例，我们首先应该非常明确地将高中教育定位为一种非常专业性的教育活动，是一种与基础教育的其他层次有不同特点和规律的特殊的教育活动，也是与高等教育有所区别的一种教育阶段和形式。而这种关于高中教育的专业性定位则直接意味着对高中教育的研究，必须有它自己的方法和思路，而不能仅仅按照基础教育的一般理论和方法，更不能单纯依靠一般的教育理论去说明高中教育的问题。否则，只能是以一般看待个别，以普遍代替特殊。如果我们真正要充分强调和肯定高中教育的独立性，要认识高中教育本身特殊的独立价值，就必须真正深入地认识和发现高中教育本身的内在矛盾，进而认识和发现高中教育活动本身的规律。而这次关于高中教育定位的绝大多数讨论，其特点恰恰在于抓住了高中教育的专业性和特殊性，而并非仅仅按照基础教育，或者是一般教育的理论来说明和研究高中的问题。这也是这个高中的故事不同于一般教育故事的特点。显然，这种专业性的研究，与一般关于高中教育的经验性的谈论是非常不同的，由此也真正体现了教育学科的价值。实际上，这种专业性又岂止是高中教育的专利，不同层次的教育都具有它自己特殊的规律和定位，包括初中教育、小学教育和幼儿教育，等等。问题是我们对这些不同层次的教育活动的特殊规律和特点的认识还很不充分和不到位，而常常更多的是以一般基础教育或教育理论取代这些特定教育阶段与形态的特殊性，甚至是以日常的经验去分析和解释这些不同层次教育活动的现象和矛盾。而高中故事的所谓“未完待续”，正是它的这种专业性的研究和讨论取向有可能影响对其他不同层次教育活动的研究与分析，并且由此进一步提高教育研究的专业性水平，增强教育研究的“语法”建设。

更加重要的是，这个高中故事的“未完待续”，还在于它本身所包含和体现的一种学术讨论的规范和文化，及其所提倡的学术精神，在教育及学术领域中可能产生的后续影响。实事求是地说，这个高中的故事之所以能够成功，很大程度上是由于讨论的主持者，特别是《中国教育报》在组织这场讨论中所明确倡导的建设性、平和性与学术性的讨论原则。当然，也归功于参与讨论的诸多学者和专家本身的综合素质与平和心态。尽管不同的学者和专家之间存在观点和理论上的差异，甚至是对立的观点，但彼此之间却仍然是以礼相待、彼此尊重、相敬如宾的。这也恰恰是这个故事的魅力所在。其实，学术讨论，包括必要的争论，正是学术的生命所在，是学术繁荣的重要标志之一。然而，如何能够避免在必要的学术讨论和争论中保持一种建设性的态度，一种比较平和的心态，一种相互尊重的交往，则是非常重要的，也是维系和推动这种学术讨论和繁荣的重要条件。实际上，这种态度、心态和交往模式也应该是学术活动的基本规范。我不愿意说这样的学术规范已经离我们很远了，我也不愿意认为这样的学术规范对我们已经是多余的了，我更愿意呼吁学术界的同事们能够共同倡导和实践这样的学术规范。而且，我也特别希望，这个高中的故事能够产生这种“未完待续”的影响。

高中的故事所呈现给大家的是一幅非常丰富多彩的理论画卷，我这里只是为各位的阅读做一点点铺垫。我坚信，21 世纪初中国的高中改革与发展将必然地遵循它自身的客观规律而向前迈进，而随着这个自然历史过程发生在中国教育改革与发展过程中的这个高中的故事，将与整个中国教育改革与发展的成就一样，与这个过程中众多有价值的研究成果一样，成为并丰富着中国教育发展的历史。

一种辩证的课程观[①]

《未来的课程》是英国教育社会学家麦克·扬一本非常重要的著作，也是课程社会学的一本非常重要的著作，其中对于课程的社会建构、各种取向之间的冲突，以及对学习化社会中课程的设想与分析，对于我们深入理解和探讨课程是非常有价值的。对于我国新课程的建设，特别是课程理论的发展，也大有裨益。当然，对这本书的阅读和理解本身也应该像他自己在这本书的写作过程中所采取的态度一样，有一种建设性的批判态度。而且，英国及欧洲的情况与中国也不尽相同。这样一种非常哲学化的话语和评论，实际上也正是体现了扬的精神和理论风格。而我在翻译、审读这本书的过程中，反复琢磨扬的内在思路以及字里行间背后的无字之书时，也正是扬自己对本书所讨论的未来课程的原则的说明，给予了我启发。正如他自己在导言中所说的那样："未来课程的原则可以十分适当地表达为一种辩证的形式。"这里，我并不想用我的语言重新介绍扬的观点和本书的内容，也不打算具体说明扬如何在他的论述中体现和贯彻这种辩证的原则，因为，这些在《未来的课程》一书中已经有非常清楚的描述和反映。而我更加愿意在扬的启发下，大胆地提出一个新概念——"辩证的课程观"，作为我自己初步的翻译和阅读的一点体会和心得，并初步地阐述我对这种辩证的课程观的看法。

当我们读到和听到课程和知识的社会建构时，我们经常想到的是人们

---

① 本文是为笔者和王晓阳等共同翻译的《未来的课程》（华东师范大学出版社 2003 年版）一书所写的序言，并发表于《课堂·教材·教法》2003 年第 8 期。

按照自己的价值观念和利益取向去选择不同的知识，或者是按照某种意识形态对各种知识进行加工、改造、传递和评价，仿佛这种建构只是一种知识的再生产。但是，实际上这种建构本身是一个非常复杂的活动和过程，而且是一个社会不同方面和阶层共同参与的活动和过程，是一个充满矛盾和冲突的活动和过程，是一个不断发展变化的动态的活动和过程。当每个人都从自己的立场和角度进行这种建构的时候，当每个不同的利益群体和社会阶层都在进行这种社会建构的时候，课程就成了一个斗争的场域，一个谈判的场域，一个“讨价还价”和“争权夺利”的场域。特别是在文化成了一种资本，知识成了现代社会非常重要的资源，文化霸权成了一种争夺的对象，成为现代社会权力的象征以后，而且在教育进入了一个更加民主化的历史阶段以后，这种在课程和知识的社会建构中的矛盾和冲突则表现得更加激烈和尖锐。而从现实的课程而言，实际上作为一个完成的形态，任何课程往往都是一种不同的利益相关者之间彼此暂时的妥协、让步和“角斗”的结果。而从理论的形态上看，这个过程实际上是一个充满矛盾和辩证的过程和活动。在这种辩证活动与过程的展开中，我们可以看到这样几幅不同的画面。

在课程内容的选择和组织中，我们可以十分清楚地看到这样一种辩证的画面。这里，首先是不同文化在课程领域中的相互作用和影响。无疑，任何课程，包括它的内容和形式，都体现了一定的文化观念和取向。而不同的文化思潮也都总是希望作为国家和社会共有价值和思想的课程，能够反映自身文化的要求和特点。当然，这些不同文化对课程的要求和影响，以及它们之间的相互作用，往往并不是直接表现出来，而常常是通过不同的课程理论得到体现，例如，有的是从认识论的角度入手，有的则是从存在哲学的视野出发。按照台湾学者陈伯璋的观点，这里有所谓知识取向的课程理论，有实体取向的课程理论，还有价值取向的课程理论。而且，对于课程理论的功能也存在不同的看法，有的认为是推展课程实际应用和研究课程的指导体系，有的认为是课程与影响它的各种因素之间关系的说明，还有的认为课程理论是一种创造性的充满智慧的工作，它是讨论课程的方式，是改进和批判概念的体系。[①] 应该说，它们各自都有一定的道理，而实际的课程则往往是它们的综合体现。没有知识的系统性、脱离实际以及缺乏一定的价值观念的课程都是不可想象的。

在课程内容选择和组织的过程中，我们还可以听到不同利益相关者的“声音”。因为，由于知识本身已经成了一种资本，决定和影响着人们的社会地位，所以课程中所体现的知识取向和组织方式，实际上都是利益的反映和要求。于是，我们听到了百科全书派的观点，课程应该反映和包含社会中最普遍和最常见的知识，应该体现整个社会共同的文化要求和价值取向；而我们也可以同时听到要素主义观的声音，课程的内容应该选择这个社会和文化系统中最优秀的部分，而且，只有这些最优秀的知识和文化才应该得到传递和发扬光大；而就在我自己参加主编的一套教材内容的讨论过程中，来自高等学校的专家和中小学的教师与教研人员便在内容选择上出现了不同的意见。这里，实际上也反映了不同利益相关者的分歧和矛盾关系。而从该教材形成的最终结果看，它恰恰是各种意见的综合，实际上也是课程编写专家们各种意见和观点相互争论和妥协的结果。但是，正是在这种争论、妥协和综合的过程中，各个方面的优点得到了完善和体现，而比较大地避免了各自的片面性。

在课程内容选择和组织的过程中，意识形态与非主流思想观念及各种思潮之间的相互作用和影响，也构成一种辩证的形态。无疑，社会中意识形态将主导学校中课程内容的选择与组织，并从根本上规定课程内容选择和组织的标准。但是，社会意识形态对课程内容的选择与组织的决定也受到了整个社会各种思想观念和思潮的制约和影响，是考虑了这种选择与组织对于社会其他方面，以及各种思想观念和思潮的可接受性而形成的。因为，意识形态对课程内容的选择与组织的决定必须获得一种普遍性和合法性的地位，它的实现也需要整个社会的“同意”。从占支配地位的阶级与被支配阶级的关系模式进行分析，占支配地位的阶级及其意识形态对课程内容的选择与组织的决定，常常也受到了被支配阶级的制约和影响。他们的主导作用往往也需要获得被支配阶级的“认可”和“同意”才能够真正得

① 陈伯璋．课程研究与教育革新［M］．台北：师大书苑有限公司，1987．

到实现。所以，在现实的课程中，我们常常可以感受和发现这些被支配阶级和社会边缘地位的各种思潮的“声音”①。

如果说，在课程内容的选择和组织中所反映的辩证关系具有一种矛盾或矛盾的不同方面之间相互对立、相互依存和转化的特点，那么，在课程传递过程中所体现的辩证关系则反映了课程的不断发展与变化的特点。众所周知，按照泰勒的观点，任何课程都应该有一个非常具体和明确的目标，而所有的课程活动都是为了实现这个目标而展开的。从这个意义上说，课程的传递过程和活动是一个预定的过程和顺序。而且，按照这种课程理论和课程目标的观点，教师和学生在一定程度上都不过是实现这个目标的工具而已。但是，实际的课程传递活动和过程是非常复杂的，其中包含了非常大的变数和不确定性，是一个动态的过程。尽管在课程的设计中的确需要一定的目标，但这个目标常常也是不断变化的，是需要根据教学过程进行调整的。当然，造成这种变化和不确定性的原因是多方面的，但是，我个人认为，这里至少存在三个比较重要的因素。

第一，任何课程的传递过程和活动实际上都是教师与学校和教育管理人员之间相互对立和磨合的过程，也是他们之间相互争取在课程传递过程中的权力的矛盾过程。我记得我自己在某个大学主管教学工作时，为了提高教学工作的地位，曾经提出了一个口号，要求“教学的管理要硬起来”，即要求有非常具体的规定和调控的措施。然而，就在这个口号提出不久，就有一位知名教授找我，非常担心地问我，这种“硬管理”是否要建立所有课程的题库，并按照题库中的问题进行考试？而且，他非常明确地反对在所有课程中建立这样的题库，认为它会扼杀教师在教学活动中的创造性。显然，按照学校和教学管理人员的要求，任何课程都应该按照统一的规定进行，包括教学计划，各个不同的教学环节，以及时间的安排，甚至是按照规定“题库”进行考试。总之他们希望所有的教学活动都能够是可以控制的。而从教师的角度看，教学和课堂则是属于他们自己的“领地”，应该由教师自己进行控制，是不容其他人干预和“染指”的，包括学校的领导

---

① 姜添辉．资本社会中的社会流动与学校体系［M］．台北：高等教育文化事业有限公司，2002.

和管理人员，如果没有事先通知，贸然进入教师的课堂则意味着对教师权力的一种“侵犯”。而每一个教师的讲课都是不一样的。正是这样的矛盾和斗争，使得现实的课程传递的活动与过程呈现出非常不确定的现象，使得课程传递具有不断发展和变化的特点。

第二，任何课程的传递过程和活动实际上都是教师与学生之间相互斗争和磨合的过程，也是他们之间相互争取在课程传递过程中的权力的矛盾过程。课程在一定程度上也反映了教师和学生之间的“契约”关系和辩证过程。在 OECD 专门研究编写的《重新定义第三级教育》一书中，研究人员描述和分析了当前高等教育课程中的权力问题。在他们看来，“由于学生们日益认识到他们作为客户的权力，他们也对课程提出了要求……从学生的角度，课程变成了合同的文本”①。同样，在基础教育中，这种教师与学生之间的矛盾和斗争则表现为教师的价值观念与学生的生活经验之间的冲突，或者是教学过程中成熟原则与转化原则之间的冲突。特别是按照基础教育课程改革的要求，将学生的生活经验也作为一种非常重要的课程资源，实行一种主体的教育理念，那么，在课程传递过程中教师和学生的关系将成为影响课程传递活动的一个非常重要的因素。

第三，课程形态的变化也使得课程传递的过程和活动中充满了相互矛盾的关系。显然，在单科课程中，传递过程的确定性程度是比较高的，因为在这种课程中，教师具有比较大的权力，课程认同的基础也是比较专门化的。但是，在目前提倡和正在建设的综合课程中，这种权力关系就发生了非常大的变化。按照伯恩斯坦的观点，课程的综合化程度越高，即各种不同知识之间的界限越模糊，以及学校知识与社会日常知识之间的界限越模糊，学生在课程传递中的权力就越大。而且，更加重要的是，这种综合课程的建设同时也改变了传统的学习方式，它不仅注重知识的获得，而且非常强调学习的过程，包括在各种知识中间形成更加一般知识的探索过程。于是，课程的传递就不仅是一个实现预定目标的活动过程，而且同时也是一个不断发现和形成新的目标的活动过程。当然，这个发现过程的状况、水平和成果是由教师与学生共同决定的。

---

① OECD. 重新定义第三级教育［M］. 谢维和，等，译. 北京：高等教育出版社，2002：75.

写到这里，我想起了多尔在《后现代课程观》中的一个观点。他认为，在教育和课程的目标上，“存在着杜威和泰勒价值观的基本差异。杜威认为教育目的来自经验活动的过程之中，学习是活动的产品；泰勒则视教育目的先于经验，学习是特定意图的、指导的和控制的结果——是可以测量的”①。按照我自己的解释和发挥，这里实际上反映了两种不同的课程传递理论。一种是实现的课程传递理论。它认为课程的目标是预先选定的，并且是存在于课程传递活动之上，或者是处在这个活动之外的，因而也是非批判的，对于学习者来说，甚至是神秘的。另一种则是所谓发现的课程传递理论。它主张课程目标应该是在学习过程中，由教师和学生共同发现和制定的，这个目标本身就存在于课程传递的活动中间，而且是可以批判和不断变化的。当然，这个过程本身应该是一个充满矛盾的过程，是一个辩证的过程。但是，正是在这个过程中，体现了一种探究的精神，反映了一种民主的精神。

从理论和实践上看，课程的评价也是一个辩证的活动和过程。而且，这种课程评价中所体现的辩证形式，往往更多地具有一种历史和现实的关系，以及共性与个性的矛盾统一。首先，课程评价的概念本身就是一个不同定义的综合。根据史特佛宾的观点，关于课程评价的定义至少有三种，即将课程评价看作是测验，或者看作是目标与表现一致程度的确认，或者是一种专业的判断②。后来，人们又综合了前面各种概念的优点，形成了新的评价概念，主张课程的评价应该考虑对价值和优点的判断；应该包含对现象的质的描述和量的描述；不仅是为了评定绩效，而且是为了做出决定；同时，它可以是针对个人的，也可以是针对课程方案和行政措施的。且不论定义上的差异，就各种课程评价的范式本身也是五花八门，例如，有技术性的范式，有实用性的范式，有批判性的范式，等等，而且其中还包括许多的子范式③。而实际上现实的课程评价往往也是各种理论和范式的综合。按照有关专家的意见，“课程评价与其说是一种基于某种理论的研究实验性工作，不如说是需要综合考虑各方面利益冲突的平衡协调，求得统一

---

① E. 多尔. 后现代课程观［M］. 王红宇，译. 北京：教育科学出版社，2000：73.

② 黄政杰. 课程评鉴［M］. 台北：师大书苑有限公司，1990：17.

③ 钟启泉. 课程设计基础［M］. 济南：山东教育出版社，1998.

的共识与合作的工程性工作，有时甚至需要一点政治上的利益识别与权衡能力”①。其实，现代课程理论中的制度主义视角也非常重视和强调这种课程文化的普遍性。这种制度主义的观点认为，教育应该为共同的知识和共享的价值观念提供一个场所。而教育除了它的社会分层功能之外，重心是在建立共通的文化认同。而且，这种观点认为，直接利益或功能需求对于教育和课程来说是很不准确的预测机制，经济发展或利益的复杂化，或权力利益的局部建构变化都很难预测到教育的扩张和课程的建构。而且，这种观点指出，虽然全球的文化形式多种多样，教育和课程也屡有变化，但它们仍然是以某种同位结构的方式实现。世界各国在教学课目的设置和课时分配上渐趋一致。②因而，它实际上是一种共性与个性的统一。

但是，我认为，课程评价同时也是一个现实与历史的辩证统一。从现实的角度看，由于社会和教育中各自不同利益和派别的观点，出于各种不同的出发点，人们都会提出各种不同的课程评价的观点和范式，就如同上面所列举的那样。然而，如果按照这样一种观点看，我们的确很难说，哪一种观点比其他的观点更好。对此麦克·扬在他的《知识与控制》一书的中文版序言中有一段非常重要的论述。他认为：“所有的课程都反映了某些社会群体的利益。然而，如果按照这种简单的方式理解这种观点，那么，我们就不可能以相对于其他课程形式来为某种课程形式的合理性进行辩护，因为它们都必然反映了某些社会群体的利益。这种相对主义长期以来一直是知识社会学的一个问题。”③ 可是，课程评价又不能简单地归结为一种相对主义。从历史的角度看，它也是客观的。而这种课程评价的客观性则表现为课程工作者认知上的兴趣与追求在历史上的延续、发展和积累，以及由此所形成的课程评价的内在规律与特点。而这种客观性的现实和外部表现则是各种不同的课程评价的定义与范式中的同一性，以及它们相互联系、相互综合的基础。关于这两个不同的方面，麦克·扬将它们看作是知识的社会起源的两种不同形式。他说道：“我发现，在对知识的社会起源进行理

---

① 钟启泉．课程设计基础［M］．济南：山东教育出版社，1998.

② 伊丽莎白·H. 麦克恩妮，约翰·W. 梅厄．课程的内容——一个制度主义者的视角［M］//莫琳·T. 哈里楠．教育社会学手册．上海：华东师范大学出版社，2004.

③ 麦克·扬．知识与控制［M］．谢维和，朱旭东，译．上海：华东师范大学出版社，2002：2.

论分析时，区分两种特殊的分析方式是非常有用的。第一种方式涉及所谓认知的兴趣——如研究团体成员中共享的某种理解，这些成员通过知识本身的生产而联系在一起。在学校课程的情况下，这些特殊群体的例子便是科学或历史教师。尽管这并不意味着这种群体的观点可以超越社会变化的挑战，但正是这些特殊的团体使得知识具有了客观性。至于第二种兴趣或利益，我涉及意识形态，以及某种知识概念和不同社会群体的权力（或者缺乏权力）的联系。"① 应该说明的是，上面这两段话，都是麦克·扬反思他在 1971 年出版的《知识与控制》中的观点，是他进行的自我批评和对自己的理论观点的修正。所以，课程评价实际上也是这种现实基础与历史逻辑的辩证统一。

当然，我们还可以从其他的方面和角度进行研究和分析，但是，上面的描述和分析已经足以说明课程本身所具有的辩证性质和特点。然而，需要进一步指出的是，课程所具有的这种辩证性质和特点，与一般的辩证理论是不同的。比较其他事物和活动的辩证特点，我认为，课程的辩证性质和特点常常具有主体际和反思性的特点。

辩证课程理论的主体际特点，体现在课程中所反映的矛盾和相互关系，并不仅仅是主观与客观之间的矛盾与关系，而更多的是一种主体与主体之间的矛盾和关系。显然，课程的选择、传递和评价等活动绝不仅仅是教师、学生与作为对象的课程的关系，它本身实际上就是教师、学生和教育管理者等各种利益相关者之间的关系和互动。所以，课程中所反映的这种主体际的辩证关系，特别是它在课堂中所显现出来的主体际关系，往往更多地表现为一种主体际的对话，或者说，课程中的辩证关系具有一种在教育的各种利益相关者之间的话语关系。值得重视的是，这种课程中的对话和话语关系具有两个非常重要的特点。第一，这种对话和话语关系具有一种建构的功能，包括对课程内容的建构、课程传递活动的建构，以及课程评价的建构。但更加重要的是，这种对话和话语的关系，建构了课程活动中各种利益相关者之间相互理解和接受的基础。著名的社会学家哈贝马斯在说明商谈伦理学的普遍化原则时，又把它叫作“搭桥原则”。他这样说道：

① 麦克·扬. 知识与控制［M］. 谢维和，朱旭东，译. 上海：华东师范大学出版社，2002：3.

“我当然也赋予普遍化原则以一种限定，它排除以独白方式运用这一原则，这一原则只是调节不同参加者之间的讨论论证，它甚至包含对一切有关参加者某时可以参加的实在进行的讨论论证的考虑。”① 而哈贝马斯所强调的相互性，特别是他将这种相互性看作是一种对话，以及同时将这种交往行动与语言结合起来，正是反映了课程建构活动的特点。按照薛华先生的观点，这种“相互性，是一切有关参与者的相互承认”②。而多尔在批判利奥塔时，也是非常明确地认为：“哈贝马斯的对话这一概念能够转变参与者以及所讨论的事物的潜在能量。这种开放的、互动的、共同的会话是建构后现代课程的关键。”③ 用我们比较通俗的话讲，课程活动中的主体际关系实际上就是教师、学生和其他利益相关者之间的讨论和对话，课程也正是在这种讨论和对话中形成的，而课程理论也就是指导和规范这些讨论和对话的重要规则。

然而，课程活动中的主体际关系，以及体现这种主体际关系的对话和话语，与哈贝马斯的商谈伦理学又是不同的。它并不是一种道德关系中的交往和对话，而是在一种文化权力关系中的交往和对话。因此，这种对话和话语关系不是以对话者的权力平等、机会均等为特点的，而是体现了一种不平等，甚至是控制与支配的关系。而这也就是课程中对话与话语的第二个特点，即这种对话和话语所遵循的不是一种简单的“语法规则”，而是一种比较复杂的“文化规则”。这也就是说，规范和决定这种对话和话语的不是单纯语法规则中的概念、判断、推理等原理。在这种文化规则中，支配与反支配、控制与反控制、霸权与反霸权等往往是非常主要的内涵。实际上，在课程活动中，我们所看到的又何尝不是这样一些关系，包括教育管理者与教师、教师与学生以及教师之间和学生之间，等等。换句话说，如果我们仅仅按照一般的语法规则理解课程活动中的对话与话语，就很难看到其中矛盾关系的实质，也无法真正理解课程活动中的对话和话语。其实，麦克·扬力求探讨的正是课程活动中的这种“文化规则”；而伯恩斯坦在他多卷本的《编码、阶级与控制》中所努力论证的也就是这样一种支配

① 薛华．哈贝马斯的商谈伦理学［M］．沈阳：辽宁教育出版社，1988：15.
② 薛华．哈贝马斯的商谈伦理学［M］．沈阳：辽宁教育出版社，1988：15.
③ 小威廉姆·E. 多尔．后现代课程观［M］．王红宇，译．北京：教育科学出版社，2000：11.

课程活动的“文化规则”。遗憾的是，我们对这种支配和影响课程活动的“文化规则”的了解和研究实在是非常不够的。

辩证课程理论的另一个特点是它的反思性。这是一种在对知识的反思过程中的辩证活动。当然，课程的建构中包含了反映自然和社会等方面的知识系统，体现了一定的主观与客观的关系，但是，课程建构更多的是知识本身的活动，冒昧地用一个尚未论证的概念，它体现的是一种“知识学”，或者是一种“知识的理解论”。在这种对于知识本身的反思中，思维的活动在理想和现实之间翱翔，探索徘徊于知识的本我与对象之间。但是，这种反思并不仅仅是一种精神的活动，它同时是一种实践活动。因为在这种对于知识的反思中，展现出来的是自我本身，是对自我的一种认识，是自我同一性的形成过程。因为，在这种对于自我的反思中，人们看到了自我的自由意志和精神，看到了这种自由意志与精神得以存在和发展的条件，以及它们所受到的限制，它们与这些限制的抗争。当然，在这种反思中，人们同时也看到了这种自由意志和精神在这种抗争中的胜利和喜悦、沮丧和萎靡不振，以及自我由于各种原因而扭曲、变形，甚至是蜕化，等等。而正是在对这些现象的认识过程中，自我对自己有了一定的认识，个体得到了成长，并且建构了自我同一性。也就是在这个意义上，课程真正地成为青少年学生认识自己的过程和“通道”。就像多尔所说的那样：“课程不再被视为固定的、先验的‘跑道’，而成为达成个人转变的通道。”[①] 事实上，当我们说，教师和学生等利益相关者共同建构课程的时候，这种建构不仅是对课程知识的建构，更是对自我本身的建构。而当我们说学生真正地成为课程的主体时，它所包含的意义就在于此。大家读到这里时，一定会认为我是一个现象学主义者。是的，我接受了一些现象学理论的东西。因为，我也反对传统意义上的本体论，而主张一种弘扬人本的生存论；我不太赞同传统意义上的本质论，而比较喜欢对话和交往；同时，我还希望能够超越传统意义上的认识论，用一种理解论去建构社会和生存的意义与价值[②]。但是，我更是一个辩证唯物主义者，因为我认为这种生存论本身已

① 小威廉姆·E. 多尔. 后现代课程观［M］. 王红宇，译. 北京：教育科学出版社，2000：6.

② 刘少杰. 社会学的语言学转向［J］. 社会学研究，1999（4）.

经拓展和丰富了传统的本体论，这种对话和交往本身就是社会和人的本质，而理解则是突破了束缚传统认识论的主观与客观的简单二元对立。所有这些，就是课程反思性的意义和价值。

麦克·扬的观点是辩证的，而且他将这种辩证法作为未来课程的原则是非常有意义和启发的。但是，要想使辩证的课程观真正成为一种比较完整的课程理论，仍然需要大量的工作与实践。而我在这里的说明和论述更是非常初步的，也还是十分浅薄的。然而，我十分愿意从一种新的角度去认识现代社会和教育中课程的性质、特点和发展，也非常希望这种辩证的课程观能够对现代社会和教育中的课程建设有点滴贡献。

义务教育中交往的“义务性”[①]

过去和现在对教育领域中的交往都有很多的研究，发表和出版了不少的文章和书籍，对教育的交往现象也做了许多非常有益的探索。李永生博士在各家研究的基础上，所进行的关于交往与和谐的研究及眼下的这本书，则是他自己根据长期以来在基础教育领域中的实践，结合在学校学习与阅读的体会和心得，集多年研究的成果而完成的一本关于班级交往的专著。我相信它一定能够给基础教育学校管理和班级教学与管理的有关人员带来一些新的启发，也能够对于班级问题的理论研究提供一些新的视角和新的见解与观点。

我并不希望在这里对这本书本身做过多的介绍，因为任何这样的介绍都不如书本身的描述和分析更加全面和准确；同样，我也不愿意在这里对这本书做过多的评价，因为任何的评价都不如读者自己的阅读感受来得更加真切和实际。这里，我只是想借题发挥，说几句当前基础教育领域中交往现象的若干问题。

应该承认，从总体上看，基础教育和义务教育领域中的交往还是比较健康合理的。但是，同样应该承认的是，由于各种比较复杂的原因，义务教育领域中的交往也出现了一定的问题。我把这些问题概括为：“交换性”替代了“义务性”。

所谓义务教育中交往的“义务性”，我这里指的是，在义务教育过程中

---

① 本文是为李永生的专著《和谐班级的建设——班级中的交往与互动》（广东教育出版社2007年版）所写的序言。

教师与学生之间的关系以及他们之间的交往具有一定的义务性，这种义务性既体现了义务教育的性质，而且也反映了义务教育中教师和学生之间交往的一种规定性。我们知道，义务教育是一种体现国家意志和要求的教育，是一种促进儿童和青少年德智体全面发展，为提高全民族的素质，培养有理想、有道德、有文化、有纪律的社会主义建设人才奠定基础的教育。它的最基本的目标和宗旨是为一个国家和民族培养自己的接班人与建设者，培养能够忠诚于自己的国家，认同本民族的文化传统，对社会负责任的下一代年轻人，进而保证本民族和国家能够长期稳定的发展与不断的繁荣昌盛。它的最基本的特点是强制性和义务性。这些目标、宗旨和特点是评价义务教育的最基本的准则和标准。所以，义务教育中教师与学生的交往，包括它的性质、形式与内容，都具有这样的义务性。值得注意的是，在这些年的改革和发展过程中，特别是在建设社会主义市场经济的过程中，在整个社会经济体制的转型过程中，包括在整个教育体制，特别是义务教育的改革和发展的过程中，有些属于义务教育本身基本特征的要求和规定性，却常常由于认识上的误区或实践上的不谨慎而被忘记或者是丢弃了。其中，义务教育中教师与学生之间交往的“义务性”则是其中一个非常值得注意的问题和现象。

现在，人们在理解义务教育的时候，往往形成了一种比较片面性的认识，即对于义务教育的强制性和义务性的认识和实践，往往更多地局限在它的形式方面，而且在形式的理解上也是不全面的。实际上，义务教育不仅包括形式上的强制性和义务性，即父母或适龄儿童和少年的监护人有义务送这些儿童和少年接受义务教育，国家和社会有责任和义务为适龄儿童和少年提供义务教育，而且，义务教育还有内容上的义务性，即义务教育的学校必须按照国家的规定进行教育，而这些阶段的儿童和少年也必须接受国家规定的教学内容。正如义务教育法所规定的那样，“国务院教育主管部门应该根据社会主义现代化建设的需要和儿童、少年身心发展的状况，确定义务教育的教学制度、教学内容、课程设置，审定教科书”。显然，这种内容上的义务性也是义务教育的目标和宗旨所决定的。因为，在义务教育阶段中，学校并不是一个单纯的社会组织，而是作为接受国家委托进行有目标的教育活动的政治组织；义务教育学校的教师并不仅仅是一个单纯的职业岗位，而且也是作为国家的代表，按照国家的意志和利益，为这个国家民族和社会培养接班人、建设者以及合格公民的人，所以，在部分国家，义务教育学校的教师往往具有国家公务员的身份，他们在接受义务教育教师的岗位时，是必须进行忠诚宣誓的。坚持义务教育内容上的这种义务性，同样是保证义务教育取得它的目的的重要方面，是保证义务教育实现其本身定位和目标的根本措施。

正是由于义务教育的“义务性”具有这样的内容和特点，所以，义务教育领域中学校、教师与学生之间的交往也具有的一定的“义务性”。当然，这种交往的“义务性”并不单纯是一种形式和内容上的义务性，它主要是一种交往活动性质上的义务性。换句话说，在义务教育学校中教师和学生之间的交往形式可以是多种多样的，但是，这种交往应该是符合义务教育的目标与宗旨的，是有利于实现义务教育目标的，是教师和学生的一种义务，而不是相反。例如，在义务教育的师生交往中，教师应该关心青少年学生的全面发展，而不仅仅是他们的知识发展和智力发展；教师不仅要关注青少年学生在学校和课堂中的表现，而且也应该为青少年学生日常生活中的需要提供指导和服务，帮助他们克服成长中的困难；教师不仅要关注青少年学生本身的发展和成长，而且有义务与他们的父母或监护人进行联系和沟通，及时提供青少年在学校中的有关情况，与父母或监护人一起，共同承担教育的责任，等等。但是，所有这些教师与学生的交往活动，都应该是一种义务性的活动。从另外一个角度说，义务教育中的这种义务性特别忌讳的是，在义务教育领域中教师与学生的交往中，包括与青少年学生的父母或监护人的交往中，掺杂着金钱和利益的交往关系和行为，包括一些具有商业色彩的交往行为和关系。这样，不仅亵渎了义务教育的神圣性，更加重要的是它从根本上否定和破坏了义务教育的目标和宗旨。因为，它把少年儿童接受义务教育，当作了一种个体的消费活动，把义务教育中教师与学生的交往，转变成了一种市场领域中的交换行为，由此也非常可能将义务教育中教师和学生之间交往的“义务性”蜕变成一种“交换性”。

十分遗憾的是，现实中某些地方义务教育领域的各种交往活动的确在一定程度上出现了这样一种“蜕变”。它的突出表现主要有以下几个方面。

第一，由于整个基础教育和义务教育过程中个人自主权的扩大，特别是义务教育发展水平的不均衡，以及由此所出现的教育活动中的择校现象，尤其是在这种择校过程中出现的差异往往与个体不同形式的努力与投入有关，因而，学习者及其家庭常常由此而忘记了义务教育和基础教育是国家提供的教育，是一种公共的教育，进而把义务教育作为个体实现自己目标的途径。这样，他们也往往把在义务教育或者基础教育学校中的各种交往活动看成是一种达到自己个体目标的手段，把国家和学校为其提供的教育看成是一种自己投入所应该得到的合理回报，由此而出现了在交往活动中的各种蜕变。

第二，由于基础教育和义务教育的发展和整体水平的提高，以及这些教育与人们的发展具有了越来越密切的关系，基础教育和义务教育中的选拔性功能越来越突出和明显。尤其是基础教育和义务教育中的差异性及其满足人们对不同类型和层次教育的需要的社会现实，常常进一步扩大和强化这种教育的选拔功能所包含的利益取向和分层功能，因而体现了相当的功利性。在这种情况下，如果将这种义务教育本身包含的选拔功能和它的功利性加以绝对化，基础教育和义务教育活动中所具有的教师和学生之间的交往关系，往往也就非常容易掺杂和包含个人的利益因素，甚至是把义务教育本身对个体所具有的意义绝对化，进而演变成为一种具有交换性的交往活动。

第三，由于基础教育，特别是义务教育学校中的各种收费现象，特别是一些乱收费现象，学校、教师与学生之间的义务性关系，常常会从一种国家、社会与个人的义务关系，转变为一种个人与个人之间的利益关系。而义务教育学校的教育从一种体现国家和社会公共利益的义务活动，就会转变成为一种具有个人取向的消费活动，进而成为私人或个人的事情。特别是当某些教师为自己学校的学生，甚至是自己班级的学生充当有偿服务的家庭教师时，则更是进一步强化了学生对于接受义务教育是一种消费行为的认识，由此，也使得义务教育中教师和学生之间的交往具有一种明显的交换性。

第四，由于上述现象的发生和变化，学校的德育从一种理想与责任感的教育，有可能转变为一种生活技能和处理个人人际关系的工具性教育。

特别是由于差异性和多元化本身相互之间的对立和冲突，以及由这些对立和冲突所造成的个人生存成本的提高，学校的德育往往非常可能由此而转变成为一种单纯帮助青少年学生增强生活技能和处理人际关系的教育，进而在一定程度上使这些工具性教育替代了理想和责任感的教育。由此崇高的道德教育很可能变成一种生存战略的谋划。

显然，这样一种从“义务性”到“交换性”的蜕变是十分可怕的。它不仅对青少年学生产生了一种极其恶劣的影响，更加重要的是，它势必造成基础教育公共性的式微，实际上是否定了义务教育存在的价值和意义，与基础教育和义务教育的宗旨是不相符的。

也许有人会认为，这种对义务教育中教师与学生之间交往的“义务性”的重视和强调，是不是太意识形态化了，是不是会影响义务教育本身的科学性，甚至可能有人会认为这样的说法和要求“太左了”。实际上，这完全是对于义务教育中交往的“义务性”的一种误解，也可能是对于义务教育本身认识上的片面性。应该看到，义务教育中教师和学生之间交往的这种“义务性”与它的科学性是非常一致的。因为，这种“义务性”所强调的，恰恰是义务教育的方向，而教育的方向乃是教育最根本的要求。根据教育学基本理论本来的含义，教育最根本的意义和价值就在于两个方面。一个是帮助青少年儿童从一个生物学意义上的存在，转变为一个社会存在，从一个不成熟的人转变为一个成熟的合格的社会成员，即教育本身的转变的意义和价值。二是引导青少年儿童朝正确的方向转变，而不是朝不好的方向转变，即它的方向意义和价值。从某种意义上说，这种转变方向的意义和价值甚至是更加重要的。因为，个体的转变往往也可以是一个自发的活动和过程，但是，这种转变的方向则往往是不能够自发实现的，是需要人的指导的。而我所强调的义务教育中教师与学生之间交往的“义务性”，恰恰是强调了这种交往的方向性，所以，它与义务教育中交往的科学性是完全一致的。因此，在研究和分析义务教育中的各种交往现象和行为时，我们当然要重视其中的科学性，但更应该强调义务教育中的这种“义务性”，而且，它应该是评价义务教育中各种交往最基本的标准。

从条目的集合到论文的系列

——关于教育社会学工具书的文本分析[①]

翻译《教育社会学手册》一书的过程受益颇多，其中，既有对当前国际教育社会学界所关注的各个主要问题的整体了解和把握，也有对各个方面的具体问题的系统认识，包括在各个领域中学术观点与流派的发展过程，当然，还有的是对目前教育社会学领域中各种研究方法的学习和理解，等等。然而，在这些收获中，让我们感到特别有意思的是《教育社会学手册》的文本形式。而且，如果将它的这种文本形式与以前教育社会学领域中的有关工具书的文本形式联系起来看，则不能不使我们对它们的变化和新的形态“刮目相看”了。因为，如果按照我们现在比较时髦的话讲，这种工具书的文本形式似乎也在经历一个“转型”。

大凡阅读过过去各种工具书的学者，特别是那些主编或者参与这些工具书编辑的专家，都一定清楚，而且也都习惯了工具书的文本形式，即关于各个学科基本概念和范畴，以及主要术语的条目的集合。而且，这种情况在国内外好像也都是一样的。不用说，这种形态的工具书的优点是非常多的。它们简明扼要，类型清晰，系统全面，而且对于科学研究具有十分必要的作用和价值。可以这样猜测，几乎所有的学者，或多或少都有几本这样的工具书。但是，由 Maureen T. Hallinan 编辑出版的《教育社会学手册》的文本形式却给人一种耳目一新的感觉。它并不是这样的条目的集合，

---

① 本文是为傅松涛、孙岳、谭斌和笔者等共同翻译的《教育社会学手册》中文版（华东师范大学出版社 2004 年版）所写的序言。

而更像是一本系列的论文集。尽管其中整体的内容好像并不是非常的全面和系统，但每一篇文章却是非常系统和全面。在这些论文中，作者比较系统地描述和分析了教育社会学各个主要领域和方面的思想与理论的发展过程，以及各个发展阶段的主要观点与流派，并且不顾受到“批评”的可能，对这些不同的观点与理论进行了各自的评价。这些，与过去或传统的工具书的文本形式显然是不同的。然而，如果这种文本形式仅仅是这一本《教育社会学手册》的偶然现象，也就罢了。但是，从这些年国际上几本主要的教育社会学的工具书的情况看，这种文本形式似乎有一点普遍性。例如，1997年出版的《国际教育社会学百科全书》的文本形式，在好多方面也是这种类型和体例。这就不能不使我们关注这个现象了，也就不能不使我们对于这种新的文本形式的特点，以及与过去的不同，特别是这种变化所具有的意义进行一些专门的思考。

简单地将手头上这本《教育社会学手册》的文本形式，结合《国际教育社会学百科全书》的文本形式，与过去传统的教育工具书的文本形式进行比较，我们大致可以看到，这种新的文本形式大致具有以下这样几个特点。

第一，这种新的文本形式以系列论文的形式，代替了过去通过众多条目的集合反映某个领域和方面的基本问题、主要概念与理论的方式。

这种以论文的系列取代过去条目的集合，是这种新的文本形式的主要特点。这种变化反映了教育社会学工具书的基本构成单位的变化，即从过去以基本概念为单位，包括各种流派和思想，也大都是以概念的形式出现和进行说明的，转变为以研究性论文为基本单位。这种基本单位的变化，使读者能够比较系统地理解和掌握某些基本概念的发展及其与其他概念的联系，而不至于孤立或片面地使用和理解某些基本概念。这种基本构成单位上移的现象实际上也在一定程度上反映了教育现象的复杂性，以及教育研究本身的复杂性。我不能随意猜测本书编辑者的初衷和用心，但是我想，这样一种基本单位的变化至少反映了作者和编辑者的一种选择，即在以概念为基本单位和以论文为基本单位之间的一种选择和偏好。而如果这种选择具有了一定的普遍性，那么，它的变化则反映了人们对于教育社会学工具书的认识上的深入和理性的进步。

第二，这种新的文本形式按照领域的要求和外延，进行体例的安排，而不是简单地根据学科的各个主题，或者是根据字母的顺序等比较机械的方式，安排内容和体例。

体例的变化是这种新的文本形式的另一个主要特点。过去的各种工具书大都是按照学术主题或者根据概念的字母顺序来安排整个的体例和内容，应该说这样的体例对于读者来说是比较方便的。但是，《教育社会学手册》的体例却与众不同。从论文题目的先后顺序上我们似乎看不出有什么逻辑关系。但是，如果从共性的角度看，我们发现整个手册都是按照教育活动的现实领域安排它的体例和结构的。例如，教育和发展的问题，教育与社会、家庭之间的关系问题，教育的风险问题，等等。应该说，这种体例和结构上的变化也是非常有意思的。如果我们承认过去的安排本身反映了教育社会学学科的一种内在逻辑，那么这种新的安排是否也可以认为是对传统学科逻辑的一种挑战呢？或者是一种关于建设学科逻辑的一种新的尝试呢？虽然我自己对这个问题还没有非常清楚的认识，但是，我觉得这种体例上新的安排和考虑绝不仅仅是一种形式上的意义，它应该具有实质性的意义。因为它作为一种“导读”，应该是体现了编者的意向。因此，我建议读者们可以更多地按照现实问题来查找有关的内容，而不能简单地根据字母或单纯的主题去寻求答案。

第三，这种新的文本形式与内容之间具有一种非平衡的关系和特点，与传统工具书的要求相比，它在内容上既有遗漏，又有超越。

按照传统的工具书的一般要求，《教育社会学手册》的内容应该是非常完整的，它应该覆盖教育社会学学科的各个方面，包括在内涵和外延上达到尽可能的周延。然而，我们手头上的这本《教育社会学手册》似乎并没有遵从这样一种规范。按照完整的学科范围的要求，它在内容上一方面有所遗漏，另一方面又有所超越。从遗漏的角度看，习惯上一般教育社会学工具书所应该覆盖和包含的内容与部分，在这本书中并没有完全涉及。而从超越的角度看，该书对各个具体问题的分析和论述，似乎又超越了传统教育社会学的范畴，而“侵犯”了其他的学科。从这种现象看，如果这本书不用“手册”这个名称，可能也不会有人提出质疑。可是编者又恰恰是使用了“手册”这样的名称。所以，这里无非存在两种可能性：一种是编者本身的错误和不够严谨，另一种是教育社会学学科文本本身的变化与发展。而如果我们从后者的角度看，这里实际上反映了一种新的研究取向，即“现实问题并不尊重学科的分类”。如果我们承认和接受这种取向和研究态度，那么，这本“手册”中所谓内容与形式不平衡的现象就能够得到比较好的解释。而这也是读者可以考虑采纳的一种“读法”。

第四，这种新的文本形式在一定程度上体现了一种非常明显的综合性，而不仅仅是对于某个概念或范畴的分析性解释。

所谓的综合性，按照逻辑的一般规定，指的是将各种不同的对象按照现实的关系联系起来，进而发现和认识其中的意义；而分析性的解释则是注重概念内部的联系，从概念和对象本身去探讨和展示其中的意义。一般而言，过去的工具书由于注重概念和对象的阐述和定义，大多数是一种分析性的解释和说明。而《教育社会学手册》的文本形式则具有非常明显的综合性的特点，包括综合性的描述和解释。作者在论述和分析过程中，常常比较广泛地将对象与其他教育和社会活动联系起来，并且在这种联系中展示某一个研究对象的内涵与意义。显然，这种综合性的文本形式极大地拓展了读者的眼界，能够帮助读者从比较广泛的视野中认识和了解某个问题的意义。但是，这种综合性的文本形式也的确带有一定的随意性和偶然性，并且受到作者本人眼界和偏好的影响。所以，尽管各个章节的作者在叙述中进行了非常广泛的联系，但读者切不可简单地将这些联系绝对化。

第五，这种新的文本形式在意义结构上更多地具有一种开放性，而不是封闭性。它给予读者更多的是一种启发，而不是单纯的定论。

读者在阅读这本《教育社会学手册》的过程中，一定会产生这样一种感觉，它似乎并没有实现和达到人们对手册之类工具书的期望，即它应该提供有关教育社会学理论与实践中的各种结论性的观点和真理。从书中的论述看，理论和观点是非常丰富的，但是，结论性的看法和观点的确不多。相反，它给予读者更多的是问题，不同的看法与争论，甚至是对人们过去已经形成和接受的观点与理论的否定。例如，关于对教育与发展的关系的分析与看法。因此可以认为，这种新的文本形式与过去工具书的风格相比较，定论的东西少了一些，而不定论的东西多了一些。也许，我们甚至可以这样认为，这样的手册与其说是一本结论和观点的工具书，倒不如说它是一本研究问题和导向的工具书。

这样一种文本形式的变化当然不仅只是一种单纯形式的变化，它包含了一定的意义，体现了学科与知识的变化，以及研究方法和范式的变化。按照文本形式的理论，《教育社会学手册》的文本形式中所反映的这些变化，实际上也从一定的方面体现了教育社会学学科和理论的变化，以及研究方法和范式的变化。因此，分析和说明这些变化，对于进一步充实和调整我们的阅读视野，掌握教育社会学的发展，是有一定帮助的。根据我自己粗浅的阅读感受和体会，我个人认为，在《教育社会学手册》这本工具书中所反映和体现的文本形式的变化，至少具有以下几个方面的意义。

1. 扩大了读者的阅读权力

显然，由于用论文代替了条目，这样，一方面由于在论文中各种观点得到了更加深入广泛的分析和说明，因此各个具体概念之间的关系得到了比较细致的阐述，因而更加明确；但另一方面，也由于这样的分析和说明，以及通过这些分析与说明所展示出来的教育活动之间的各种联系，各个具体概念的含义也更加丰富和复杂了，因而在一定程度上它的意义也比较模糊了，概念和文本的含义有了更大的弹性。然而，在这种文本关系中，读者在阅读时也获得了比较大的自主权和解释空间。而在条目的集合这种文本形式中，读者更多的只能是单纯的接受，而缺乏更多的自主权。参考伯恩斯坦的编码理论，特别是他对于分类与构架理论的分析，《教育社会学手册》的这种文本形式实际上反映了一种教育社会学学科中研究人员与学科理论之间的关系的变化，它提升了人的地位，提高了研究人员的自主性，增加了读者在阅读中的“权力”。

2. 提倡在具体的丰富性和复杂性中进行理论研究的范式

这种变化也体现了在教育的理论研究过程中，传统的还原方式和还原的程度以及分析活动的基本要素等发生了一定的变化。根据我们已经非常习惯的思路，我们常常喜欢将非常丰富和复杂的现实问题进行抽象，并且将它们一步步地归结和还原为某些比较基本的概念，或者是一些更加基本的理论层次，或者归结到某一更加宏观的问题上，似乎这样就能够把握住事物的本质。而且，在这种理论还原中，往往将丰富性和复杂性简化为单纯性和统一性。然而，在《教育社会学手册》的写作和编辑中所体现的研究方法，却没有进行这样的还原，而是坚持在一种非常复杂和多因素的相互关系中进行分析和研究。当然，这也是研究方法的一种选择，而且按照现在所谓“后现代理论”的观点来说，这种非还原的研究方法恰恰是一种否定在现实和理论研究中预先建立某种理论预设的模式的做法，是一种坚持在具体的丰富性和复杂性中进行理论研究的范式。而且，我认为，在教育活动的研究中，由于涉及不同的人和环境的因素，实际上是非常复杂的，是不能简单地还原的。所以，我认为，这种坚持在具体的复杂性和丰富性中进行理论分析的方法，恰恰应该是教育研究的重要方法论特征。

3. 形成了一种新的学科本位

从上述所描述的《教育社会学手册》的各种特点来看，这些变化和新的现象，实际上反映了教育社会学学科本位的一种变化，我甚至也可以说，这里实际上也体现了一种整个教育学学科本位的丰富和发展，即从过去单一的逻辑本位，到一种从实际出发的现实本位。这种现实的学科本位，并不完全是对过去逻辑本位的否定和替代，而是一种新的丰富和发展。在我们学习和研究教育学的理论和各种问题时，往往经常听到这样一种抱怨：教育学是一门不够成熟的学科，其中往往包含各个不同学科的概念和范畴，甚至是没有自己的专门化的概念和范畴。有些人，包括少数学者，也常常极而言之地认为教育学就不是一门科学。我个人认为，这样的抱怨是不奇怪的。因为，当我们按照一般学科的逻辑本位的思路和标准去评价教育学时，它的确与数学、物理、化学、历史、语言文学等传统学科不同。因为，教育学在一定程度上的确不能完全按照学科的逻辑本位和思路去评价。然而，当我们考察环境科学、海洋科学和资源科学等学科时，我们常常能够发现，如果按照传统的逻辑本位进行评价，它们也往往会出现类似教育学的问题，这些学科的基本概念和范畴也同样是各个学科的综合。而教育学与这些学科一样，它们也同样是一类学科，但是一种以现实领域为本位的学科。《教育社会学手册》本身的写作和编辑所体现出来的特点，实际上也反映了这种新的学科本位的基本特征，如综合性的特征、现实问题的顺序和体例以及叙述和说明中的开放性，甚至是一种非完整性，等等。而且，我还认为，这样现实的学科本位同时也形成了一种评价学科发展和各种活动的一种标准和根据。

当然，上述分析并不一定能够全部反映这本《教育社会学手册》在文本上的所有意义和价值，也有可能出现一定的片面性。但是，这种形式和体例的变化，的确是有意义的，而不仅仅是单纯的适应内容需要的“外壳”与“包装”。同时，除了这些对于文本的分析以外，全书的内容也是非常丰富的。我之所以特别对这种文本进行分析和研究，是由于它对于读者理解这些丰富的内容是非常重要的。我衷心地希望我在这里的分析能够为大家的阅读提供一些有益的帮助和参考。

公平与卓越

——浅谈一流大学建设与公共性的关系[①]

前几年，我的一位博士研究生杨晓波曾经选择美国公立大学的公共性作为博士论文的题目，进行了非常深入的研究，并且也邀请我为她的博士论文的出版写了一篇序，题为“论大学的公益性”。今天，我的另外一位博士研究生胡莉芳又选择了市场经济条件下大学的公共性，作为她的博士论文的题目，而且在出版之际，也希望我能够为她写一个序言。其实，关于教育的公共性，以及高等教育和大学的公共性问题，还不仅仅是我的两位博士研究生的兴趣和重点，据我所知，以这个话题作为研究生论文的题目的还不在少数，由此也反映了这个问题的重要性。这里，我应该感谢胡莉芳的邀请，因为她又给了我一个机会，能够把我近年来关于高等教育或大学的公共性问题的思考，以及上次未尽的余言写出来，向各位专家讨教，与大家一起探讨。也因为她的深入研究，启发了我的进一步分析和思考，进而能够对这个问题进行一些比较深入的研究。

大学的公共性是高等教育的一种“宿命”，是所有大学都不可回避的责任。但在市场经济条件下如何坚持和发展大学的公共性，却是一个非常值得研究的话题。胡莉芳的《市场经济条件下的中国大学公共性》一书，对这个问题进行了非常深入的研究，提出了许多很有价值的观点，特别是提出并且非常详细地说明了大学公共性的四个方面，包括平等的教育机会、

① 本文是为胡莉芳的专著《市场经济条件下的中国大学公共性》（人民日报出版社 2011 年版）所写的序言。

良好的教育质量、人才与知识产出，以及社会责任，这些都给我们带来了新的启示和思考。我自己也在多个场合以文字或口头的形式，对大学的公共性发表过一些看法和意见。这里，我想“接着说”的是，已经具有共识的大学公共性与建设世界一流大学之间的关系是什么？如今在中国，以及世界的不同地区和国家纷纷提出的各种加强高水平和一流大学建设的举措和政策，与大学的公共性的宗旨和责任又是什么关系呢？它们应该如何去体现大学的公共性呢？如同若干年以前，一位国家教委副主任曾经给我提出的问题一样：提倡和实施面向全体学生，促进学生全面发展的素质教育，与基础教育中优秀学生特别是某些特长学生和尖子学生的培养，究竟是什么关系？

曾几何时，在一本杂志上读到，某位世界著名大学的校长，面对社会对该大学招生的批评，曾经放出话来，作为世界一流大学，本身就不应该承担这样的责任，而更重要的是知识贡献与创新，培养拔尖人才。由此，受到社会的广泛诟病。当然，我对此绝不苟同。大学自然有“攀高”的责任，但这绝不意味着不能公平。坦率地说，我真有点为这位校长感到遗憾，甚至有些许的惋惜。本来一个颇有影响的、才华横溢的校长，大江大河都过来了，却没有想到在这个貌似“小河沟”的问题上“翻了船”。

又仿佛记得在高等教育大众化的过程中，在社会疾声呼吁大学公平性的时候，也有这么一位大学领导，为了“适应”大众的诉求，锐意改革，提出了看似绝对公平的大学招生办法。自然又在高等教育和社会中引起了不小的波澜。客观地说，我也确实有点替这位大学领导打抱不平，甚至有点“好人不是人做的”的感伤。本意是深化改革，促进大学的公共性，却受到了如此的误解。还有些好事之徒充分发挥自己的想象力，把一个好端端的大学领导说成是具有这样或那样的意图。

实事求是地说，这个问题的确不是“小河沟”，也确实容易“翻船”；这个问题的解决与出路也的确不能单凭好心就能够解决的，它确实暗藏了深邃的“玄机”。因为，它涉及大学的办学宗旨，是一个高等教育和大学基本理论中的根本问题，即公平与卓越的关系问题。这也是关系到中国世界一流大学建设的现实思路与政策的问题。

大学自然应该追求卓越，这是大学的使命与基本宗旨。这里，我并不想再去赘述诸多已经耳熟能详的关于大学宗旨与使命的论述和观点。而且，大学的这种追求卓越的宗旨和使命，在某种程度上也已经逐渐成为大学的一种自觉。同样，大学的公共性和公平也是一个不用说也不会忘记的责任，特别是在义务教育的普及程度越来越高，高等教育进入大众化，甚至开始走向普及化的时代，高等教育的公共性和公平性已经成为社会发展与追求的目标，以及逐渐成为教育公平的新的底线。然而，世界一流大学的建设与大学公共性的关系，以及这种建设如何体现大学的公共性与公平性，却很可能是人们不太清楚的话题，而多年来在这个问题上的“以其昏昏，使人昭昭”，也实在是妨碍和影响了大学的建设与发展，甚至危害了大学的使命，以至于或者是侈谈于世界一流大学的建设而忽略了教育的公平或者公共性，进而受到社会的诟病；或者是谈世界一流大学色变，似乎由此就触犯了教育公平的“天条”。看来，它的确是一个需要进一步说清楚的问题，是一个迫切需要在理论和思想上讲清楚的重要问题。

我的基本观点是：大学对卓越的追求，在一个国家或社会中，选择若干高水平大学进行重点建设，着力培养一批拔尖的“精英”，不仅与教育公平和大学的公共性不矛盾，而且能够体现一种高层次的教育公平和公共性，反映了公平发展与进步的要求，进而促进和提升社会和整个教育的公平性和公共性。同时，需要进一步指出的是，大学对卓越的追求，以及高水平重点大学的建设与“精英”人才的培养，也需要有一个更加广泛的公平基础。

首先，世界一流大学的建设，是国家和社会建设发展中公共利益的需要，也是社会主义市场经济条件下公共性建设的需要与使命，是社会与国家对大学或者高等教育的要求，是希望它能够成为参与国际竞争的国家队，能够培养数以千万计的专门人才和一大批拔尖创新人才，是能够作为国家与社会发展的引领者，发挥其不可替代的作用。这是国家和社会绝大多数人对大学，尤其是一批重点大学的期望，是整个社会发展、追求进步和振兴中华文明的期望，因而也是全社会的最大的公共性。中华民族的伟大复兴，和谐社会的建设，以及繁荣富强的国家发展，需要有一批能够代表全社会利益，并且具有在全球范围内参与国际竞争的一批高水平的大学与学科，一批高水平的研究机构与学者，一批能够具有国家意识的精英。建设一流大学，与大学追求一流，与这样的需要是完全一致的。所以，一流大学的建设与政策，不仅与大学公共性不矛盾，而且真正体现和反映了大学与高等教育的公共性，是整个社会公共性发展与建设的内在诉求。显然，低水平的公共性不是社会主义的特征，低水平的社会公平也不是现代化国家与社会的标准，低水平的公共性与公平更不是和谐社会的基本内涵。从这个角度来说，大学对卓越的追求，高水平大学的重点建设以及一批拔尖的“精英”的培养，也必将带动整个社会公共性与公平性的提升；这样一种高水平大学的建设，将提升整个社会的层次；而且这样一种拔尖的“精英”的培养，将引领整个民族文化的复兴和人口素质的提高。可以想象，如果一个社会缺乏这样的卓越，缺乏一批这样的高水平大学，以及一批能够奉献和担当的“精英”，这个社会和国家的公共性与社会公平的发展与进步是不可想象的。否则，一个社会的公共性或者公平性将会出现可怕的“退化”或“庸俗化”。其实，在中国三十多年改革开放的历程中我们所走过的从“让一部分人先富起来”，到“让所有人民享受改革发展的成果”，已经为世界一流大学建设与坚持大学公共性之间的辩证关系，提供了一个现实和历史的根据。

其次，世界一流大学的建设，与高等教育的公平性发展也是协调的，与这个国家和社会高等教育的整体建设之间并不是矛盾的，与各个不同层次的高等学校的建设与发展也是协调的，这本身是一个高质量的高等教育结构所需要的，甚至是一个高质量的高等教育体系的重要特征之一，因而与整个高等教育的公平性也是不矛盾的。毋庸置疑，我们今天的社会和谐与团结，已经不是建立在过去涂尔干所说的那种“机械团结”的基础之上了，而已经逐渐发展到一种新的具有涂尔干所谓“有机团结”特征的社会基础上了。同样，我们今天的教育公平也已经不能完全建立在一种机械的同一性的基础之上了，而应该考虑建立在一种具有一定差异，以及在这种差异中形成的相互依存的辩证同一性的基础之上了。因此，关键的问题并不在于有没有差异，而在于这些差异是否能够协调，或者说，不同层次或类型的大学之间的比例结构是否合理，以及这些不同层次和类型的大学在建设与发展过程中能否在适当政策的引导下，彼此之间达到一种协调或和谐的状态。而这种在一个社会中不同层次、不同类型大学之间所应该达到的比例和结构关系，也早已有了一定的历史经验和理论研究成果。实际上，一个社会中不同层次与类型的大学的存在于发展，不仅能够满足不同层次和类型的需求，同样重要的是，它能够为不同大学的建设与发展提供一种相互联系，各得其所和相得益彰的环境与平台。所以，简单地认为，重点建设若干世界一流大学和高水平大学，给这些大学更多的支持，就是对其他大学不公平，就会影响高等教育的公平性和公共性，其实是不恰当的。可以想象的是，如果简单地认为在高等教育系统中建设若干世界一流大学，就是破坏或者影响大学的公平性或公共性，那么，是不是认为发展高等教育也是对基础教育的不公平呢？是破坏或者影响了整个教育系统的公共性或公平性呢？这显然是荒唐的。

应该说，讨论世界一流大学建设与大学公共性的关系，对于进一步明确世界一流大学建设的目标取向及任务是非常有益的，因为它至少告诉了我们，世界一流大学的建设及追求卓越的目标内涵，绝对不仅仅是一种学术的含义，它同时包含了十分重要的社会含义，即带动和提升整个社会的公共性和公平性，促进整个高等教育，乃至于整个教育公共性和水平的提高，并且在这个方面做出表率。实际上，近年来中国政府在加强重点大学建设的过程中，在实施高水平和世界一流大学建设的工程中，已经注意到了这个问题，而且采取非常有中国特色的政策。例如，重点大学对贫困边远地区大学进行对口支援和帮助的“手拉手”工程。在这个方面，清华大学对青海大学的支持，也是一个得到多方面肯定的典范。顺便说一句的是，清华大学近年来在超过 100 个贫困县建设的远程教育基地，也充分体现了重点大学对整个国家教育水平提升的支持和教育公平的促进。当然，我们也应该注意到的是，恐怕的确有些重点建设的大学，过多地强调了学术的发展，而忽视了自己的社会责任；过分地重视了自己本身的利益，而淡忘了对社会和其他学校的支持与贡献，这也确实是片面理解了重点大学建设的全面含义，是应该纠正的。

总之，我们应该理直气壮地坚持世界一流大学的建设，而且应该持续进行下去。它是一个利国利民的科学决策，也是体现大学的公共性、促进和提升高等教育公平性发展的重大工程与战略举措。

乐在学中[①]

要让小学生们开开心心地学习，并且能够让他们更想学、更会学，学得多，学得有意义，在今天这个学历社会和应试教育中，似乎是一个天方夜谭般的故事。如今很少有哪所学校的学生学得不苦，又很少有哪所学校的学生学得不累。然而，清华大学附属小学的校长和老师却打算将这个天方夜谭般的梦想变成现实，并且正在努力地实践自己的这个追求和梦想。这样一群年轻的教师，他们怀抱着自己的教育理想，在小学教育多年实践和切身体验的基础上，针对当前小学课程和教材多样化的现实，经过深入系统的思考与实验，特别是结合学生的实际需求，创作编写了立足于本校“1 + X课程”体系的《乐学手册》。并以此为依据，制定了“小学质量目标指南”（以下称“指南”）和“小学乐学手册”（以下称“手册”）。在我看来，这些成果比较好地体现了教育教学的规律，基本反映了小学教育教学的主要特点，不能不说是一个非常有价值的尝试和相当有启发的成果，也是一件值得夸奖的事情。

小学教育有自己的逻辑，也是一种专业性的活动，这种逻辑和专业性的主要特点之一，即在于“主观联系的再生产”。著名教育心理学家维果茨基在《思维与语言》中指出：“儿童的知觉、思维、动作中都显露出，根据统一的印象将各式各样缺乏内在联系的成分连接成不能分割的混合的形象的趋势。”有的学者将这种现象称为“儿童知觉的含混主义”，或者“儿童

① 本文是为清华大学附属小学教学改革成果《乐学手册》系列（清华大学出版社2013年版）所写的序言。

思维的无条理连接”，即“儿童用过多的主观联系弥补客观联系的不足，并把印象和思维当作物品联系的一种趋势。主观联系的这种再生产当然有巨大的意义。它是儿童思维进一步发展的因素，因为它是儿童选择符合客观现实的、经过实践检验的联系的进一步过程的基础”。这也是小学生区别其他层次学生的一个特点。从这个意义上说，小学教育中的综合性、系统性和连续性是至关重要的。而小学教育的这种综合性、系统性和连续性能否适应儿童的实际，则体现了小学教育的专业性。据初步了解，“指南”在国家课程标准的基础上，进一步明晰、细化了各学科各学段的质量标准。通过“质量依据”、“质量目标”、“实施策略”、“质量评价”、“相关附件”五个组成部分，将各学科各年级的知识、能力培养目标，进行了系统梳理，把小学六年各学科培养的方方面面的要求和实施策略呈现给教师，进而为教师从整体和系统上把握和实施自己的教学提供了一个非常具体的基础。而“手册”与“指南”相呼应，通过对各种不同类型教材的合理整合，充分吸收各个方面的优秀案例与习题，对教学素材进行了精细化加工和整理，进行了有益的“教学生态化”探索，努力构建一种良好的学习生态环境。“手册”中的“乐学目标”、“乐学单”和“整合专题训练”等部分也是综合的。如“乐学单”，便包含了“预学单（自学单）”、“共学单”和“延学单（作业单）”三个部分，把课前预习、课上教学、教材和课后作业整合在一起，打通了课前、课中、课后的通道，也打破了课前、课中、课后的严格界限。更有意思的是，“手册”还力求将教材中的规定性知识与学生的个体性经验结合起来，将老师的备课教学与学生的学习结合起来，这种综合性的设计和安排也是非常符合小学生概念与思维发展特点的。我在《教育活动的社会学分析：一种教育社会学的研究》一书中曾经引用过一位学者在讨论教室中的纪律和群体管理时的观点，他认为，如果一个教师的教学没有适当的逻辑，不能平稳和有机地从一个部分过渡到另一个部分，从一个活动过渡到另一个活动，那么，这样的教学实际上是自己在要求学生不参与课堂活动，是自己在要求学生捣乱。同样，如果一个学校各个年级和各个教师的教学缺乏必要的衔接与呼应，这个学校的教学质量和学生的学习成绩也好不到哪里去。

比较充分地体现和贯彻小学阶段教育教学的基本原则——成熟原则，

也是“1 + X 课程”实施体系中的这两套丛书的一个非常重要的优点。根据教育学的一般原理，教学活动有两个非常重要的原则：一个是成熟原则，另一个是适应原则。所谓“成熟原则”，指的是根据学生的本性，或者说，根据学生成熟的阶段及其发展和成长的需要，进行教育教学，其目的是促进学生的成长与发展。所谓的“适应原则”，则是指根据社会的要求进行教育教学，目的是使学生的发展符合和适应社会的要求。当然，这两者是结合在一起的，但是，在不同的阶段两者往往又是有所侧重的。在小学教育阶段，由于小学生的年龄小，身体和心理仍然处在发育的早期阶段，所以在教育教学中常常更加强调和偏重“成熟原则”，即按照学生的本性进行教育教学。在有些欧洲国家，甚至以法律的形式对这种教学原则进行强制规定。

“1 + X 课程”实施体系中的这两套丛书正体现了这种小学教育的“成熟原则”。不难发现，“手册”的编写处处反映了这种“成熟原则”的精神和要求。例如，在语文的“预学单”中，学生能够设计自主学习字词，感知课文的整体内容，初步发现课文的特点，并且提出自己的问题，使学生能够带着准备和疑问走进课堂，有助于培养学生的学习主动性和好奇心，也增强了课堂学习的有效性。课堂教学中的“共学单”则为学生的小组学习进行了活动设计；“延学单”则为学生的课后学习与阅读，以及运用课堂学习所获得的方法和能力，提供了新的空间与素材。而这一切的设计，又是依据清华附小十几年“基于学生、基于问题”的校本教学研究经验，系统总结学科知识、能力体系而编制的“指南”为基础设计的。这样的实践，实际上是把小学教育阶段的“成熟原则”进一步具体化、科学化了，使其具有了非常现实的可操作性。

可以认为，这套实施体系，成为清华附小“校本教与学的工具书”。而这种小学教师结合实践而理解的质量“指南”，及为教师教学和学生学习编写的“手册”，也不啻为一种教育的创新，是小学教育教学改革中质量建设的一种尝试，也是小学教育改革发展的一个“亮点”。实事求是地说，教学参考书本身并不是坏事，它们对教师的教学，以及学生学习与发展也是有帮助的。目前的问题是：一方面，现在的课外教学参考书太多太滥，质量参差不齐，内容鱼龙混杂；另一方面，各种各样的学习参考书往往不能与各个学校的实际相结合，很难真正与学生的课堂学习形成有效的“化学反应”，更多的是成为一种负担。如果学生能够获得真正有价值的学习参考书，对他们的发展是一件非常幸运的事。清华大学附属小学的“指南”和“手册”作为一种“校本教与学的工具书”，其意义和价值也正在于此。

曾经有一位台湾的教育学教授给我说过这样一个观点，他认为，如今基础教育的教师中出现了一种“庸俗化”的现象：目前许多的中小学教师在备课、出作业，以及出考试题时，往往过多地依靠和抄用各种各样的教学参考书，而不愿自己动脑筋，以至于最后发展到一部分中小学教师素质的退化，甚至到了不会备课、不会出题的地步。这样的老师显然是不够格的，这样的教育教学要想获得高质量，真的是“天方夜谭”。为此，我曾经多次在各种不同的场合建议中小学的校长们在学校开展“命题竞赛”，其目的也是希望改变这种所谓的“庸俗化”现象。据这两套丛书编写者之一的教师告诉我，清华大学附属小学的“指南”与“手册”中的大部分习题和内容都是由本校的教师自己编写的。这是我非常赞赏的，也是“校本”的真正含义，是一种教育的创新。

我要感谢清华大学附属小学的校长和老师们，因为“1 + X 课程”实施体系中的这两套丛书给我提供了一次进一步学习、研究和思考小学教育的机会。这个序言的题目“乐在学中”，虽然说的是对“指南”和“手册”的核心与价值的理解：希望让小学生能够具有这种“乐在学中”的成长状态；但同时表达了我自己思考和撰写这个序言时的学习状态，因为我非常希望通过这次写序言的机会，向小学教育的各位校长和教师学习，也由此使自己对小学教育形成更深的认识和理解。有人将小学教育看成是“小儿科”，认为教小孩是一件很容易的事情。其实不然。在我看来，越是小学生，则越难教。因为，小孩与大人实际上是生活在两个不同的世界，而且是两个具有不同“交往密码”（思维方式）的世界。教学活动作为一种交流，文化取向与年龄层次越接近越容易，反之越难。所以，如何与仍然非常幼稚懵懂的小学生交流，其实是一件非常具有挑战性的工作。而且，不仅要与小学生交流，还需要让他们能够快乐地交流，在交流中学到文化知识与道德规范，进而学会做人、做事，就更不是一件容易的事。小学教育实在是一门非常深奥的科学。

就我自己更加内在的动机而言，则是小学教育的重要性和地位。它是所有正规和系统化教育的起始，是全部教育的基础，我甚至愿意认为，国家和个人的所有教育的优点和问题，都可以在这个国家和个人的小学教育中找到它们的胚胎和萌芽。

还暑假独立的价值和功能[①]

假期应该是整个教育过程中的一个阶段、一个部分，是学生成长、学习整个过程中的一个阶段。假期虽然不是学期，但它也应该是我们这个社会，包括学校、家庭对孩子进行教育的一个特殊阶段，也是孩子学习、了解社会，成长过程中的一个阶段，这是一个最基本的定位。不能说那个阶段是教育他的阶段，这个阶段就不是教育他的阶段；学期是他学习的阶段，假期就不是他学习的阶段。不能将二者完全割裂开来，或者把假期完全和学习对立起来。如果不这样认识，在这个阶段中，到底学校、家长要不要干预，要不要指导，要不要干预这些设计，要不要做出计划，合理性就很难体现了。

首先要肯定，假期也是孩子整个成长过程的一个阶段，是其学习、了解社会，认识自己的一个阶段，也是社会、家庭、学校帮助孩子成长的一个重要阶段。在这样一个阶段和过程中，学校、社会、家庭作为对孩子进行支持、教育的一方，有责任在假期过程中帮助青少年过一个愉快、科学、有收获的假期，孩子在这个阶段也有责任接受学校和家庭以及社会的帮助。应该对假期定位有应有的重视，今后我们的假期越来越长，比如说暑假、寒假，再加上各种各样的公共假期，我们笼统地算一下，一年之中有将近三分之一的时间都是假期，不能说在这段时间里就不受教育了，要有一个延续，因为教育成长都是一个过程。

---

① 本文原载于《中国教育报》2001 年 8 月 31 日。

假期和学期同等重要，相辅相成

假期既然是青少年学生在整个成长过程中的一个组成部分，那么它和学期之间又是什么关系呢？对于这个问题，无非有两种看法。第一种观点认为，假期对在学校的那个学期来说是一种补充，起到拾遗补阙的作用。另外一种观点认为，虽然假期和学期是有联系的，但是这一部分的各种活动又有它独立的价值，独立的功能，而且跟学校的学习同等重要，二者是一个并列的、相辅相成的关系，而不能简单地说是学校学习的一种量的补充。我们承认这两者应该是兼而有之的，但是我认为主要应该是后者。假期应该具有独立的价值、独立的功能，它是同等重要的，而且和学校的学习应该是相辅相成的。因为我们今天的学校教育尽管越来越全面，越来越详备，越来越复杂，也确实发挥着越来越大的作用，但它毕竟不能满足孩子生活和发展的所有需要。因为它的功能是有限的，有很多东西得通过社会、通过家庭等其他空间去补充、去拓展，而这一部分恐怕并不能简单地说是学校教育的一种延续。从这个角度，孩子可以了解社会、了解大自然、了解一些民情民风，了解一些书本上学不到的知识，了解一些生活经验。这些东西不能简单地理解为学校教育的延续，它有自己独立的价值。而且孩子的某种内在品质有时候通过在学校之外的各种活动可以展示出来，人的能力是通过展示出来才可以认识到的。人的能力要通过对象化的方式，就是说要通过实践展示出来以后反过来才能认识到。做成功了才知道自己有哪方面的能力，做不成功才知道自己的能力在哪方面有缺陷。

而现在的实际情况是大多数家长都把假期生活看成是学校生活的延续和补充。原因在于人们普遍有一种认识，认为学校里教的书本知识的价值要高于社会上的知识，认为日常生活经验是没有价值的。应该说这是教育理论上的一种错误认识，人们之所以重视课堂知识，因为有考试的存在，通过对课堂知识的认识才能上大学，才能参与社会实践。所以通过制度的方式、观念的方式，无形中就强化了人们对学校知识价值的认同，而认为社会生活经验是没有价值的，或者是低价值的，实际上是把学校知识神秘化了。

实际上这个问题还涉及学校教育、家庭教育和社会教育之间的关系问题。它们三者之间的关系是相互联系的。后来学校的地位越来越高，特别是由于学校知识和社会经验在认识上的错位，人们往往忽视社会教育的作用。现在，由于社会生活越来越丰富、越来越发展，社会教育也在不断地加强。过去之所以会出现学校教育高于社会教育的情况，是因为知识的存在方式、传播渠道和途径以及载体主要在学校里面，使得学校教育成为非常集中的知识传播方式和传播模式。而现在社会的年轻人从小学到大学，有很多知识不是在课堂里学到的，通过网络、报刊、电视等各种媒介都可以获得知识。既然一个人在一生中获得知识的比例在发生变化，那么可想而知，把所有精力都用作学校知识的补充，结果将是不能适应这个社会。这就是假期的独立价值所在。

假期要提供自由成长空间，培养合理支配自由的能力

教育实际上有两种功能：一种是给学生知识，提供学生学习方法；另一种很重要的功能，就是为学生的发展创造、设计、提供一个空间，给他创造一个成长的环境。当然这种空间不是完全自然的，有一种隐约的引导和导向在里面。高明的教育应该是这样一种形式：除了传授知识，还开辟一个很大的空间，既开阔视野，又不完全放任，同时保有一些潜在的、间接的引导和帮助。暑假的独立价值就在于它确实提供了这样一个空间让孩子自己去发展。因为学校教育要注重管理，有许多要求、目标，暑期恰恰可以让学生去学习在学校里学习不到的东西，更多去认识自己在学校中展示不出来的才干和能力，去认识自己在学校里看不到的那个自我。问题的关键不在于做什么，而是要给他们一种自由，同时这种自由并不是完全地放任、无所作为，这样才能实现学期与假期在功能上的相辅相成，而不用拘泥于具体的形式。更加重要的是，青少年的成熟不仅在于他们具有一定的知识和解决问题的能力，而且还在于他们能够合理地行使和应用其时间和空间上的自由。这也是一个人能力的体现，而青少年在这方面也是需要帮助和培养的。

目前的问题在于：第一，社会、学校对暑期的定位存在一种模糊，或者放任、什么都不管，或者管得很死。学校和家长要在假期中履行帮助、支持的责任，这种责任应该和学期中的有所区别。如果家长对这个问题看不清楚，或者强制性地干预，或者完全放任，也是不合适的。第二，不要把对假期的安排简单看成是对学期的一种拾遗补阙。现在社会对二者之间的关系并没有搞得很清楚，不能简单地批评哪种形式不对。要因人而异，具体情况具体分析，关键是要有自由的空间。

社会的分化需要多元化知识获取途径

社会发展有一个特点，就是发展程度越高，社会的分化程度越高。人也是这样，人不成熟的时候，他的认知结构是没有充分分化的。当人逐渐长大以后就越分越细了，情感、理智、意志，包括不同的学习、交往方式都发生了分化，就标志着人成熟了。但是仅有分化并不意味着成熟得很完善，分化以后还有一个把分化的各个方面所产生的冲突、矛盾协调起来的过程。现在就是因为分化，需求也多，获得知识的途径也多，孩子家长在这个过程中就会失去自我，不知道用哪种方法好，没能够很好地协调。所以在这个过程中，教师的作用有时候不是单纯地传授知识，而是告诉学生在各种不同的获得知识途径中该如何选择，各自的优势是什么，特点是什么。

个人实现自己目标的机会和道路增多的同时，诱惑和困难也加剧了，在这个过程中怎么选择就很重要。一个好的教育工作者对孩子指导的一个很重要的前提是了解孩子，知道孩子的兴趣、特长、优势是什么，然后加以有针对性的指导，在一个整体拓宽的基础上作有针对性的指导。我们的教育正在朝这个方面改进，应该说还是取得了很大的进步。

编后

有关暑假的话题可谓老生常谈。而我们的探讨却透穿并超越了“暑假”本身，把它引发到一个关于教育的主题上来——现在的暑假为何被“异化”？暑假到底是个什么“东东”？它负载着什么样的教育价值与功能？……学者们的言说，或许能给大多数对时下暑假生活习以为常的学生、家长以及教育工作者带来不少启迪。

只有把暑假放在现今社会大背景下去审视，我们才会发现更多问题的症结所在。说来说去，暑假的“异化”本身反映的还是整个社会的问题：

人们都期待成功，尤其是父母，他们在期待子女成功的过程中，不断“加码”——这早为有识之士所忧虑，那些稚嫩的身心怎堪如此重负？然而“减负”声声高涨，“加码”却依旧，毕竟在竞争日趋激烈的现代社会里，谁都不敢有丝毫的松懈和怠慢，这简直如同一种“集体无意识”。这似乎也无可厚非，但问题的关键就在于：怎么样才算成功？在文化与价值观日趋多元化的今天，成功之路本应该也是多元的，为什么非要都往一条路上挤？一个时期以来，我们听到的比较多的是关于问题的相互指责，而罕有真诚而深刻的自我反思和追问……问题在反复讨论中逐渐失却了重心，以至于许多人在说起教育问题来时，常常一声叹息：太复杂了，简直是一团乱麻。

对于孩子的暑假，人们似乎寄予了过高的期望，而忽视了它本来该具有的独特价值和功能。在这样一个多元而多变的社会转型期，多元化的眼光和平常的心态显得尤其重要。人们更需要以一种平常心去对待成功，对待竞争，对待教育；若一味以功利之心和世俗观念去对待问题，去要求孩子，往往容易走入误区，让好事变得畸形、“异化”，就如同现在的暑假。

变“见题不生”为“见题不怵”①

减轻中小学生的学习负担，是一个非常复杂的问题，它涉及教育体制的改革，关系到教育本身的责任与功能，还与现代社会越来越激烈的竞争等相关。

我认为，减负的问题，也是中小学教育改革与发展的重要任务，尤其是教育观念更新，以及教师专业化建设的任务。其中，“见题不生”的复习观就是一个比较典型的例子。所谓“见题不生”，指的是某些学校在帮助学生复习和参加考试时的一个不成文的标准，即努力让学生在复习过程中对考试中可能出现的所有题型都见过、做过，以至于能够非常熟练地完成各种试题。可想而知，在这种情况下，学生的负担能不重吗?

实事求是地说，这种“见题不生”反映了某些教师的敬业精神和责任感。为了让更多的学生能够顺利地完成各种考试，并且能够取得优异的成绩，尽可能地多做各种习题与试卷，争取在复习中做到“不留死角，不存盲区”。有些教师的确废寝忘食，不惜余力地搜集各种试卷与习题给学生做，甚至是“三天一小考，五天一大考”。显然，这样的做法无疑能在一定程度上增加学生的考试分数，但这样做造成学生的学习负担加重也是事实。所谓“道高一尺，魔高一丈”，无论教师和学生见识过多少试题，也无法企及命题人员的智慧与“创新”，由此便形成了一种复习与命题之间类似于“捉迷藏”的恶性循环，进而也进一步加重了学生与教师的负担。

---

① 本文是笔者参加中国教育报主办的“减负专题研究”的发言，发表于《中国教育报》2012年7月19日。

如果在过去，我们的教师需要的是尽可能想办法去获得更多的知识，占有更多的教学资源，包括试卷与试题等，那么，在知识爆炸的现代社会，知识的更新与拓展越来越快，知识积累与总量越来越多，知识的发展与现状对教育的挑战已经从如何去获得更多的知识，转变为如何去选择适当与必要的知识。在这种情况下，如果某些教师不能根据学生发展的各种需要，努力学习和掌握浩如烟海的知识，包括提高对各种教案和习题集进行鉴别和选择的能力，那么，这种非选择的“一网打尽”，只会让学生和教师的负担越来越重。

客观地说，知识与能力的关系问题仍然是21世纪教育改革与发展必须面对的重要问题。我的观点是，尽管知识与能力在人才培养中同等重要，而且，对于不同的学生和教育形态，知识与能力也各有其独特的价值，但随着知识总量的海量扩充，以及发展更新的速度与频率越来越快，特别是在现代信息技术的发展和知识数字化发展越来越发达的背景下，能力发展与培养的问题已经显得越来越重要。而且，这种对能力的重视已经成为国际教育改革与发展的共识。如果仅仅将单纯知识的传授看成是人才培养中更加主要的任务，势必使教师和学生的负担越来越重，而且也势必影响教育的质量。

如果可能，我建议将“见题不生”的复习观改为“见题不怵”的复习观。“不怵”指的是通过比较科学的训练，学生具有更加扎实的理论基础和更加系统与结构化的知识结构，由此获得和掌握能够将自己学到的基本知识、基本理论与基本能力进行合理迁移的能力，以至于在碰到各种不同的问题时，能够系统地应用自己的基础性能力，对各种试题进行逻辑的转换与还原，寻求解决问题的方法，进而获得正确的答案。当然，在这种情况下，学生对命题人员的任何“创新”也都能够应对自如了。我相信，这种教育思想与观念的调整，也一定能够有效地减轻教师和学生的负担。

认识孩子[①]

现在有一种非常普遍的现象，即每个人都可以发表自己对教育孩子的意见，每个人都可以对教育提出自己的看法，而且每个人都能够根据自己的经验对教育进行批评。这是一种好的现象，反映了大家对教育的重视。但是，它也提出了一个非常重要的问题，难道教育就这样能够完全根据自己的经验而进行吗？难道教育就这样简单吗？儿童和孩子的心理就这样简单吗？为什么同样一个学校和班级的学生，有的能够健康成长，而有的却出现了许多成长中的问题？为什么同一个家庭的孩子，常常会出现不同的发展结果，形成不同的个性和心理特征？为什么同样年龄和文化背景的学生，在进行同样课程的学习中，会出现不同的学习成绩和结果？为什么有的家长和老师不辞辛苦，却得不到预期的结果，而在那些对孩子不太经意的家庭中，孩子有时却成长得比较顺利呢？等等。显然，这些往往是不能完全按照经验进行解释的。

但是，同样还有另一种比较普遍的现象：关于教育和心理的问题有时往往又的确难以说清楚，不管是什么理论和解释，人们在社会现实和经验中，常常都能够发现不同的反例进行质疑；而且，影响一个孩子成长的因素实在是太多了，或者说，孩子成长过程中的不确定性是非常大的，以至于教育研究中的争论和分歧往往也是比较多的。那么，教育究竟有没有自己的客观规律呢？或者说，教育是不是一门科学呢？从认识孩子的角度说，

---

① 本文是为王全志等翻译的《孩子们：儿童心理发展》（北京大学出版社2005年版）一书所写的序言。

教育的心理学基础又应该是什么呢？

这是困扰教育的难题，是困扰教师的难题，是困扰家长的难题，也是困扰教育研究人员的难题。当然，这也是一个让教育研究始终具有魅力的课题。也正是在对这些问题的研究和探索中，人们从不同的侧面逐渐在打开这个“黑箱”。而王全志等人翻译的《孩子们：儿童心理发展》一书也是在这种探索中的一个非常有价值的努力。这本书具有非常多的优点和特色，也提出了许多我们需要进一步认识和研究的问题，但是，根据我个人的认识和研究兴趣，我觉得它最重要的一个价值和特点，就是抓住了教育中最根本性的问题：认识孩子。

记得在一次关于教师教育的研讨会上，我做了一个关于教师教育的发言，题目是“教书与教学生”。我的主要观点是，教师的职责并不仅仅是教书，而更加重要的是教学生。而教师专业化的重要基础和根据也就是在于对学生的认识和了解，即主要建立在对学生的认识上，包括学生的成长规律、学习规律和与交往规律等方面。因为，教师工作的特点之一是“培养性”。所谓“培养性”，指的是具有一种帮助和扶持的性质与特点，而不是一种决定性的工作，否则就陷入了一种单纯的行为主义。在这个发言中，我引用了我国非常著名的教育家吕叔湘先生和叶圣陶先生的观点。根据叶至善先生的回忆：“吕叔湘先生曾经在一次座谈会上说，教育近乎农业生产，决非工业生产。工业生产是把原料经过设计好的工艺流程，做成合乎标准的成品。农业生产可不然，种下去的种子是有生命的，它们得自己长，人们所能做的是给它们适当的条件，包括温度、湿度、阳光、水分、肥料，等等，帮助它们好好成长，以期获得好的收成。”叶圣陶先生“非常同意吕先生作的比喻，特地写了一篇短文，把这个比喻介绍给老师们，请老师们时刻想到，学生跟种子一个样，有自己的生命力，老师能做到的，只是供给他们适当的条件和照料，让他们自己成长。如果把他们当作工业原料，按照规定的工艺流程，硬要把他们制造成一色一样的成品，那是肯定要失败的。”① 可以认为，教育正是这样一种帮助孩子成长的活动和科学。而在这个过程中，认识孩子常常也就成为教育中最为重要的根据。缺乏对学生

① 叶至善．父亲的希望［M］．北京：中国青年出版社，2000：69.

和孩子的认识，就不可能是一种好的教育；没有关于学生和孩子的了解与认识，也就不能是一种教育科学。应该看到，认识学生和孩子并不是一件容易的事情，而是一件比较困难的事情。而在认识孩子的研究中，更加困难的又是把握儿童与青少年成长规律的研究。而且，在关于儿童成长规律的研究中，如何客观地把握儿童的心理，又是其中的关键。有人说，儿童和成人是生活在两个世界中。这是非常有道理的。换句话说，儿童有他们自己的生活规则，有他们自己的心理世界。而且，由于儿童早期心理结构缺乏分化，因而呈现出一种综合性的特点。特别是作为个性与人格的形成阶段，儿童早期的心理发展也非常需要社会和家庭的科学支持与帮助。《孩子们：儿童心理发展》这本书的写作应用跨文化的研究方法，强调孩子的成长与环境的关系，而且结合现代社会的现实问题与信息社会的网络资源，并采用了各种新的写作手法，对儿童与青少年成长过程，特别是儿童心理发展与变化的过程，进行了比较深入的研究，因而给人们许多新的启发和思考。而且，作者在研究过程中，也提出了一些新的视角和分析框架，包括对儿童发展阶段的划分等，所有这些，都是非常有意义的。当然，一本书的内容并不能够完全覆盖儿童和青少年成长的所有方面和内容，任何作者和研究人员对问题的认识和看法也都有他们自己的特点和视角，因而也是有限的。但是，也正是不同研究成果各具特色的见解，以及不同作者的独特观点与视角，给予了我们各种不同的启发和新的知识。希望这本书也能够为我们的家长、教师以及教育与心理科学研究工作者提供一些有益的帮助。

夸奖老师[①]

读孙明霞老师的教学笔记，透过那清澈如水般晶莹剔透的文字，你仿佛看见了一颗纯洁的心，以及一双充满爱心的眼睛，想象出一个如同花园般的课堂。这绝不仅仅是笔的记叙，而是灵魂的舒展；这不是单纯的“码字”，而是精神的轨迹。

我被深深地感动了：这般的用心，如此的专注，在她的眼睛里，一个个学生都是这样活泼可爱，每一个学生似乎都蕴藏着无比的创造力与生命力，每一个时空都如同绚丽多彩的舞台，衬托着一出出教育的礼赞。

我由衷地折服了：坚韧的毅力，不倦的坚持，在我的眼睛里，学校正在成为她肌体的延伸，课堂则在她的视野和教育实践中在未来拓展，每一次的起伏，都好像是华丽的乐章，伴随着一次次生命的涅槃。

当然，我用如此夸张的文字表达我初步阅读的感受，的确有过分之嫌。我甚至怀疑过，在北京师范大学工作期间，我与孙明霞老师的短暂相识，是否足以允许我如此高调地做出这样的评价。但我还是愿意这样写，因为这样写，才让我感到了一种教师之间的共鸣，也只有这样写，才能够让我的思维与文字之间得到相互同一的印证。

其实，我也深深地知道，我这里夸奖的，并不仅仅是孙明霞老师，而是我心目中的“孙明霞老师们”。我接触过许许多多中小学的教师们，我也认识“李明霞老师”、“王明霞老师”、“张明霞老师”，以及各种不同的

---

① 本文是为孙明霞的专著《心与心的约会——明霞的生命化课堂》（中国轻工业出版社 2010 年版）所写的序言。

“孙明霞老师”，他们孜孜不倦地工作在基础教育的第一线，更多的中小学教师甚至工作在边远贫困的地区，他们何尝又不是像孙明霞老师一样，辛勤培育着祖国的未来，承担着民族的希冀。他们像孙明霞老师一样，是可敬可爱的人。我愿意毫不吝啬地用尽世间最美好的词汇去赞美他们。

的确，我不愿意听到或者看到如今社会上对中小学教师如此泛滥的指责与批评，我更加不愿意听到或者看到现在这种对中小学教师的指责与批评成为“时髦”。绝大多数中小学教师都是合格的，是勤奋的，是努力的，在他们中，有许许多多孙明霞这样的教师；现在的孩子不好教，特别不听话，又聪明又调皮；教育孩子也是现代社会最困难的工作与职业之一，我甚至打算说，就是最困难的职业和工作。她们确实有很大的困难，也是相当累的。所以，我们应该给予他们更多的鼓励，更多精神的支持，更多的疼爱，而不是一味地指责与批评。我们的教育管理部门首先应该倡导这样的鼓励、支持与疼爱。我们的社会对中小学教师，也应该有这样一种鼓励、支持与疼爱。

这里，我还要感谢孙明霞老师给了我这样一个机会，来表达我对中小学教师的敬意；而且，我更要感谢孙明霞老师，用她的言行、努力与业绩，以及她的书，给了我这样一个表达敬意的理由和根据。

附录

这份激励，让我不敢懈怠

孙明霞

不敢奢望，谢老师能给拙著写序，因为他很忙，各种各样中外的学术活动要参加，行政事务也很多，社会活动也不少，还有教学任务，他哪里有时间来关注一个基层的中学教师？

但因为他曾经在我最艰难时候给我的那份理解与支持，我从他身上所感受到的那份平和与谦逊，他曾经留给我的话语“让我们共同分享教师的荣誉与欢乐”，让我忍不住还是愿意把这些文字和老师分享。于是，就把书稿发给老师，请老师指导，并希望能写来几句话，几句话就行。没想到谢老师很快回信："非常高兴收到你的邮件，特别是得知你又要出版自己的著作，我真是为你高兴。你能够有这样的成就，真是了不起。我非常愿意为你的书写点东西。"

就这样，谢老师在繁忙的工作之余，写了一篇让我非常感动的文章《夸奖老师》。

阅读谢老师的文字，似乎又回到了十年前，似乎又坐在讲台下听老师讲课，似乎又坐在老师办公室和他交流，听他真诚地说："一线教师很不容易，你们在一线都做得很好。我在高校，不了解一线教学情况，很多方面不如你们，要向你们学习。""希望能经常交流，了解一线教师更多的信息。""希望你们回学校后能发挥骨干教师的辐射作用，带动更多老师……"尽管谢老师只给我们上了一次课，和谢老师直接交流的时间也不长，但他却给了我深远的影响。听他的讲座，第一次听到"可以用多把尺子来衡量学生就会有更多优秀学生"的观点，这种观点彻底改变了我的学生观；后来在教科研工作中遇到的挫折和困难，谢老师以一个学者和长者的姿态来鼓励我、帮助我，让我觉得犹如一叶漂浮的小舟看到了灯塔，知道了坚守、实践的价值。我曾想，假如我不能努力工作让我的学生从我这里获得一生受用的东西，我将无颜面对老师。

……

走过十年，老师给我的鼓舞一直都在激励我勇于面对困难，始终向前。如今，老师又于繁忙的工作之余挤时间写下这样一篇充满激情的文字，提出"我们的社会对中小学教师，也应该有这样一种鼓励、支持与疼爱"，让我感动不已。

谢老师在来信中很真诚地对我说："我没有能够充分阅读你的书稿，只是借你的书谈一点自己的感受，也想由此希望全社会对中小学教师多一些夸奖和鼓励，而不仅仅是批评与指责。"

多么希望，真的如老师所说，"全社会对中小学教师多一些夸奖和鼓励，而不仅仅是批评与指责"，这不仅是老师的福气，也是教育的福气，更是全社会的福气。

2010年6月11日

大学管理，管的是“理”[①]

大学本身是一个二元化结构，在这个系统中，同时有学术和行政两条系统，行政重在追求效率，学术重在追求知识创新，但它们并行不悖，应该强调两者的协调配合。

建立现代大学制度，关系到我们对《国家中长期教育改革和发展规划纲要（2010—2020年）》的意义和功能的认识。教育规划纲要的制定不仅是为未来的教育改革和发展描绘一幅蓝图，同时也是对我们30年教育改革的总结，是把30年教育改革和发展的某些成熟的经验积淀、内化和制度化的过程。

同时，强调现代大学制度的建设，要结合国家的发展和当前国际竞争来看，尤其要看到现代大学已经越来越参与到社会现实中去，甚至成为不同国家在高层次竞争领域中重要的核心竞争力。完善现代学校制度，旨在释放大学潜力、发挥大学活力，使大学为国家的经济发展培养拔尖创新人才、提高自主创新能力的作用更好地发挥出来，而不仅仅是为大学本身有一个平稳的环境。

建立现代大学制度，涉及两个问题：行政和学术，我们现在的争论也是围绕这两者展开的。从科学的角度来理解，大学组织本身是一个二元化结构，在这个系统中，同时有学术和行政两条系统，行政系统重在追求效率，学术系统重在追求知识创新，二者并行不悖，应该强调两者的协调配合，强调“共同治理”。但目前应该更多地加强学术的权力，减少行政的

---

① 本文原载于《人民日报》2010年3月20日。

干预。

大学管理，管的是“理”，把道理管好，而不是具体管人。“道理”中非常重要的一条，是以学术为中心，以学术为本，以学生为本，以追求知识创新为根本价值，以追求真理为根本价值。同时，大学的行政管理是建立在“同意”的基础之上，而不是建立在“命令”的基础之上。

大学文科的地位和作用[①]

——在浙江大学东方论坛的演讲

认识文科

今天，我想主要谈谈建设综合性高水平大学过程中文科的地位和作用。尽管我们都在说文科和理科同等重要，但实际上文理科的地位在现实中并没有真正实现同等，文科在国家、社会、经济、科技发展中的地位和作用没有真正得到全面、客观的落实。我今天主要讲三个问题：第一，清华大学对这个问题的认识与实践；第二，影响文科地位和作用的四个重要问题；第三，清华文科建设和发展的若干体会。

大致来讲，清华对文科发展的认识和实践可分为三个大的阶段。第一个阶段是从1980年开始的，当时的清华校长刘达和副校长何东昌在报纸上写了一篇文章，题为“重视大学文科，多办大学文科”，这篇文章成为当时清华复建文科的一个开端和号角。

第二个阶段是到了上世纪90年代之后，我们发现文科发展对世界一流大学的建设是有价值的。当时在清华三个九年的发展步骤当中，第一个九年任务就是完善学校的学科结构，而完善学校学科结构的一个重要任务就是把人文社会科学发展起来。作为一个综合性的大学和世界一流大学，文科是重要的组成部分，没有它是不行的。文科是培养创新人才的需要，也是世界一流大学建设的需要，所以一定要发展基础学科。

---

① 本文由《解放日报》记者根据录音整理，并刊登于《解放日报》2011年1月23日。

第三，发展文科是世界一流大学的重要组成部分，但只有这个还不够，关键是你对国家发展的意义和作用在哪儿？办大学不是自娱自乐，还要考虑如何成为国家、社会、文化、经济发展过程中的一支十分重要的依靠力量。现在到了更加重视文化的时候了。

实际上，在社会建设、政治建设、经济建设、文化建设、生态建设、精神文明建设等方面，清华着重强调影响力，重视贡献。坦率地说，我们对这个问题的认识，有一个不断清晰和深化的过程。到今天为止，我们也不能说对这个问题的认识已经彻底到位了，我们也有讨论，也有不同的意见，甚至有一些分歧。不过没有关系，大家可以来讨论，大家共同去实践。但其中有一点是大家都很明确、很认可的，就是对文科重要性的认识确实在不断地提高，对文科的作用、功能、地位的认识也在不断地清晰。

评价文科

文科在综合性大学中，包括我们在建设世界一流大学的过程中，它的地位和作用是什么？为什么有的时候在认识上会出现模糊、分歧或者是不同的看法呢？我觉得有四个因素是最关键的。

第一，关于评价的问题。这是关系到文科地位和作用的一个最重要的因素，也是直接影响人们对文科认识的基本问题，尤其在理工科比较强势的综合性大学中，这个问题格外突出，往往非常容易出现轻视或者是按照理工科的标准去评价文科的现象。我想这其中有几个问题可以探讨。

首先看看关于世界一流大学的四个基本标准与文科建设的关系问题。清华大学在讨论世界一流大学的时候，态度是坚定不移的，不管社会上有什么议论，有什么样的看法，包括媒体的炒作，我们都是坚定不移的。学校在“什么是世界一流大学”这个问题上基本形成四条标准。一、在贡献、学科、研究的成果上要有若干可比性的指标。你想想看，既然世界一流大学是有标准可言的，那么文科有没有一个基本的可比性指标呢？在基础研究上，如果文学、历史、哲学、经济、社会这些基本的学科都没有，你怎么能培养一个全面发展的人呢？所以需要一个基本的可比性指标。二、有若干个世界一流的学科和领域。清华要有一些学科领域在世界上应该是走在前沿的。三、有自己独特的办学思想和理念。按照同行的评价来看，独特的办学思想和理念这都是一种文化，包括校训、校风、传统、历史等。四、能够产生对国家和世界的贡献。我觉得大学的贡献应是思想贡献、文化贡献、科技贡献、政策贡献和人才贡献五个方面。大学的这五方面贡献不可或缺，而文科在思想贡献、政策贡献及文化贡献上都是非常重要的。

所以，你如果以一个一流大学的标准来评价一所大学的话，就一点都不能忽略文科的发展。其中一个最突出的问题就是，有人说文科的科研经费太少了。但是能够仅用经费来评价文科吗？理工科的经费越多、项目越大，往往越有价值，这是实事求是的。我们原来的校长张孝文同志有一个非常好的比喻。他说工科几十万的项目可以出一个班长，几百万的项目可以培养连长，上千万的项目可以培养师长、团长，只有上亿、十几亿的项目才能够培养将军和元帅。我觉得他讲得特别有道理。理工科确实是这样，项目越大，经费越多，科研的价值就越大，而在这个过程当中，帅才、领军人物就涌现出来了。但文科不是这样的，文科你不能说经费越多，价值就越大。文科有些学科没有经费也还是照样出成果！我想特别讲的意思是，现在评估学校的时候我们要重视科研经费，这有它的道理。但是，单纯讲经费是不行的，因为我们评估一所大学，是要看它的投入产出比，你的经费越大是你分母越大，成本越高。所以关键是要看产出，要想办法把分子做大。否则，到头来评价的时候，会是一个什么样的情况呢？

再者，要特别看看文科成果中的数量和质量的关系。文科和理工科在研究成果上一个重要的区别就是它的时间性，时间变量对文科的成果是特别重要的，不是越快越好，不是你产出越多，成果就越好。美国一个名叫罗伯特·莫顿的科学家做过一项研究，他比较了自然科学、社会科学和人文科学的引文，结果发现，自然科学杂志大约60%—70%的引文来自近五年内的出版物，社会科学杂志大约在30%—50%，而人文科学杂志仅有10%—20%的引文是来自五年内的杂志。这其实告诉我们什么呢？你评价文科的东西，不能以现在的影响论英雄，而是要看五年后甚至十年二十年以后的影响。

从这个角度来说，我们对于文科的评价观念就要有所转变，要宽容一点，因为文科出成果的节奏、规律就是这样的。对于文科教师，我们提出一个概念，叫“养”，文科老师要养，尤其是基础性的文科，你养他十年、八年，不出成果又怎么样呢？要有这样的胸怀。

文科的评价问题是影响文科地位和作用的一个非常关键的因素，一定要在文科的评价上尊重文科的规律，给文科一些自主权。不要过分重视它的数量，这个“量”也包括高质量、高水平的“量”。

第二，关于文科的风险问题。影响文科地位和作用的另一个很敏感的问题就是风险问题。因为文科具有很强的政治性，容易出问题，会影响学校的稳定。我们在清华是这样做的：一是强调学术性和建设性，对一些敏感问题从学术的角度去研究；二是这恰恰是一种科学的品格、大学的价值和学者的使命。陈寅恪给王国维写的碑文中提到“独立之精神，自由之思想”。顾秉林校长在大会上讲，文科老师要允许他说一些过头的话、刺耳的话、尖锐的话，甚至是错误的话。你看哥白尼的例子不就是很典型的吗？当然我们强调学术性、建设性，不是指乱批评、胡批评，我们现在这个社会批评的风气太过头了，缺少一种包容和赞许的风气。

当然，在清华，我们是一句话，这句话归纳起来就是：“研究无禁区”，要有学术自由；“教学有纪律”，课堂是公共场所；“行动要合法”，作为合法公民，我们要依法治校。当然在这种情况下，对文科的教师和研究人员，学校应该给予更多的关心和爱护。其实他们本身也承担了比较大的风险，所以你要更多地关心他，爱护他。清华的事实证明，这样的老师恰恰对清华的发展做出了很大的贡献。

理解文科

第三，关于文科的规范性问题。有人说，文科不规范、不科学，没有客观性，没有科学性。这样一种认识也是影响文科的地位和作用的因素。清华也有这样的情况，我觉得这个东西也要实事求是地来说。

文科有两个方面：一是人文学科，它的特点是人的主观性比较强，价值趋向性比较强；二是社会科学，它的社会时代性比较强，我们称社会科学为 social sciences，人文学科我们不称为 science，而叫 humanities。所以你不能简单用科学和自然科学的那种客观性和科学性去评价人文学科。社会科学虽然是一种 science，但是和 natural science 的客观时代性也是不同的，它强调的是一种社会时代性。所以两者是不同的，一定要区分开来。

除此之外，文科的个体性很大，文科老师确实是这样，每个人都有一个主张，每一个观点可能有好几个主张。而且今天是这个主张，明天是那个主张。文科是在发展的，看问题的角度是不一样的。这让我想起乾隆悬挂在他养心殿上的十六字条幅："亦一亦二，不即不离；儒可墨可，何虑何思。"它既是一又是二，事情是会变化的，人们看事情可以有不同的角度，它可以是这样的，也可以是那样的，难辨难解。文科个体性很强，差异性很大，所以有其模糊的地方。有一个很好的比喻，文科是水墨画，它不是工笔画，也不是油画。看水墨画得耐心，得沉下去，得换位思考，得移情，得站在他者的角度去想。这是水墨画的价值，中国画的艺术与特点。

第四，影响文科认识的是关于文科"虚"的东西，我相信很多人都认为文科太虚了。文科虚不虚呢？相对于那种工科研究实实在在的评价标准来说，文科确实是看不见、摸不着的，有时候也是说不清楚的，是有点儿虚。我们不要怕别人说我们虚，问题是大学本身就需要有一点儿虚，大学需要虚实结合。文科研究的确不像工科那么实在，但这恰恰是文科的特点，也是大学的价值。现在有些同志一听到别人说我虚，就争辩说我不虚，我很实。虚有什么不好呢？该虚的时候就要虚一点。历史上有两样东西在人类的历史长河中变化是最小的，一个是学校，一个是教堂。它为什么能有如此长久的生命力，而且变化这么少？因为在这里面包含的是精神，是文化，它是一种精神与文化的传承，它是靠这个才成为不朽的。道德传家久，诗书经世长！中国的古画、家训里面都讲了很多这种道理，这其实就是强调一种精神的东西，强调一种精神的价值、文化的东西。这个难道不是虚的吗？看不见，摸不着，但是它确实又是非常有价值的。

我们经常骄傲地说大学是精神的殿堂，它不是弃物的仓库。清华的校训——"自强不息，厚德载物"，大家都知道来自于《易经》。《易经》里面有乾卦，有坤卦。所谓"天行健，君子以自强不息；地势坤，君子以厚德载物"。其实真正讲这个东西的是谁呢？是梁启超。他 1914 年的时候在清华做了一个报告，那个报告的题目是"君子"。他当时讲了这样一句话，他说"君子自励犹如天之运行不息，不得有一暴十寒之弊，学者立志尤须坚韧强毅，虽遇颠沛，不避艰险。"这是讲"自强不息"。"厚德载物"讲什么呢？

他说："君子接物，度量宽厚，犹大地之薄，无所不载。责己甚厚，责人甚轻，宁高雍容，望之俨然，即之温然"，看上去确实是很高雅，但是又很容易接近。清华发展这么多年，真正留下来的东西，还真就是这种精神的东西，文化的东西。

我这里还要特别讲到，有一次我到康奈尔大学去，那里的校长知道我是学哲学的，就和我说，东方的理性没有西方这么有严格的逻辑性，不清晰，不严谨。我说这是西方理性的特点，东方的理性和你这个理性不一样。我借用了一位历史学者的话说，中国的理性不是西方的那种逻辑理性，是一种历史理性，它是在历史的长河中把道理说清楚，通过历史上一个一个的故事、人物、典故把这个理性、道理说清楚。这就可以看出文的这种东西、虚的这种东西的价值。

发展文科

最后，我想讲一下清华文科事业发展的若干体会。我把这个体会归结为清华的若干做法，可以用"一流标准、两条战线、三种影响力、四个贡献"来概括。

一流标准：就是坚持中国特色、世界一流的标准。坚持中国特色，一定要紧紧扣住中国的文化、中国的传统、中国的历史来做研究；坚持世界一流的标准，要么不做，要做就做最好的，这同时也是坚持清华的传统。清华文化一直讲中西贯通、古今贯通。比如当年（1925 年）建清华研究院，虽然成立时间晚、持续时间短（仅 4 年），但影响却相当大，其原因就在于清华掌门人把中国的历史、中国的传统、中国的研究对象和西方最新的研究方法、研究理念结合起来，用世界上最先进的方法来研究中国的东西。而现在重建国学院，我们也是酝酿了很长时间，把冯友兰、张岱年的嫡传陈来引进清华。比如建心理系，我们其实很早就想建，但是一直苦于找不到非常好的学科带头人，直到我们和伯克利合作，经过协调就把它做成很高端的专业了。再比如，我们现在要筹建的一个全球健康研究所，我们也是按照这个标准来做的。从这一点上一定要注意，我们已经有很强、历史很悠久的工科院系，在这种情况下不将文科做成一流的标准，一开始就不重视，那么后面的发展就难了，要改变别人的看法也难了。

两条战线：坚持努力争取体制内的学术符号和发展自己的优势与特色这两条战线。体制内的学术符号我们要争取，但是也绝对不能仅仅局限于这种体制内的符号，被它牵着走你会苦不堪言，会永远处在一个落后的境地，因为这个发展是马太效应，你要结合你的实际，形成自己的优势和特色，必须要走自己的路。举个简单的例子，清华发展历史学科，我们就曾抓住机会收藏了一批珍贵的战国时期的楚简，于是一下子就把这个学科做起来了。

三种影响力：我们现在整个科学研究里面就是按照学术影响力、社会影响力、国际影响力这三个方面来做的，围绕这个来设计科学研究和我们的题目。

四个贡献：分别是人才贡献、思想贡献、文化贡献、政策贡献。你只有讲贡献，讲发展，讲对国家的支撑，才能得到国家的重视和认可。清华的文科在一流大学建设中的作用和所做出的贡献，可以举几个例子来说明。

第一，从招生上，清华每年招的状元中，文科招的状元数量占了整个学校状元数量的一半。另外，清华文科的组档线位也居全国各省份首位。文科对学校的招生质量、招生影响这么好、这么大，学校这才愿意往里面投钱，才会重视你。

第二，在国际化方面。清华的全英文项目中有一半是文科的；留学生中，文科学生也占很重要的位置。因而在国际化方面文科还发挥了支撑一流大学建设这一重要的作用。

第三，学科评估方面。在英国 UK-QS 国际学科评估中，清华的文科评估结果也是非常好的。大家可以看一个数据，清华的社会科学在 2008 年排名第 44 位，2009 年是第 43 位；艺术与人文科学 2008 年排名第 85 位，2009 年排到第 53 位。

第四，对国家建设和发展所发挥的重要作用。比如，积极参加各级干部的培训，并形成了一些品牌。再比如积极参与各级的有关决策咨询，积极组织若干高层次的论坛，通过建立政策与时事的分析研讨平台，分析各种意见，来影响社会与大众，等等。

当然，清华文科的建设和发展还有很多的困难，文科的“评价问题、风险问题、规范问题、虚实问题”也并非都已得到了解决。但实事求是地说，通过这几年的实践，我们感觉清华文科的建设思路是正确的，方法也是适当的，我们会继续按照这个路子走下去。因为我们已经看到它发挥了一定作用，并且确实产生了一定的影响。

大学教学中不能承受之轻①

大学教学及其课程中的知识选择，借用世界著名作家米兰·昆德拉的小说《生命中不能承受之轻》的名谓，也是一个高等教育改革或者大学改革中的“不能承受之轻”。之所以这样说，是因为，由于大学教学本身的特点以及大学教学中各种利益相关者本身的个性特征，大学中课程知识的选择也常常充满了变数和偶然性，具有非常复杂的个体因素和主观取向。然而，这样一种课程知识的选择又直接或者间接地承受着培养高水平专业人才、国家与民族栋梁，特别是培养拔尖创新人才的使命与责任，它关乎整个大学的办学水平，构成了整个高等教育和大学改革与发展的基础。李庆丰博士的专著《大学课程知识选择的实践逻辑研究》，正是一种对这种大学教学中“不能承受之轻”的研究。他根据自身的实践经验，通过对大学教学改革过程中的实际问题与矛盾，特别是不同类型课程知识选择活动过程中的冲突及其结果的多个影响因素的分析，提出了课程知识选择中知识选择主体、知识选择价值取向以及知识选择策略模式三个核心要素，并且借鉴社会学领域的场域理论和经济学领域的利益相关者理论的有关概念及分析框架，以影响知识选择的三个基本要素为主线，对大学课程知识选择活动过程中的矛盾和冲突展开理论上的探讨和历史演变的分析，并且建立一个初步的分析框架，具有非常重要的现实意义与理论价值。然而，同样重要的是，李庆丰将研究定位于知识选择的“实践逻辑”，不啻于给每一位大

① 本文是为李庆丰的专著《大学课程知识选择的实践逻辑研究》（北京师范大学出版社 2013 年版）所写的序言。

学教师和管理者提供了一次反思自身教学工作的机会和路径：我们自己是怎样安排课程的？在浩如烟海的教学资源中，我们自己是如何选择知识的呢？

记得大约是1992年年初，我在北京师范大学给外语系本科二年级学生讲授马克思主义哲学课。如何能够让涉世不深的年轻人掌握比较抽象的哲学理论，是一个教学的困难；特别是如何能够让外国语言文学专业的学生对哲学有兴趣，并且愿意学好哲学课，对我也是一个挑战。于是，我在寻求和选择比较能够切合外国语言文学专业的教学资源来阐述抽象的哲学原理时，真可谓是下了一番功夫。其中，我个人觉得比较成功的一个案例是关于马克思主义唯物辩证法中"必然性与偶然性的关系"一节的教学。从哲学理论上讲，必然性与偶然性是事物之间存在的两种不同的联系，必然性在事物发展过程中起着主导和支配的作用，决定事物发展的方向；而偶然性的作用只是加速或者延缓事物的发展。但是，两者又是相互联系，对立统一的，任何事物的发展都同时包含了两者。更重要的是，必然性往往是通过偶然性为自己开辟道路的，并通过大量的偶然性表现出来；而偶然性又是必然性的补充与表现形式，没有脱离必然性的偶然性。显然，这样的表述从逻辑上讲是合理的，但近乎绕口令式的表达，也的确让年轻学生感到不好理解。事实上，由于我们在哲学教学上没有充分注意到理论的抽象性与年轻学生阅历尚浅的矛盾，以至于有不少人把辩证法看成是"变戏法"。怎样才能够让学生真正认识和理解这种必然性与偶然性的关系呢？能不能找到一个能够与这些外国语言文学专业的学生已经有的某种经验具有相关性，而又能够说明这种必然性与偶然性的关系的材料呢？在备课的过程中，我想起了多年前曾经偶然读过的米兰·昆德拉的小说《生命中不能承受之轻》的内容，特别是这部小说那富有哲理的题目。这部作品描述了1968年苏联入侵捷克时期，国内民主改革的气息演变成专横压榨之风潮，普通知识分子命运多舛的复杂故事。特别让人深思和感悟的是，昆德拉通过一系列人物的命运的描述，包括托马斯与特丽莎的偶然邂逅以及萨宾娜弗兰茨等人非常个性化的故事，表达了一个非常重要的人生哲理：尽管每个人对于自己的生活都有进行选择的权利，但是每一个人对于自己的选择及其后果，都同样应该负起诚恳执着的义务。虽然每个人的选择都具有一定的偶然性，但在承担人生责任方面却具有必然性。这种人生的责任，也是人生的负担，却也是最真切实在的。解脱了负担，人生将失去意义。我觉得这个小说的故事情节能够很好地说明必然性与偶然性的关系，而且，由此提高外国语言文学专业学生学习哲学的兴趣也十分合适。实践证明，我的这种认识和选择是正确的，并且达到了预期的结果。

我不敢妄谈自己的明智，只能说我非常偶然且幸运地读过了米兰·昆德拉的《生命中不能承受之轻》这部小说，也曾经为这个题目刺激、兴奋和思考；又偶然地与北京师范大学外语系的学生有缘相遇，这也算是一次职业与人生历程中的一次“之轻”吧！但正如李庆丰的研究所揭示的那样，这种偶然性的背后仍然存在客观的必然性，从知识选择主体的角度看，反思这一个案背后关于大学课程中知识选择的道理，我至少有这么几点体会可以与大家分享。

首先，大学课程与教学中的知识选择在很大程度上取决于教师对课程和学生的责任感，即教师的价值取向。这种责任感本身就是一种必然性，是所有大学课程中知识选择的基础。实际上，大学教学和课程中知识的选择，尽管充满了偶然性与个性，但这种选择首先是一种态度，一种对教学和学生的责任感。虽然大学教学比中小学教学具有更多的学术性，要求有更加丰富的专业理论与知识，但我认为，大学教师在备课中对知识的选择，以及由此所体现出来的教学水平，同样还是取决于教师本身的职业道德，包括他对教学、对学生，以及对学校的一种态度和责任感。实事求是地说，在今天的知识社会中，通过各种各样的途径，特别是通过互联网等，一个大学教师能够非常容易地获取各种丰富的知识和教学资源，甚至可以认为是“唾手可得”的。过去曾经非常令人钦佩的那种“旁征博引、随手拈来”等现象，也随着互联网的出现，飞入了寻常百姓家。我甚至愿意进一步肯定地说，针对不同的课程和教学，选择一定的知识和教学资源来支撑和展开不同科目的教学，也并非难事。问题是，在知识太多，以至于让人眼花缭乱、目不暇接的情况下，如何能够根据不同课程和学生的需要与特点，选择那些最能够符合一定课程特点，并且能够适应特定学生需要的知识与教学资源，则是一件越来越困难的事情。恕我直言，我这里所说的“困难”，并不是教师水平的限制、资源本身的不足，也并非技术条件的限制，或者其他外在的原因，它更多的是一种主观的逃避，或者是“不作为”，是一种价值取向上的选择。在市场经济环境中如此五光十色的各种诱惑面前，大学教师还能不能真正地像古代经典《大学》中所说的那样，达到一种“静”与“安”的境界，进而真正地有所“得”，这对于所有大学教师都是一种非常严峻的挑战。现在有些大学教师实在是太忙了！他们忙于各种学校外面的学术报告与讲课，经常出没于不同的科研评审与专家论坛，活跃于林林总总或形形色色的社会活动，等等。实事求是地说，他们也的确为国家和社会文化的发展做出了一定的贡献，但他们对学校和学生的责任与义务却不能不打了一定的“折扣”。显然，一个人的精力是有限的，在其他方面耗费了太多的精力，在教学方面的精力必然会受到影响，又怎么能够耐心细致地去认真备课和对适当与必要的教学资料进行精心的选择呢？应该强调的是，无论如何，教学必须是大学教师的第一学术责任，这也是大学教师最基本的价值取向，是他们在教学活动中进行知识选择的道德基础与必要前提。

其次，大学课程中的知识选择也在一定程度上取决于教师的眼界与视野，这种眼界与视野决定了教师对不同知识进行评价与取舍的背景与高度。所谓的眼界和视野，并不是一种抽象的素质或者模糊的感觉，它是反映或者体现大学教师专业水平与思想境界的一种非常具体的指标，而且直接关系到大学教师教学与研究工作的质量，特别是课程与教学中知识选择的质量。我甚至愿意说，课程与教学中知识选择的质量，直接取决于教师的眼界与视野。因为，恢宏或者广阔的眼界与视野，无疑能够为课程或教学中知识的选择提供更多的素材、更多的机会、更多的比较以及更多的可能性。它体现了一种课程和教学的开放性与现代性。而课程与教学中知识选择的封闭性恰恰表现了一种课程的封建性。借用某一位专家的话，所谓的封建社会，正是封闭起来搞建设。这种大学课程与教学中知识选择的眼界与视野，至少包括三个方面：第一是学科专业领域中的眼界与视野，理解本学科专业的基本问题与主要矛盾，了解学科专业的发展与历史，熟悉本学科专业不同领域和方向的新探索与变化；第二是整个知识界，特别是相关学科专业的基本情况与发展趋势，包括它们的新的研究课题、新的进展与新的成果，以及在知识和科学领域中出现的新的知识，特别是这些新的知识与本学科专业之间的联系；第三是社会经验的学习与积累，包括对于社会文化生活的认识，对各种社会问题和现象的了解，以及对各种社会思潮的变化与诉求的认识，等等。实际上，对于大学课程和教学而言，这些社会经验、问题与思潮，同样是非常有价值的课程和教学资源，对于丰富和拓展课程与教学都是十分有益的。

最后，大学课程中的知识选择在根本上反映和体现了教师自身教育理论的素养与水平，以及教育教学专业的实践能力，这也是教师知识选择过程中基本的策略之一，它们制约了教师在知识选择中关于课程资源与教学对象，以及教学环境之间的关系的认识。按照美国卡内基促进教学基金会原主席博伊尔的观点，大学教学也是一种非常重要的学术活动，是一种非常专业的知识发展与创新的活动。而在这种大学教学活动中，知识选择是非常关键的因素。根据我的认识和体会，这种知识选择所包含的策略模式中最重要的一个因素就是对学生的认识。恩格斯曾经非常深刻地指出，科学的根据在于物质运动的形式及其固有的秩序。一门学科的科学性并不完全在于它自身的逻辑，而更在于对研究对象的认识程度。因此，对学生的认识已经成为整个教育学科的根据。而大学课程和教学中适应的知识选择，在很大程度上都取决于对学生的认识和了解，特别是学生的学习兴趣、需求及其发展层次与阶段。缺乏对学生的认识和研究，任何的知识选择都是没有意义的。实事求是地说，我们今天关于大学生的认识实在是非常的有限，充其量也只是部分关于学生学习成绩的理解，或者是学生部门及其相关机构所提供的信息，至于大学生学习规律的研究，大学生的教育地位的探讨，大学生专业发展的阶段性与规律的分析，包括大学生社会发展与心理发展的认识，等等，都仍然处在一种比较表面的层次，而缺乏比较深入和系统的理论把握。尤其是现代社会中的大学生，作为年轻一代中的佼佼者，他们的思想方式、知识水平与价值观念，以及他们的人生观和文化意识，等等，都与他们的父辈具有很大的差异。特别是凭借互联网的“抬举”，他们已经形成了一套比较独立和系统的生活方式，包括他们的沟通方式与表达方式。传统社会中代际之间的交集在现代社会中已经发生了非常大的变化，父辈与子女之间的交往方式与内涵，也出现了新的特点。当然，在这种时代中，大学生与教师之间的关系也在发生着变化，包括他们各自的地位、角色以及相互之间的期望，等等。可想而知，如果我们对所有这些都只是不甚了了，又如何谈得上在课程和教学中形成对学生有效的知识选择呢？可以有把握地说，一个教师对自己学生的理解与认识的深度与水平，直接制约着课程与教学中的知识选择的质量，这是一种铁的必然性。

当然，我自己的这些粗浅体会与认识，只是对李庆丰关于大学课程与教学中知识选择的理论研究的一点经验性说明，也是从个体的角度证明了李庆丰关于主体、价值取向以及策略模式的观点是科学的。但我更想进一步阐述的是，李庆丰的研究本身所具有的意义与价值，实际上已经超越了大学课程与教学中知识选择本身的范围，构成了关于大学教学的专业性与科学性的一个非常具体的论证。客观地说，关于大学教学的专业性与科学性，长期以来并没有真正得到大学教师的认同，许多大学教师认为大学教学的关键是教师的学科专业水平，而且，不同的教师完全可以有不同的教学方法与模式，因而更多地是一种艺术，是一种学科水平的体现。大学教学本身并不存在所谓的专业性。更有甚者，在国家的有关法律法规中，大学教学的专业性也没有得到充分的认可。即使是《教师法》这样的专门性法律，也只是针对中小学教师，并没有对大学教师的任职做出具体要求和规定。这不能说不是一个遗憾。我不敢说大学教学的质量完全取决于大学教师教学的专业性水平，但我可以肯定地说，大学教师教学的专业性水平已经越来越关系到大学教学的质量。如果说，过去许多大学新入职的教师在正式上课之前，必须跟随老教师当助教、听课、辅导和改作业等，由此熟悉大学教学的要求，获得教学经验，那么，现在大学新入职的教师具有了越来越高的学历，承担了越来越多的科研，担任教学工作之前的准备也越来越少，这种状况能否保证大学教学的质量，不能不有点令人担忧。我相信，学术水平高，一定有助于提高教学水平，但它毕竟不等于教学水平。因为，大学教学是有规律的，是一门科学。所以，我也愿意借李庆丰的这本书，呼吁我们的大学管理者和教师，更加重视大学教学的专业性建设，促进大学教师的教学专业化发展，由此不断提高大学人才培养的质量。

这也是我选择“大学教学中不能承受之轻”作为书序的题目的初衷。

谈大学的公共性①

近年来，随着中国社会经济以及高等教育的改革和发展，特别是在中国高等教育从精英高等教育走向大众化高等教育以后，社会和各种媒体对高等学校的批评和指责却越来越多，而且这些批评与抱怨涉及大学的方方面面。例如，有的大学根据自己学校的需要，在学校的食堂里安装了一部并不太高级的电梯，可能由于它正好利用了建筑物的条件，而具有了一定的观光功能，但却“因福得祸”，招致了社会和媒体狂轰滥炸般的批评，认为是太过于奢侈；又如，某大学要在学校中开设一门非常具体的课程，希望由此提高某些专业学生的综合素质，适应社会和工作的需要，却也因为这样一门课程的成本比较高，或者它在人们的思维中往往与某些社会阶层联系在一起，而遭到了社会和舆论的指责与批评；还如，有的大学在学校为了适应社会发展和国际交往的需要，在校园外面兴建了一栋比较高级的酒店，并且按照这所大学的某个景物而命名。没有想到的是，由此也祸起萧墙，据说被认为是“糟蹋”了这所大学的声誉，使学校那非常神圣的景物因而被玷污；等等。更有意思的是，本来社会上对于每年大学新学期伊始，特别是新生报到时举家出动，甚至是千里迢迢送子女到学校的现象，进行过十分严厉的批评，认为这是十分不正常的，而且不利于青年学生的成长。但是，当某所大学恰恰是由于在新生报到时没有给这些新生的父母与家人提供住宿条件时，却又反而遭到了社会的批评，认为是缺乏人情，

---

① 本文的部分内容以《认识新时期大学的公共性》为标题发表在《中国教育报》2008 年 1 月 28 日。

没能够做到以人为本，等等。至于大学在建设、改革和发展中出现的其他各种各样的问题与现象，社会的议论与批评往往是不一而足。这些批评，甚至在一定程度上让人们感到困惑：今天的大学究竟是怎么了？

我这样说，并非大学和今天的高等教育不能受批评，而是希望通过这些批评认识中国大学在发展中的问题与不足。而且，这种认识是十分重要的，不同的认识将产生和带来不同的结果。例如，学校中有的人十分重视这样的批评，而且能够及时地根据社会的批评对象，有针对性地调整和改正学校的工作；也有的人认为，这样的批评往往夸大其词，并没有真正了解事情的全部，进而形成一种愤愤不平的感觉，甚至是认为受了委屈；还有的人则是对这样的一些批评不予理睬，认为大学应该有自己的独立性；等等。这里，我并不打算就这些不同的具体批评和态度进行分析，我想说的是，这样的一些批评尽管从表面上看，是针对大学建设与发展过程中的一些具体事情，但它实际上却往往是“醉翁之意不在酒”和“项庄舞剑，意在沛公”；或者是通过这样的批评透露出另外一种潜意识的不满，折射出一种对大学教育的期望。而这里所谓的“醉翁之意”和“沛公”，以及内在的潜意识和期望，实际上就是大学的公共性，是大学所应该具有和体现的公共利益，是人们对大学的期望。我甚至可以认为，那些具体的批评与指责本身并不是最主要的，关键的问题是所有这些批评和指责都不约而同地指向了一个问题，大学的公共性。如果把这些批评和指责进行一种话语的转换，我们可以从中听到另外一个浑重而震撼的声音：我们的大学的公共性究竟在什么地方？它们还能够代表社会的公共利益吗？它们还能够作为社会公共道德的表率吗？它们还能够成为我们精神、理想和伦理的家园吗？这才是批评的实质，这也才是这些批评和指责的关键。而且，我们不能不承认，包含和体现这种要求和质疑的批评与指责，也的确是向所有的大学人提出了一个振聋发聩的呼唤：珍惜和维护大学的公共性！

大学当然有许多的功能和价值，包括它的教学、研究和社会服务，它可以培养社会经济文化发展所需要的大量人才，它能够通过自己的科学研究，不断为社会提供新的知识和理论，同时，它还可以凭借自己的优势，为社会大众提供广泛的服务等。但是，大学最重要的功能和价值应该是它的公共性，包括它作为社会道德的楷模、成为公共利益的代表、人类理想的寄托以及精神与文化的家园。根据有关学者对公共利益的研究①，参考有关学者关于公共治理的研究，我认为，大学的公共性以及由此所代表和体现的公共利益至少应该表现在以下几个方面。第一，大学应该根据社会经济和文化可持续发展的原则，积极维护和发展那些关系到人的生存、健康与幸福及其实现条件的基本价值观念。第二，大学应该把提供公共服务和产品，不断促进公民的积极参与，作为自己的公共责任，积极维护和发展关系到公民权利与公共生活的质与量的价值观念。第三，大学应该根据法治与德治的社会秩序，维护和促进关系整个社会与个体安全的价值观念。第四，大学应该积极维护和发展关系到社会和谐以及社会精神文化生活的价值观念，努力促进社会的公平与正义。当然，关于大学的公共性可能还有其他各种不同的定义，但无论如何，这种公共性应该是大学最基本的特征。

所以，虽然大学可以做许多事情，但是这种公共性和对公共利益的维护与发展才是社会和公众对大学的最根本的期望。不待言，这样一种期望可以通过不同的方式得到生动的诠释，例如：人们对大学教授的肃然起敬，文学作品对于大学的形象比喻，企业对大学发展的大方慷慨，以及社会对大学的尊重礼拜。同样，这样一种期望也可以通过社会各个方面对大学的“苛求”和批评反映出来，似乎同样一件事情，社会中其他部门和人可以做，但大学或者大学教授却不能做；其他人做了以后似乎可以无所谓，而大学或大学教授做了则会受到十分激烈的抨击与指责。所以，我们甚至可以认为，这样一种公共性，已经成为大学的“原罪”，或者说成为大学的一种“道德宿命”。

而且，我还想说的是，随着高等教育的大众化以及社会的民主化程度不断提高，过去常常被认为是属于大学内部或者自身的事情，今天却受到社会如此广泛的关注。它实际上反映了一个十分重要的变化，即现代社会的高等教育已经不再可以独自“清高”了。它与整个社会经济的关系，以及与老百姓的联系，已经越来越密切了。正好比诗人刘禹锡在《乌衣巷》中所写的那样：“旧时王谢堂前燕，飞入寻常百姓家。”换句话说，过去让

---

① 郭振林．走出公共管理主义的泥淖［N］．社会科学报，2006-05-11．

人们肃然起敬，甚至是望而生畏的大学，如今也已经逐渐的“世俗化”了。随着接受高等教育的人越来越多，高等教育的涉及面越来越广，大学与老百姓的个人利益也具有了更加密切和直接的关系，大学也越来越被人们所了解和关心。十分重要的是，这种对大学的了解和关心，已经不仅仅是寻常百姓能够落落大方地出入于大学的校园和某些过去常常是“闲人免入”的场所，而且是能够对于大学的发展提出自己的意见与要求了。显然，大学已经不再神秘，大学已经或者正在成为“大家”的大学了。也正是在这个过程中，大学的公共性也已经不仅是社会和人们的一种外在期望，它正在表现为一种更加实际的关注与必要的干预。

其实，这种现象也并非单纯的“中国特色”，在世界的其他国家和地方，大学也遭到同样的命运，甚至是有过之而无不及。且不说，某一世界著名大学校长由于言论不慎而不得不引咎辞职，就是某些大学的课程改革这些好像是大学自己的事情，也受到社会与媒体的广泛关注与批评；正如美国著名高等教育研究学者阿尔特巴赫所说的那样：“大学教员聚在一起，私下讨论课程改变事宜的时代早已过去。现在，一项课程计划的变更都可能在《纽约时报》的版面，或是在《华尔街日报》的社论上引起讨论。”①

当然，我们也不能不看到，大学本身坚持这种公共性的努力也遭遇到了越来越大的挑战。而且，中国的高等教育在整个社会从过去的社会主义计划经济转变到社会主义市场经济以后，特别是经历了一系列的改革以后，如何进一步坚持和发展这种大学的公共性，已经成为坚持大学办学方向的一个根本问题。例如，根据《中国教育改革和发展纲要》的规定，高等学校应该成为面向社会自主办学的法人实体。尽管这种法人实体的含义是多方面的，也存在不同看法，但大学本身的独立利益却因此而获得了更大的合法性，大学发展它自身利益的要求也具有了一定的合法性。问题在于，大学自身的独立利益和发展这种利益的要求，与其公共性的本质和维护公共利益的职能之间是否存在冲突呢？或者说，我们有什么样新的机制使大学既能够继续扮演公共性的角色，又能够发展它自己的利益呢？

---

① 阿尔特巴赫，等.21 世纪美国高等教育——社会、政治、经济的挑战［M］. 台北：高等教育出版公司，2003：479.

又如，大学经费结构的变化也对大学的这种公共性和发展公共利益的责任形成了十分尖锐的挑战。在计划经济体制时代，大学属于公共财政全额拨款的事业单位和部门。大学的所有经费几乎都是由政府提供的，教师的工资也都通过财政拨款而获得。在这种财政体制的基础上，大学履行其发展公共利益的职能，教师扮演其道德角色，坚持它的公共性，是没有问题的。但是，目前中国大学的经费已经呈现出多元化局面，有的大学的经费中，政府财政拨款只是其中的30%—50%。而就教师的实际收入而言，财政拨款只是其中的一部分，甚至是一小部分。在这种情况下，如何坚持大学的公共性，以及如何坚持和进一步维护社会的公共利益，对于大学和大学教师，无疑也是一个巨大的挑战。

在这个方面，更加突出的问题和挑战是，大学如何在新的形势下，坚持为国家和社会，特别是为一些国家重点部门和重要岗位，包括部分边远与艰苦地区的社会经济发展，培养和输送高水平的专门人才。这显然是大学公共性和维护社会公共利益中最根本的内容和要求。具体地说，这种挑战是，如何在学生的自主择业中，保证能够为关系到国计民生的重要部门和单位，包括国有企业事业机构输送高质量的人才。

众所周知，在改革开放以前的中国高等学校中，大学生的就业完全是按照计划经济模式安排的，或者说，完全是按照一种指令性方式，由国家计划部门下达分配方案和计划，然后，高等学校按照这个计划分配毕业生到不同地方和岗位就业。所谓“一个萝卜一个坑”，就是这个意思。显然，在这种体制下，高等学校完全能够根据国家的需要给各个不同的部门输送毕业生，进而保证国家和社会的利益。但是，在中国高等教育改革过程中，过去大学生完全按照国家计划分配的模式也发生了变化，新的体制与模式是“双向选择、自主择业”，即毕业生选择自己的就业部门和岗位；同时用人单位也对毕业生进行选择。当然，这对于提高学生的学习积极性，加强与社会实际的联系是十分必要的。但是，这种新的模式也产生了一个问题：毕业生在就业的选择过程中，常常会按照一种利益驱动和导向进行选择，换句话说，他们常常会根据收入的高低、事业的前景以及个人的兴趣等个体本位进行择业。由此产生的一个突出问题就是，那些能够体现和反映国家与社会公共利益的机构、部门与企业事业单位，由于收入水平不高，或者是环境与条件不够好、工作比较艰苦以及其他各种原因，而在大学毕业生的择业中被“边缘化”，不被看好。尤其是那些地处边远地区和艰苦地区的国家重要企业和事业单位，往往得不到大学毕业生，特别是重点大学的毕业生。这种现象显然与大学公共性的责任是不相适应的，尤其是与国家重点大学在发挥大学公共性上所应该承担的主要责任是不相符合的。而这也是大学的公共性在市场经济条件下所面临的一个重大挑战。坦率地说，这种现象在高等教育领域具有一定的普遍性。

显然，这样的矛盾与冲突已经使得大学在现代社会中受到了越来越多的批评和指责，大学的社会角色也面临着一种新的责任与要求。而这也正是本文在一开始所提到的对大学的各种批评和指责的内在指向和真正目标。因此，上述的那些批评与指责，与其说是对某些具体问题的批评，不如说是对大学的公共性的批评。而且，这些批评与指责的缘起，与其说是这些具体的对象和问题本身的不合理，不如说是基于对大学公共性与社会责任的期望和要求。显然，如果这些事情发生在其他社会机构与部门，或者是由其他的社会角色来说或做，它们肯定不会受到如此尖锐的批评。所以，无视这些批判是自欺欺人；简单地就事论事地检讨和反思这些批评与指责，则是目光短浅。而比较深刻地正视这些批评和指责，则需要对于新的历史时期大学的公共性及其维护与发展社会公共利益的责任所具有的含义，以及对于大学的公共性有比较深入和全面的认识。

首先，坚持大学的公益性和正确的办学方向，是坚持和发展大学的公共性的最根本的体现。人的培养是大学的根本任务，也是大学公共性的重要内容，而人的培养的方向性，培养社会主义的建设者、接班人和合格公民，则是坚持和发展大学公共性最重要的方面。根据教育学的基本理论，教育活动实际上可以简单地归结为两件事情。一是促使人的转变，即通过教育把一个人从一个生物学的存在，转变为一个真正的社会存在，从一个不成熟的、幼稚的人转变为一个成熟与合格的社会成员。没有教育，以及由此带来的转变，就没有真正意义上的人。二是引导和保证这种转变的正确方向，即通过教育引导青少年儿童朝着正确的方向转变，并由此保持自己身上已有的好素质，去除那些不好的因素，并且不断学习有价值的内容，进而能够成为一个合格的社会成员，一个具有社会责任感和道德高尚的人。

虽然这两者都同样重要，但相比较而言，后者往往更加关键。因为，就人的转变而言，它往往具有一定的自发性，并非通过专门的学校教育，个体也可以在一定的自然和社会环境中自发地完成这种从生物人到社会人的转变。但是，就后者来说，则完全不是一个自发的过程，它是需要引导和帮助的，是人为的过程。显然，这种大学中人的培养的方向性，正是大学公共性的根本内容。而且，根据我个人的认识，这种对方向的把握和引导，与前者相比较，甚至是大学教育中更加困难的方面。所以，它也是教育更加主要的责任。所以，坚持大学的公共性，首先必须坚持正确的办学方向，特别是人才培养的正确方向。

其次，坚持和发展大学的公共性，以及维护与发展社会公共利益的责任，还必须科学地认识大学建设与发展中公共性与服务性之间的关系。当然，作为一种非义务教育，大学的教育、科研和社会服务具有一定的服务性，包括大学教育中必要的收费制度、科学研究中的合同约束、发明专利的有偿使用以及社会服务中的成本核算等。而且，就整个大学的财务管理而言，也从过去计划经济体制下的报销机制，转变为一种具有强约束的成本核算机制。但是，从本质和基本定位而言，大学又是一个公益性机构，具有明显的公共性和所谓的外在性。从表面上看，这两者之间是相互矛盾的，而且，这也是在社会主义市场经济体制下大学公共性的内在矛盾。我个人认为，它们之间的确是有矛盾的，但并非是不可协调的。关键在于这两者并不是相同层次的问题，公共性是大学的办学方向，而服务性则是大学日常运行和管理中协调和解决具体矛盾与困难的管理原则和方法。坚持公共性这一办学方向，大学的服务性同样可以得到有效的落实，并且保证和维护大学本身的利益。而放弃了大学的公共性，大学本身的利益的确可以得到保证，但却丢弃了整个社会的根本利益，或者是大学的根本宗旨。所以，我们既不能简单地以公共性的原则代替学校运行和实际管理中的服务性，更不能错误地以服务性代替大学的办学方向中的公共性原则。

大学的公共性既是一个久远的话题，但它也是一个现代的热点。大学的公共性之所以具有这种丰富的历史内涵和深远的现代价值，究其根本，就在于它本身就是大学的灵魂，已经内化在大学的各个方面。我们甚至可以说，没有它也就没有真正的大学。

谈大学自主权的合理性基础[①]

陈超的博士论文研究的是政府对重点大学的干预问题，而且还被评为了中国高等教育学会的优秀博士论文。我相信，有人看到他的研究论文也许会说，这位陈博士可真是胆子不小，当大家都在批评和诟病政府对大学管得太多，都在谈论和呼吁大学自主权的时候，他竟然还在研究政府对大学的干预，甚至还证明了政府干预与重点大学建设之间的必然性。但我也相信，更有人会发现，这位陈博士不仅有一种敢于探讨敏感问题的“大胆”，而且他同时也具有一种科学严谨的“细心”。因为，他根据一定的理论框架和模型，研究了现代社会中政府干预的合理方式、程度和内涵，以及必要的限制等，进而既没有一味地肯定这种干预，也没有简单地否定它。然而，我更想说的是，实际上，陈超的博士论文及其研究，恰恰是体现了科学研究的智慧和哲学精神。因为，在不同意见进行辩论时，人们总是喜欢和习惯于从自己的角度进行证明，这样的思路往往是双方永远不能说服对方。而具有哲学思维的学者常常是从对方的角度出发，去证明自己的观点。陈超的研究正是体现了这种哲学的智慧和研究角度。不难发现，他正是从另外的一个角度，深入分析和说明了大学的自主权，进而给我们认识和了解大学的自主权提供了一个新的思路，拓展了新的视野，当然，由此也带给了我们一些新的启示和思考。

循着陈超的思路，政府干预在方式、程度与内涵等方面的适当性和限

---

① 本文是为陈超的专著《中国重点大学制度建设中的政府干预研究》（广东高等教育出版社2009年版）所写的序言。

制，一个非常重要的理由是大学本身的自主权。而我希望继续问下去的是，大学自主权的根据又是什么呢？或者说，大学自主权的合理性基础又是什么呢？这实际上是高等教育领域中的一个热门话题，同时也是一个剪不断、理还乱，甚至是纠缠不清的难题。记得有一次在某知名大学参加关于高等教育体制改革的学术研讨会时，有一位魄力十足的大学校长便理直气壮地认为，大学的自主权及其大小，主要取决于它的办学经费的来源。按照他的意思，如果大学的办学经费都是来自于政府，则大学就没有丝毫的自主权；如果大学能够自己筹措更多的办学经费，那么，它就能够获得比较大的自主权。这样的观点听起来好像也是有道理的。但其实不然。大学的办学自主权的基本含义，正是在政府提供办学经费和条件的基础上所应该有的自主权。即使像私立或民办大学这样主要依靠非政府经费的高等学校，同样也存在接受政府管理和办学自主权的问题。由此，大学自主权的问题实在是不可简单化，它是一个非常复杂的现实与理论问题，也有很多种不同的回答和观点，进而形成了关于大学自主权的不同根据和基础。作为一种初步的概括，我认为大学自主权的合理性基础主要表现在以下七个方面。

一是大学自主权的发生学根据与基础，即这种大学的自主权源自于大学本身的兴起。因为，据说在欧洲中世纪，刚刚兴起的大学就是实行自治的管理模式，其中有两个十分典型的例子。一个是当时由学生为主体，仿效行会的形式组织起来的波伦亚大学①，也叫作“Universitas of students”。学生们为了维护自己的利益，自己制定规章制度，管理自己的生活和学习，“调节内部关系，每个学生都有投票权，从自己的组织内选举出院长。教师由学生行会雇用，他们的教学工作受到学生的严格管制，学生们还能够对讲课迟到或未能完成由学生所制订的教学计划的教师罚以重金”②。另一个则是以教师为主体的同样是按照行业的形式组织起来的巴黎大学，也叫作“Universitas of masters”。在这样的大学中教师拥有最高的权力，他们“选举校长，并确定和管理选择学生、制订教学工作范围、举行考试和授予学位等项工作”③。非常有意思的是，不管是以学生为主体的大学，还是以教师

---

① 王天一，等．外国教育史：上册［M］．北京：北京师范大学出版社，1985：91.

② 许美德．西方大学的形成及其社会根源［J］．教育研究，1981（12）.

③ 王天一，等．外国教育史：上册［M］．北京：北京师范大学出版社，1985：92.

为主体的大学，他们都是极力反对外界干涉学校的生活，极力维护管理自身事务的权力。而且，非常有意思的是，这些学生和教师还抓住了地方当局的“软肋”，一方面，由于学生的存在能够有效地刺激地方贸易的发展和吸收新的居民，所以，学生门常常以迁校来捍卫自己的利益和自主权；另一方面，教师则是以停止工作为武器，甚至他们还能够动员那些已经在教会国家其他部门担任职务的该学校毕业生同时停止工作来支援他们。所以，里德先生就曾指出：“高等教育机构，特别是西方世界的高等教育机构，自诩为中世纪大学的嫡系子孙，这些大学始于自发形成的学者社团。尽管中世纪大学受到教会的赞助，并在某种程度上服从教会的权威，但是学者们的‘社团’制订了长期措施以确保决定这种机构研究方针的权力掌握在教师的手中”①。而且，根据许美德的研究，“在该时期，用于大学的名称之一是‘Studium generale’，它有两层意思：一是指包括各门学问的教育机构；二是指不受政治和宗教限制，通过学者交流，促使学识的进步”②。应该注意的是，这个时候的大学已经有教会的干预了，而且，这个时候的自主更多的是出于一种行会性的利益保护。

二是大学自主权的历史基础和根据。例如，早在1694年成立的德国哈勒大学，作为德国和欧洲的第一所具有现代意义的大学，有两个十分重要的特点：“第一，它采取了现代哲学和现代科学；第二，它以思想自由和教学自由为基本原则。在此以前，新教设立的大学和天主教的大学一样，都以教会肯定的教条为教育原则，教授要保证不触犯这些教条；这一点在神学和哲学的教学上固然是重要的教条，在法学和医学教学上也不例外。从哈勒大学始创之时起，自由主义哲学就成了公认的原则。”③ 而在这以后成立的哥廷根大学和埃尔兰根大学，都成了德国现代大学发展的开端。到18世纪末，“研究自由和教学自由已成为人所公认的原则，除偶尔发生过倒退之外，已经政府认可为大学的基本法权”④。在欧洲历史上，关于大学自主

---

① Reid J H S. Origins and portents [M] // Whalley G. A Place of Liberty: Essays on the Government of Canadian Universities Toronto: Clarke, Irwin & Co. Ltd., 1964.

② 许美德．西方大学的形成及其社会根源［J］．教育研究，1981（12）．

③ 夏之莲．外国教育发展史料选粹（上）［M］．北京：北京师范大学出版社，1999：409.

④ 夏之莲．外国教育发展史料选粹（上）［M］．北京：北京师范大学出版社，1999：412.

权的问题曾经有一个十分有趣的故事。为了完整起见，我这里全文引述鲍尔生的《德国教育史》中的论述：“就在洪堡建立柏林大学的前两年，拿破仑于 1808 年曾经整顿法国的大学教育，不过，他采取的方针政策恰好同洪堡相反。他把大学的学院分别改组为专门培训准备担任医务人员、行政人员、司法人员的专科学校，各校分别推行专业教育，并由政府给各专科学校制定严格的规章。各专科学校的课程与考试制度也由政府规定。各校教授只是讲课的教师主持考试的监督人员，而不是学者。所有个人的首创精神都被压缩到最小限度。当这位耶拿战场上的胜利者（拿破仑）把法国的高等学府都置于政府官吏控制之下时，那个被征服的国家（普鲁士）却鼓起勇气，采取了完全相反的政策，把培养未来的政府官吏的教育委托给大学，并给大学以探索学术知识的自由，这里也体现了另一种不可磨灭的特点，就是政府坚信自己的民族和坚信真理与自由。可是，经过五六十年之后，法国也开始按照德国的教育路线来改造法国的教育了。”[①] 同时，根据美国的经验，用克拉克·克尔的话讲，则是“美国大学上升到世界上很高的地位，与分担的和授权的学术管理的兴起是连在一起的，而且大部分可归因于分担的和授权的学术管理。这是一个建立在同意而不是命令的基础上的制度”[②]。这样一些历史的经验看来的确是值得我们考虑的。

三是大学自主权的科学根据与基础，而且这种科学的根据也是随着现代大学的出现与发展而形成的。故事仍然要从德国讲起。大家也许都知道，1810 年建立的柏林大学开启了大学和高等教育的一个新纪元。但是一般人常常认为，它的意义只是提出了科学研究作为大学的重要职能，不错，这的确是洪堡和柏林大学的贡献。但殊不知，洪堡和柏林大学对高等教育发展的贡献还远远不止如此，从科学的角度讲，正是从柏林大学开始，大学与国家政府之间的关系出现了新的格局和特点。因为，早在 18 世纪以前，大学的任务主要是传授知识，教授的主要任务是教学，学生的主要任务是吸收教授在课堂上讲授的知识，科学研究只是次要的。但是，正是柏林大学，开始把致力于专门科学研究作为大学的主要任务。更加恰当地说，柏

---

① 夏之莲．外国教育发展史料选粹（上）［M］．北京：北京师范大学出版社，1999：423.

② 克拉克·克尔．高等教育不能回避历史［M］．王承绪，译．杭州：浙江教育出版社，2001：179.

林大学认为，那些在科学研究方面非常出色的学者，也才能够是最优秀和最有能力的教师，才能够更好地教学。同时，由于大学本身的目标和任务拓展为探索新的知识，学生的学习也从单纯的学习和接受知识，扩展为掌握科学原理、学习和提高思维与研究能力。柏林大学的这种变革，加上当时费希特和施莱尔玛赫对学术研究的一致见解，在整个德国大学教育中就形成了一个主导思想或基本的共识："中小学甚至高等学校的教学大纲和教学科目，可由政府规定；但科学研究却不能由政府下令规定，只能任其自由发展。科学研究的目标和对象以及方法和途径，必须留给科研工作者去自主地解决。在这方面，政府的作用只是提供工作所需要的设备和条件，并建立使老科学家的工作便于同初学者互相结合的制度。"① 而这样一种关于大学的主导思想和共识，恰恰成为大学自主权的科学根据，并且成为调整政府与大学之间关系的基准。也正是由于这样，洪堡在1810年的备忘录上所持的观点就是："国家不应把大学看成是高等古典语文学校或高等专科学校。总的来说，国家绝不应指望大学同政府的眼前利益直接地联系起来，却应相信大学若能完成它们真正使命，则不仅能为政府眼前的任务服务而已，还会使大学在学术上不断地提高，从而不断地开创更广阔的事业基地，并且使人力物力得以发挥更大的功用，其成效是远非政府的近前部署所能意料的。"② 这些话虽然极其普通，但它们又是何等的深刻，充分体现了一个大学者和大教育家的眼光与境界。即使在今天，难道不仍然是值得我们思考的吗？而且，通过柏林大学和洪堡的这些观点，我们还可以进一步认识到，大学自主权并不是抽象的，即使在大学内部，它也不是泛指的，而是有具体指向和领域的。换句话说，大学的自主权更多的指的是大学的科学研究，以及学生在科学研究方面的训练和学习，而在教学方面，则更多应该接受政府和社会的指导、约束和评估。同时，在英国，大学的自主权也是有差别的。那些老牌的著名大学，往往具有更大的自主权；而那些新的，以教学为主的大学，其自主权常常会小一些。这也是符合高等教育的实际的。

---

① 夏之莲．外国教育发展史料选粹（上）［M］．北京：北京师范大学出版社，1999：422.

② 夏之莲．外国教育发展史料选粹（上）［M］．北京：北京师范大学出版社，1999：422－423.

四是大学自主权的道德根据与基础。其实，除了上述的各种根据和基础以外，大学自主权的成立还有它的道德根据和基础。在这个方面，美国原加利福尼亚大学伯克利分校校长克拉克·克尔曾经有过一些非常精彩的论述。他认为："大学和学院享受了它们历时很长的自治，部分地因为它们得到了人们的信赖，以合乎道德的方式管理它们自己，像在它们以前的教会一样。大学在历史上由于它们合乎道德的行为而享受它们的自治。"① 按照克拉克的观点，这种作为大学自主权根据和基础的道德行为，包括个体和学校两个方面。从个体的角度看，由于大学中的学术生活所追求的是知识，而不是效率，而且，大学中也没有长期有约束力的协议，所以，"追求知识意味着无论何时，每一件事都可以重新考虑，意见和意见的冲突具有很高的价值，甚至能够以强烈的个人承诺可接受地进行，事业的中心是个人，而不是以一个声音说话并能捆绑它的成员的集团"②。同时，由于分担的和授权的学术自治的条件是大学中的教授能够主动地承担这种分担的和授权的学术自治所要求的有关任务，因此，这也要求大学教授必须严肃认真地承担他们在学科和学院中的任务与工作。当然，这种道德要求，还包括不能为了个人的目的使用大学中政府和社会提供的工作设备与条件。可想而知，大学的教学与科研往往都是建立在教师的自觉之上的，它常常是很难完全客观化和量化的，在这种情况下，教师本身的道德自律是非常重要的，并且构成了大学自主权的重要根据。而从整个学校的角度看，则要求整个大学办学具有必要的道德自律。因为，"如果学术团体到了不会惩戒自己的程度，社会的其他机构将越来越多地参与一度是大学内部生活的事情，而且这在越来越多的程度上正在发生"③。克拉克的这些观点是非常重要的，他也同时告诉我们，如果没有或者缺乏这一点道德行为和自律，大学的自主权同样是不能存在的，即使得到了也会失去。他在分析美国大学中的变化以及大学教授的某些行为时，也透露了这样的忧虑和担心。他在

---

① 克拉克·克尔. 高等教育不能回避历史［M］. 王承绪，译. 杭州：浙江教育出版社，2001：187－188.

② 克拉克·克尔. 高等教育不能回避历史［M］. 王承绪，译. 杭州：浙江教育出版社，2001：180.

③ 克拉克·克尔. 高等教育不能回避历史［M］. 王承绪，译. 杭州：浙江教育出版社，2001：157.

说明美国大学在历史上由于其合乎道德的行为而获得享受这种自治时，就不无沮丧地说道：“而现在，在美国历史上第一次可以说，它们可能由于同样的理由正在失去一些自治。”[①] 我不敢简单地对中国大学中道德行为的现状做任何随意的判断，但从个别情况中我们也有理由认为，这种由于某些不合乎的道德行为，或者某些不自律的行为，而导致的受到各种外部的干预和批评的现象也是存在的。

五是大学自主权的法律法规根据与基础。而且，根据汉纳和考伊的观点，“大学所拥有的自主或独立的程度大部分取决于产生这种独立自主的法律”[②]。例如，美国著名的达特茅斯法案，就是一个非常典型的例子。另外据了解，虽然在英国的法律条文中很难找到对大学自主权的规定，但这是因为立法的基本假设就是大学享有充分自主权，一旦法律条文中有所规定，便意味着政府对大学自主权的干涉。所以可以说，英国的教育立法就是建立在大学充分享有自主权这一基本假设上，即凡是法律没有明确提到的权利，便是假设大学自动享有。同时，在1998年英国政府白皮书《学习时代的高等教育》（Higher Education in the Learning Society，又称《迪尔英报告》）中，对大学自主权也有非常明确的表述：大学自治权（institutional autonomy）应该被尊重。尽管政府在国家层面为高校设置框架是不言自明的事实，大学享有监管和管理上的自治也是同样不言自明的事实。而且，非常有意思的是，除了上述法规和政策以外，英国创新、大学与技能部（Department of Innovation，Universities，and Skills）的年度工作报告[③]中，甚至没有把大学（University）作为它的服务对象，而是将该部门的服务对象定位为雇佣者、学习者、继续和高等教育的工作人员、研究机构、其他政府部门、广义的社会（wider society）。这其实在一定程度上也体现了英国政府对大学不干涉的一贯原则。所以，这可能也是“关于这个问题的法令陈述却是贫乏的”[④] 的一个原因吧！

---

① 克拉克·克尔．高等教育不能回避历史［M］．王承绪，译．杭州：浙江教育出版社，2001：188.

② Hannah H W，Caughey R R. The Legal Base for Universities in Developing Countries［M］. Illinois：University of Illinois Press，1967.

③ Investing in our Future，Department Report 2008.

④ T. 胡森．国际教育百科全书：A－B［M］．贵阳：贵州教育出版社，1990：14.

尽管如此，根据有关材料和历史，我们却可以发现，自18世纪和19世纪以来，由于政治国家成了大多数大学的赞助机构，大学自主权的概念和发展反而受到弱化。虽然不同类型的国家也都常常在一定程度上承认大学的自主权，保持和维护大学的一定的独立性，但是，不同国家往往都会应用各种手段和政治控制来一统与左右大学的运行以及科学研究工作。而且，即使在今天的发达资本主义国家，这种现象和趋势也是存在的。当然，也正是由于存在这样的控制和干预，讨论和证明大学自主权的合理性基础也才有意义。同样，也正是由于存在这样的控制和干预，历史上大学对国家和社会的这些控制和左右的抗争，也就同样成了大学自主权的第六种合理性根据与基础，即大学自主权的经验根据与基础。

第六，大学自主权的经验根据与基础。这里，非常典型的是中国近代高等教育历史上西南联合大学的一个故事。故事的背景是这样的：在西南联大时期，学校也同样面临办学自主权的问题。包括课程、教材和考试方面的统一规定与要求。联大教务会议以致函联大常委会的方式，提出了坚持西南联大办学自主权的要求。此函由冯友兰执笔，全文如下：

敬启者，屡承示教育部二十八年十月十二日第25038号，二十八年八月十二日高壹3字第18892号，二十九年五月四日高壹1号第13471号训令，敬悉。部中对于大学应设课程以及考核学生成绩方法均有详细规定，其各课程教材亦须呈部核示。部中重视高等教育，故指示不厌其烦详。但准此以往，则大学将直等于教育部高等教育司中之一科，同人不敏，窃有未喻。夫大学为最高学府，包罗万象，要当同归而殊途，一致而百虑，岂可以刻板文章，勒令从同？世界各著名大学之课程表，未有千篇一律者；即同一课程，各大学所授之内容亦未有一成不变者。唯其如是，所以能推陈出新，而学术乃可日臻进步也。如牛津、剑桥即在同一大学之中，其各学院之内容亦大不相同，彼岂不能令其整齐划一，知其不可亦不必也。今教育部对于各大学束缚驰骤，有见于齐，而无见于畸。此同人所未喻者一也。教育部为最高教育行政机关，大学为最高教育学术机关，教育部可视大学教学研究之成绩，以为赏罚殿最。但如何研究教学，则宜予大学以回旋之自由。律以孙中山先生权能分立之说，则教育部为有权者，大学为有能者，权能分职，事乃以治。今教育部之设施将使权能不分，责任不明。此同人所未喻者二也。教育部为政府机关，当局时有进退；大学百年树人，政策设施宜常不宜变。若大学内部甚至一课程之兴废亦须听命教育部，则必将受部中当局进退之影响，朝令夕改，其何以策研究之进行，肃学生之视听，而坚其心志。此同人所未喻者三也。师严而后道尊，亦可为道尊而后师严。今教授所授之课程，必经教育部之指定，其课程之内容亦须经教育部之核准，使教授在学生心目中为教育部一科员之不若。在教授固已不能自展其才，在学生尤启轻视教授之念，于部中提倡导师制之意适为相反。此同人所未喻者四也。教育部今日之员多为昨日之教授，在学校则一筹不准其自展，在部中则忽然智周于万物，人非至圣，何能如此。此同人所未喻者五也。然全国公私立大学之程度不齐，教育部训令或系专为比较落后之大学而发，欲为之树一标准，以便策其上进，别有苦心，亦可共谅，若果如此，可否由校呈请将本校作为第…号等训令之例外。盖本校承北大清华南开三校之旧，一切设施均有成规，行之多年，纵不敢谓为极有成绩，亦可谓尚无流弊，似不必轻易更张。若何之处，若祈卓裁。此致常务委员会。

此函上呈后，西南联大没有遵照教育部的要求统一教材①。

无疑，这的确是一个非常有趣和生动的故事和大学自主权方面的案例。它实际上是从五个方面，包括理论和实际，阐述了大学自主权的合理性基础。其实，西南联大在这个方面的故事还有一些。例如，关于西南联大的校训，“1938 年 11 月 30 日，联大常委会讨论了方案，根据三校的传统和当时的状况，决定以‘刚毅坚卓’为联大校训。教育部获悉后下训令，要求联大务必采用全国各校共同采用的‘忠孝仁爱，信义和平’作为校训，并令联大当局制成校训匾额悬挂。联大当局对此训令并不遵照办理，仍然坚持以‘刚毅坚卓’为校训”②。显然，西南联大作为一所非常成功的大学，以及一所为世人称道的大学，它在办学自主权方面的经验应该也是值得我

---

① 西南联大北京校友会．我心中的西南联大［M］．北京：清华大学出版社，2008：58－59. 需要进一步说明的是，以上引文虽然出自冯友兰先生之女冯宗璞之文章，但是西南联大之校友任继愈先生等人均在各自的纪念文章中提及此事。

② 西南联大北京校友会．我心中的西南联大［M］．北京：清华大学出版社，2008：34－35.

们借鉴的。

第七，大学自主权的合理性根据与基础是大学自主权与政府干预之间的平衡性与对立统一。坦率地说，近年来政府对大学的要求越来越高，特别是随着对大学的经费投入越来越大，政府和社会对大学的责任要求，包括所谓的问责制，也已经越来越强。即使在英国和美国这样一些发达的资本主义国家中，政府对大学的控制与干预也都出现了不断加强的趋势，对大学的教学质量和办学经费的分配与使用，也提出了越来越多的要求。对一些维持政府与大学之间协调性的中介机构的权限，也进行了相当程度的调整，甚至是削弱，进而强化政府对大学的直接管理。如果说这样一种趋势和变化也有一定的合理性的话，那么，作为一种平衡，大学的自主权则显得更加重要。否则，大学将失去它的价值与意义。这种平衡也是高等教育健康发展的一个重要机制。具体而言，这种机制的内涵恰恰是大学自主权与政府干预之间的对立统一。因为，从事实和逻辑来看，正是这种大学的自主权，给予了政府对大学干预的理由和对象。而政府干预大学的重要前提和根据同样是大学本身的自主权。换句话说，大学的自主权与政府对大学的干预之间实在是对立统一的，甚至是相辅相成的。当然，这种合理性是需要解释和说明的。不待言，权利与义务、自由与责任是紧密联系在一起的。同样，大学的自主权与大学对社会和国家的责任和义务也是紧密联系在一起的。大学的自主权越大，它对国家和社会的责任与义务也就越大。而这种责任和义务恰恰是需要监控和干预的，需要有一个公共机构来监督大学是否能够承担起这些责任与义务。如果大学没有自主权，也就根本谈不上什么责任。因为在这种情况下，大学本身就不应该是责任人。既然大学没有自主权和相应的责任，也就用不着监督和干预了。如果大学的所有活动都是按照政府的意愿和要求所进行的，那么，实际的责任人则应该是政府本身。在这种情况下谈政府对大学的监督和干预，无疑是一个笑话。因此，政府对大学的监督和干预，应该是大学对社会和国家的责任，应该是大学行使其自主权的结果。通俗地讲，选择什么样的方式和模式教育和培养学生应该是大学的权利，但教育质量应该受到政府和社会的监督和干预。大学可以自主地做它自己认为应该做的所有事情，但是，所有这些事情的结果应该是对国家、社会和人民有益的。而这也正是大学自主权和政府监督与干预的真正含义。从这个意义上说，大学的自主权与政府的干预不仅不矛盾，而且的确是相互依赖的，甚至是彼此依存的。

对于大学自主权的这种根据与基础，我们还可以从法学和法律的角度进行证明。按照法学的基本理论，法律的存在和它的重要前提之一，则是人的自由意志。正是由于承认人的自由意志，承认每一个人都是具有自由意志的个体，他们能够而且必须对自己的行为负责，所以，他们才必须承担相应的法律责任，法律也才能够根据他们的行为进行规范和惩罚。如果个体没有这样一种自由意志，他们本身也就不能对自己的行为负责，也不应该要求他们对自己的行为负责。法律也就失去了意义和规范的对象。现在我们都十分强调和重视依法治教，这也是教育现代化的重要内涵之一。但殊不知，依法治教的重要前提之一，就是承认和认可教育的自主权。对高等教育的依法治教，其前提同样是承认与认可大学的自主权。因为，没有大学的自主权，高等教育的依法治教也就成为一句空话。

现代社会中大学的作用是非常重要的，尤其对于建设一个创新型的国家而言，大学的功能更是不可替代。而妥善处理和协调大学与政府的关系，乃是最大程度发挥大学作用的一个关键条件。陈超的论文从政府干预的角度进行了非常深入的分析和研究，而我则希望这篇序言能够从另一个方面为他的研究提供一个辅证。

坚持与地方社会经济发展相联系是地方大学建设发展的战略选择①

这些年，由于各种原因，我去过许多高等学校，也曾经与这些高等学校的领导进行过各种各样的接触和交流。虽然不同高等学校都有各自“一本难念的经”，但是，我个人体会，在中国高等教育改革和发展的过程中，地方高等学校的发展，特别是地处省会城市之外的地方高等学校的发展，常常具有比其他高等学校更大的困难，或者是徐同文同志所说的“困惑”。它们没有国家大学和地方省城大学所具有的地理优势，很难吸引非常优秀的学生和合作伙伴；它们也不像其他高等学校那样，有自己的博士和硕士学科点，有比较高水平的实验室，以及高层次的科研项目；同时，由于这种地理上和条件上的劣势，也使得这些高等学校很难吸收一些高水平的教师来校任职；当然，在学校的办学经费上，这些高等学校往往也只能处在一个比较低的水平上。如何在这样一种条件下办出一所高水平的大学，办出一所让地方人民满意的大学，实在是一个巨大的挑战，是摆在这些高等学校面前的一张考卷。而在这个方面，根据我个人并不充分的认识和了解，临沂师范学院②的改革与发展，临沂师范学院全体教职工的努力，以及徐同文等学校领导班子的领导与管理实践，则是给出了一个非常好的回答。这些积极的探索和实践经验，在这本书里已经有非常充分的体现，我就不一一重复了。我想说的是，他们改革和发展的探索，实际上是告诉我们，在

---

① 本文是为徐同文的专著《区域大学的使命》（教育科学出版社 2004 年版）所写的序言。

② 今临沂大学。

高等教育大众化的今天，非省会城市的地方高等学校的发展，应该采取的发展思路并不是简单地一味模仿其他一些高水平的高等学校，或者追求所谓的“一流”和“知名”，而是紧紧地依托地方社会经济的发展，同时成为支撑地方社会经济发展的重要力量。

首先是依托。地方高等学校的改革和发展，包括它的学科建设、科学研究、人才培养等，一定要紧紧地依托地方社会经济和文化的发展实际。这也是地方高等学校的生命力所在。根据我个人的理解和认识，第一，这种依托是一种办学思想和方向的体现，是一种基本的办学取向。它要解决的问题是整个服务对象的问题，是评价高等学校的基本标准的问题，是一种这所高等学校所追求的基本目标的问题。根据我自己从事高等学校管理的经验，这种学校的办学方向和思想，对于整个高等学校的改革与发展是非常重要的，甚至是根本性的。因为，它决定了整个高等学校的资源配置，规定了学校的基本发展规划，而且，它甚至影响着学校整个办学经费的筹集等。第二，这种依托，实际上也是一种办学的基本思路。它反映了你是局限在高等学校内部办学，还是能够更加开放地将整个高等学校的改革和发展自觉地纳入到整个地方社会经济发展的整体规划之中去。因此，这种依托同时也反映了一种高等学校与地方社会经济发展的联系方式，是体现了高等学校与社会之间的一种新的关系。第三，这种依托也反映了一所高等学校的战略选择。在现代社会中，高等学校所面临的机会也是非常多的，它可以去追求的对象也是比较多的，特别是这些年中国高等教育改革和发展的过程中，一种追求高层次的潮流对许多高等学校都是极大的诱惑，包括世界一流、国际知名、全球前列等，有些地方高等学校在这个方面甚至想象出了许多新的名词和概念，来表达自己学校的定位，进而标榜和暗示自己的水平和身份。当然，我并不想单纯地否定这样一种追求的价值，但是，我更加愿意赞许像临沂师范学院这样的选择，即并不一味地追求这种高水平和高层次，而是实事求是、脚踏实地地面向地方的社会经济发展和人民群众对高等教育的需要，办好自己的学校。总之，这样一种依托，对于这样一类高等学校来说，是值得采取的一种办学思想和方向，一种基本思路和战略选择。

其次是支撑。仅仅依托是不够的，更加重要的支撑地方社会经济和文化的发展。或者说，依托的根本目的是能够支撑地方社会经济的发展和不断满足人民群众对高等教育的需要。过去我在一所地方高等学校工作的时候，曾经提出过一个观点，即要使这所高等学校成为地方社会经济和文化发展“靠得住”的学校。我认为，这也是评价一所地方高等学校非常重要的标准。如果你说自己这所高等学校办得如何好，水平如何高，但是，它却不能得到地方老百姓的认可，不能满足地方社会经济发展的需要，不能帮助解决地方改革和发展中遇到的一些问题，我觉得这样的“好”和“高水平”是要打折扣的。而不管是地方的高等学校，还是一个国家的重点高等学校，如果你不能够支撑这个地方和国家社会经济的发展，帮助解决地方和国家社会经济技术发展过程中遇到的困难和问题，不能够使人民群众满意，你就很难真正成为一所高水平的高等学校，你的办学质量就很难说是高的。实际上，办学层次并不等于办学质量，地方层次的高等学校同样可以办出高水平和高质量的高等教育，问题就在于你是否让你的服务对象感到满意，是否能够成为支撑地方和国家社会经济发展的重要力量，以及在解决各种矛盾和问题时能否发挥积极的重要作用？当然，这种支撑就要求高等学校具有比较好的实力，要求在办学上达到比较高的水平，在人才培养上具有比较高的质量。但是，这种实力、水平和质量，并不是简单地与某些高层次的国家重点大学比较，而是具有自己的特点，适应了不同的需求。实际上，这也是高等教育大众化阶段不同高等学校非常重要的定位，是这个阶段高等教育质量观的一种新的体现。更加具体地说，这种支撑作用对于高等学校来说，比较突出地表现在它培养的学生能够受到地方的欢迎，能够让本地区更多的适龄青年得到接受高等教育的机会，以及能够结合地方社会经济发展的需要和特点开展有针对性的科学研究，并且积极促进和弘扬地方文化的发展等。

应该说，临沂师范学院在这个方面的实践和思考是值得我们借鉴和学习的。根据我个人非常有限的了解，这些年这所学校的发展正是坚持了这样一种办学思想和方向，坚持了这种依托和支撑的基本定位和发展战略。不待言，只要一所高等学校能够发挥这样的作用，地方政府也是非常愿意支持它的发展和建设的。正如临沂师范学院的例子一样。到现在为止，他们的学校也建设了新的校区，有了非常大的发展，但是，他们却并没有像某些新发展的高等学校那样，背负着十分沉重的贷款的包袱，而是得到地方政府的大力支持，包括经费上的支持和投入。这是非常难得的。

在这些方面，徐同文同志进行了非常深入的思考。他作为这所学校的主要领导，在对地方社会经济发展进行深入了解的基础上，进行了非常广泛的国内外学习和调研，进而形成了整个学校的办学思想和方向。他不仅进行了理论的思考，而且大胆地进行实践，取得了这样的成绩。我个人认为，他在这本书中关于地方高等学校办学的许多思考，不仅值得其他地方高等学校借鉴，对高等教育的理论发展与建设也是非常有益的。

教育发展中历史评价的悖论与选择[①]

对历史过程中具有重大影响的事件和社会变迁进行全面、科学和比较客观的评价与分析，是一件比较困难的事情。其中，时间是一个非常重要的变量。时间越长，人们往往更加容易认识它们的意义和价值。因此，许多学者和研究人员常常不太愿意过早地对晚近发生的这些历史事件和社会变迁进行研究和评价。这也是理论本身的特点和规律的要求。但是，同样让学者们感到为难的是，恰恰就是在这些重大的历史事件和社会变迁发生以后不久，社会和舆论界的议论和聒噪声往往也特别多，是是非非的说法往往也不一而足。而在这个时候，则更是需要学者和研究人员出来说话，给社会和舆论一种科学的引导和对事实进行说明与解释。而这同样也是现实对学者和学术研究的一种要求。这实在是一个矛盾，是学者和学术研究中的一个两难问题。中国在20世纪末和21世纪初进行的高等教育大扩招，或者说，中国高等教育的大众化，正是这样一个历史事件和重大的教育变革。而关于它的描述、分析、研究和评价，也正面临着这样的一个矛盾。本书关于中国高等教育大众化（扩招）的结构分析——1998—2004年的实证研究，从理论和研究方法上则是希望能够在这样的悖论和两难选择中做一点探索性的尝试。

关于中国在20世纪末和21世纪初进行的这场具有重要影响的扩招和高等教育大众化过程，在中国历史上，特别是在中国教育史上，是一个非常

---

① 本文是为作者与文雯、李乐夫合著的《中国高等教育大众化进程中的结构分析——1998—2004年的实证研究》一书所写的序言。

值得研究和分析的重大事件和教育变革。它是在一个比较特定的社会历史背景中发生的，也是与中国这样一个大国的社会变迁，甚至是社会转型结合在一起的，当然也与整个世界高等教育的发展有联系。当我们谈到这次变革和高等教育大众化时，常常会在眼前形成一幅极其复杂的历史画卷，其中各种政治、经济、文化力量相互纠缠在一起，各种利益集团对高等教育的要求也形成了一种不太和谐的合奏，不同的理论和现实的参照系则把整个变迁和事件的背景搞的斑驳陆离，五光十色，甚至是所谓的“剪不断、理还乱”，很难按照理论的要求将它们进行清楚的梳理。例如，有人从社会经济发展的角度，阐述了这次大众化的理由，包括拉动消费的要求，或者是社会总资本的投入及其增长与高层次人才的增长不相适应的问题，有的学者甚至进行了专门的分析和论证；有人从国际比较的角度，特别是从国际竞争的角度，分析这次高等教育大众化或扩招的必要性，认为，如果中国高等教育的规模和发展速度不能很快地发展上去，将在国际比较和竞争中处于劣势；也有人从教育系统本身的角度进行说明，认为，基础教育中的各种问题和矛盾，很重要的一个原因就是高等教育的规模太小，不能满足即将普及的义务教育和蓬勃发展的高中教育发展的要求，甚至是造成了所谓“应试教育”的现象；还有的人则是从中国就业问题的角度阐述了扩招的原因，即所谓的“蓄水池”理论，认为在整个社会就业压力比较大的时候，可以通过扩大招生暂时缓解就业的矛盾与压力；等等。

当然，在这些赞同声音的同时，也有各种不同的意见甚至是反对的声音。例如，有人认为这样的高等教育大众化或扩招，实际上是在搞高等教育的“大跃进”，是不尊重高等教育发展的规律，是一种冒进；有的人认为，这样的高等教育大众化或扩招是一种缺乏实事求是的做法，因为中国的高等教育的基础仍然比较薄弱，包括在办学条件和教师队伍等方面都缺乏必要的准备，因而必然造成高等教育的质量下降和无序化现象；也有的学者批评这种高等教育的扩招是一种按照经济规律发展高等教育的做法，认为通过高等教育的扩大招生去解决经济问题和扩大市场需求是无益的，甚至容易导致高等教育的产业化，等等。

这样一些不同的声音在高等教育大众化或扩招的过程中，由于各个地方不同的实施政策和现象，特别是在不同地区不同大学的扩招过程中出现了这样或那样的问题，又不同程度地得到了放大和加强。更加值得注意的是，这些声音不仅出现在街头巷尾，成为人们茶余饭后的谈资，而且也登上我国人民代表大会和政治协商会议这样最高的政治论坛上，成为那些年代表和委员们非常热衷的话题和议案的内容。更不要说它已经成为教育领域内出现频率最高的话语之一。我们甚至可以发现，在那些年的各种形势分析报告和政策分析报告中，高等教育的大众化或扩招都是一个令人关注的题目。

常言道：事实胜于雄辩。只要我们拿出中国高等教育大众化或扩招的结果来说话，一切的议论和批评都将可以结束。看上去，解决这样一些争议并不是难事。但恰恰是这个结果，尤其是教育发展和改革的结果，又的确不是那么容易拿出来的。所谓教育的周期比较长，正是这个道理。客观地说，要真正全面、科学和客观地评价中国的这次高等教育大众化或扩招，需要有一个比较长的时间过程来检验。这是教育科学的理论和规律的要求，是一种认真和严谨的态度。因此，我们可以看到，在这些年里，关于中国高等教育大众化或扩招的评价性的研究文章是不多的。在高等教育研究的项目中也是比较少的，那种比较系统和全面的描述与分析则更是少见。我个人认为，从教育科学理论和教育发展规律的角度看，这种现象是正常的，它反映了中国高等教育领域内学者和研究人员的科学精神和态度。

与中国高等教育大众化或扩招刚刚开始和进行过程中的那些不同意见和争论相比较，在21世纪初中国高等教育的扩招结束以后，中国高等教育的大众化过程进入了一个比较稳定的发展时期。在社会和舆论界，关于中国高等教育大众化或扩招的评论似乎出现了“一边倒”的现象，好像都是批评，而没有了其他的声音。甚至连外国与境外的大学校长和学者们也来“凑热闹”。在这种似乎“一边倒”的批评声中，有两个声音特别强烈：一个是关于高等教育的质量下降的批评，另外一个是关于高等教育公平的指责。就前者而言，人们往往把目前中国高等教育中出现的一些教育质量的问题，甚至是包括教育管理和教学秩序的问题，都简单地归结到高等教育的大众化或扩招身上，至少是认为它应该承担主要责任。就后者而言，由于上大学的人越来越多，高等教育的经费和学费问题越来越大，特别是一部分家庭经济条件比较困难和部分贫困地区的学生上大学所遭遇的经济困难，以及高等教育本身的发展不均衡等，高等教育的公平问题在时间的逻辑中也自然地与高等教育的大众化或扩招联系起来了。当然，高等教育质量的下降是一个值得关注的问题，高等教育的公平也是一个应该重视的现象。但究竟高等教育的质量在哪些方面下降了，高等教育的公平性方面存在的问题与过去比较有什么变化？则也是应该值得研究的问题。如果说，这种高等教育质量的下降是一个现实问题，那么，能不能完全把它简单地归结到高等教育的大众化或扩招身上呢？如果说，高等教育领域出现了一定的不公平的现象，是否能够也不由分说地拿高等教育的大众化或扩招来当“替罪羊”呢？这些，都是需要研究的。

这些问题都需要时间和事实来说明，而且我相信，它也一定能够得到合理的说明的。但我在这个序言中特别想说的则是另外一个现象，如果说，在中国高等教育大众化或扩招的初期和过程中出现各种不同的声音和争论，是正常的，也是必要的话，那么，在整个扩招结束以后所出现的这种全是批评的“一边倒”现象，反而是不正常的。难道中国的整个高等教育大众化或扩招就真的是一无是处吗？就没有一点值得肯定的地方吗？更加可怕的是，这种社会和舆论界的所谓“一边倒”的现象，往往有可能对整个社会产生一种误导，进而对本来就日子不好过的高等教育，形成一种更大的压力和不利的环境。同时，这种现象也非常可能对整个中国高等教育发展的大战略，以及高等教育持续发展的必要性产生一种不利的影响。这的确是一个值得忧虑的地方。

如果说，按照教育科学的理论和发展规律，我们的学者和研究人员不应该，也不能简单地对这样晚近发生的高等教育大众化或扩招进行评价和分析的话，同样不应该和不能的是，在面对这种对晚近发生的高等教育大众化或扩招近乎一边倒的批评的现象时，我们的学者和研究人员却无动于衷，甚至是“失语”，更加不应该和不能的是“随波逐流、人云亦云”。面对现实的挑战和压力，对一些社会和舆论界的各种声音进行实事求是的分析，给出一个讲道理的说法，这同样也是教育研究人员和学者的使命与责任。我们这些从事高等教育研究的学者和研究人员应该根据自己所了解和掌握的情况和材料，本着科学的精神和态度，介入到这种现象和批评中去，表达自己的意见和看法。

这无疑是一个悖论，是一个在对教育发展过程中的若干重大事件和变迁进行历史评价和研究中的矛盾和悖论。等待和逃避是不现实和不可能的，发表意见则可能出现错误和片面性。但是，这种历史评价中的矛盾与悖论恰恰是学者和研究人员的一个“原罪”。而要想成为“未来的选民”，必须有所作为。而这也是本研究的一个基本定位。为了尽可能地避免片面性，我们在时间上进行了必要的限定，只是对一定时间内的高等教育变化进行描述和分析；同时，尽可能地收集和利用比较可靠的数据进行描述和说明，并且尽可能地用数据和材料说话，而尽可能减少过多的主观评价等。而且，为了避免研究范围过大而出现以偏概全的问题，我们将研究的主要对象集中在高等教育的结构变化上，并由此间接地阐述对其他问题的看法。在研究过程中，本项目对高等教育的学科结构、层次结构和布局结构进行了比较细致的分析，包括对 12 个学科门类、基础学科与应用学科、文科与理科、本科与专科以及各个省市自治区高等教育规模的分布状况的变化进行了非常详细的描述和分析，由此展示了在中国高等教育大众化初期或扩招过程中中国高等教育结构的变化以及这些变化的主要特点。虽然这样的描述和分析并不能够对中国高等教育大众化初期或扩招过程进行完全和全面的说明和评价，但是，仅仅从高等教育的结构变化而言，本书的研究也从一定侧面说明了中国高等教育大众化初期或扩招的意义和成果，回答了社会上和高等教育领域中对中国高等教育大众化初期或扩招的一些疑问和批评。同时，根据国际上高等教育大众化的一般规律，本项目还结合中国的国情，对中国高等教育大众化初期的发展战略或扩招的实施情况进行了分析和评价，并且从机制和质量方面进行了一定的分析，所有这些，对于教育管理人员、研究人员和实际工作部门进一步认识和理解中国高等教育大众化或扩招，都具有一定的意义和价值。

我们深知，由于时间比较短，研究所涉及的范围也比较有限，因此这个研究仍然可能出现这样或者那样的问题和片面性，问题和缺点是不可避免的。但我们同样深信，我们的理论选择是适当的。正如本项目研究中所发现和证明的那样，中国高等教育大众化的模式与经验，或者是扩招，对中国高等教育的理论和实践都具有十分重要的意义。

谈高等专科教育的完整性[①]

在中国社会经济与高等教育发展的过程中，有一个比较奇怪的现象：一方面，中国社会经济和产业结构的发展需要大量有技术的高级专门人才，甚至出现这种高级专门人才千金难求的现象；另一方面，大量高等专科学校的毕业生却找不到工作，成为整个高等学校毕业生就业困难中矛盾最突出的群体。在这种情况下，不少地方高等专科学校的领导和教师不得不带领毕业生到处谋职，政府和教育管理部门也绞尽脑汁，通过各种办法和政策，帮助这些专科毕业生找工作。而且，在各种学术研讨会上，在每年的人大和政协会议上，在各种人才市场上，专科毕业生的就业都成了一个热门话题。这些措施和讨论当然是必要的，但是，如果仅仅就这些专科毕业生的就业谈问题，恐怕也只能是权宜之计，或者也只能是一种所谓的治标的方式。根本的问题仍然在中国的高等专科教育，或者高等教育本身。因此，虽然目前关于高等学校毕业生就业的研究不少，关于专科毕业生就业的论文也有一些，但从专科毕业生就业困难入手，却又不局限于就业本身，而是能够非常深入地分析这种专科毕业生就业难后面的原因，特别是能够从中国专科教育本身的改革和发展来进行研究和讨论，正是桑锦龙同志这篇博士论文的特点和价值所在。我认为，这也恰恰是抓住了专科毕业生就业难的根本。

桑锦龙的研究提出了一个十分重要的问题，高等专科教育的转型问题。

---

① 本文是为桑锦龙的专著《教育转型与专科毕业生就业》（社会科学文献出版社 2008 年版）所写的序言。

他认为，中国高等专科学校毕业生就业困难的问题与这类高等学校在高等教育转型中的调整有关。我是同意这个观点的。但是，我希望借桑锦龙的研究和观点进一步追索的是，在中国高等专科教育的转型过程中，它所面临的突出问题又有哪些呢？当然，不少专家学者已经从学校的定位、学科与专业的建设、人才培养模式以及管理和思想观念的角度等进行了非常有益的探索，也提出了许多非常有建设性的观点。桑锦龙的论文对此也做了非常详细的分析和论述。在这里我希望补充的是，高等专科教育在这个转型过程中所面临的一个重要问题是，它在传统意义上所具有的“完整性”已经受到了越来越尖锐的挑战。

所谓高等专科教育的完整性，我这里是借用了社会学关于社会群体研究的一个概念来描述中国高等专科教育所面临的挑战。按照它的原意，它指的是社会群体的一种特性，即“一个群体或组织的实际成员与潜在成员的比例”[①]。一般而言，社会中某一群体或组织的相对立场，包括它的社会地位与权力等，虽然不是必然以线性的方式，但往往是被这个社会群体或组织所达到的完整性程度所决定的。按照这样一种思路，所谓高等专科教育的完整性则是指，符合和达到高等专科教育水平和标准的人才是否基本上或者绝大多数都是由高等专科教育的学校所培养的。如果说，这样的人才基本上或者绝大多数都是由高等专科学校培养的，我们可以认为，这样的高等专科教育是完整或至少是比较完整的。但是，如果这样的人才有相当一部分或者一个相当的比例不是由这种高等专科学校和高等专科教育所培养的，那么，它的完整性程度就是比较低的。当然，按照社会学完整性理论的一般假定，两种情况下的高等专科教育的社会地位和社会影响力都是不一样的。显然，在这样的情况下，高等专科学校毕业生的就业状况也就会出现非常不同的情况。

那么，中国高等专科教育的完整性程度如何呢？它所面临的挑战又是什么呢？这正是本文希望讨论的问题。首先，我们看看高等专科教育的人才培养目标是如何规定的。根据《中华人民共和国高等教育法》第十六条第一款的规定：“专科教育应该使学生掌握本专业必备的基础理论、专门知

---

① 莫顿．社会理论与社会结构［M］．唐少杰，译．南京：译林出版社，2006：367.

识，具有从事本专业实际工作的基本技能和初步能力。”与本科的人才培养目标比较，它不需要使学生系统掌握本学科、专业的基础理论和知识，也不需要掌握必要的方法和初步的研究能力，而更加强调的是实际动手能力和技术能力。需要说明的是，在中国高等教育体系中，高等专科教育的重要部分是高等职业教育。但由于在《中华人民共和国职业教育法》中对高等职业教育人才培养规格和目标缺乏明确的规定，我们便认为它们与高等专科教育中的有关规定是相同的。按照这样的规定，具备和达到这种要求的人才是不是都是由高等专科学校或高等职业学校培养的呢？这恰恰是中国高等专科教育在转型过程中所遇到的重要挑战。按照我的说法，中国高等专科教育传统意义上所具有的完整性正在遭遇到来自不同方面的侵蚀和瓦解，因而其完整性的程度正在逐步降低。根据初步的了解和研究，这样一种侵蚀和瓦解主要来自以下一些方面。

第一，各种职业证书的培训机构所提供的教育和培训。随着社会经济的发展和劳动力市场的需要，近年来各种为人们提供职业证书教育和培训的机构越来越多，它们有政府部门举办的具有官方性质的教育和培训机构，也有企业举办的这样的教育和培训机构，还有社会团体和个人根据市场需要所举办的各种类型的培训机构。参加这类教育和培训的人员比较复杂，既有已经获得相当学历的未就业青年，也有各种在职人员，还有一些其他具有这种学习需要的人。虽然这些教育和培训机构提供的课程时间不一，但都是以职业技能的学习为主，包括一些高级职业技术的课程和培训项目。所以，这样一种教育和培训已经在现实上成为高等专科教育的强有力的竞争对手，进而侵蚀和瓦解着传统高等专科教育的完整性。

第二，高等本科学校的替代。这种替代至少包括两个方面。其一，《中华人民共和国职业教育法》第十三条中明确规定：高等职业学校教育根据需要和条件由高等职业学校实施，或者由普通高等学校实施。现实中不少高等学校已经在从事着这种高等职业教育，特别是一些近年来从专科升级为本科院校的普通高等学校，虽然这些大学改变了名称，也从事着本科教育，但高等职业教育仍然是这些大学的主要人才培养模式。其二，中国的高等教育还主要是一种专业教育，没有能够在本科阶段真正实现一些发达国家高等教育已经实施的所谓通识教育，因此，从实质上看，这种专业教育仍然属于一种职业教育。特别是随着整个国家高等教育规模的持续扩大，以及本科教育本身的分化，实际上有相当一批高等学校主要是以培养职业型人才为主的。这样，也从更高层次上形成了一种对高等专科教育的侵蚀和挤压，在一定程度上造成了高等专科教育完整性的瓦解。

第三，企业自身的专门培训和职前教育。这种现象在部分比较大型的企业，以及一部分技术密集型企业中表现得比较突出。这些企业本身的生产过程和技术水平往往具有自己的特点和非常强的专业性，专门化程度非常高，一般的学校和培训机构往往还不能提供相应的课程。有些这样的企业则是考虑到自身发展和变化的需要，特别是考虑到企业产品更新换代以后专业技术人员的可持续发展和知识能力的迁移性，他们宁可选择那些基础知识和理论比较好的本科毕业生进行专业化培训，而常常不愿仅仅招聘高等职业教育学校的毕业生。由此也在实际上形成了对高等职业教育和专科教育的完整性的侵蚀和瓦解。

总之，符合或达到高等专科教育人才培养目标和规格的人才，已经不再完全由高等专科教育或高等职业教育所培养和提供，他们可以通过各种不同的途径达到自己的目的。这样，高等专科教育的完整性程度实际上已经大大地降低了。在这种情况下，它的社会地位和影响力当然也就不如以前了，反映在劳动力市场上，则是毕业生的就业空间不断缩小，就业越来越困难。

如果说，高等专科教育的这种不完整性已经是一个不争的事实，那么，关键是这些高等专科学校和高等职业学校如何面对这样一种新的局面和挑战。有可能努力地重新恢复它的完整性吗？或者是按照一种新的标准重建它的完整性？或者是通过其他的方式提高高等专科教育的社会地位和影响力？这正是高等专科教育所面临的战略选择。当然，不同地区的实际和不同类型的高等专科学校所面临的实际困难往往是不同的，它们的选择也一定是有差异的。但是，希望恢复和重建它传统意义上的完整性的确是非常困难的。因为，对于职业教育的体制和模式，国际上和学术界早已存在各种不同的看法。例如，有的学者认为，只要普通教育的课程具有一定的就业取向，那么，职业教育对于社会发展的目标就是没有意义的。从这个意义上说，在大众化条件下，中国的普通高等教育对于高等职业教育的替代性就是合理的。世界银行 1990 年在一份研究报告中也指出，职业教育不仅比普通教育更花钱，而且也可能不是传授所希望的技术的有效方式。相反，企业和部门的短期培训可能是一个更好的选择。所以，社会和企业提供的各种职业培训也就获得了它的合理性根据。当然，对于许多发展中国家来说，职业教育仍然是提供技术劳动者的重要途径，而且，它对于那些不适应普通教育的学生来说，也是必要的。从这个意义上说，中国高等专科教育或者高等职业教育目前存在的这种不完整性也是正常的和合理的。

其实，高等专科教育所面临和出现的这种不完整性岂止是合理的或正常的，它甚至是必然的。从整个社会的发展与变迁中就可以发现，高等专科教育所面临的这种不完整性其实并不仅仅是它独特的现象和危机，而是经济全球化过程中现代社会各种不同类型组织和群体，包括各种专业化程度非常高的社会组织和群体所共有的一种挑战，甚至是一种具有一定普遍性的变化趋势。那么，我们就可以对自己的选择有一个比较清晰的判断：即恢复或者重建这种完整性已经是不太可能了。比较合理的选择是加强和扩大与相关部门和教育机构的合作，特别是进一步强化与企业的合作。在合作和共同发展中建设一种包含差异甚至是竞争的完整性，并由此提高自身的社会地位与影响力。

显然，现代社会和教育体系中专科教育的这种不完整性，也给予了高等专科教育改革的一种新的视角，为我们认识和发现高等专科教育的改革与发展提供了一种新的思路。而桑锦龙的研究正是在这个方面的一个非常有益的探讨。他最后在探讨高等专科教育的发展机制的改革和创新时提到，“专科教育不应是教育部门的‘独角戏’，要积极加强产学结合，真正促进专科教育人才培养模式转型，以适合就业市场发展的需要”。这是非常重要和关键的，也是中国高等专科教育发展的出路和新的空间。

谈“办好人民满意的教育”的政策含义[①]

“办好人民满意的教育”，是教育发展应该奉行的一个基准。但如何“办好人民满意的教育”，却是摆在我们面前的一个挑战。要在一个发展中的大国，特别是在一个仍然不太发达的国家和社会中“办好人民满意的教育”，更是一件非常困难的事情。其中关键的问题是，“办好人民满意的教育”是否有比较具体的政策含义。

一

在现实生活中，人们对“办好人民满意的教育”的理解和评价往往是不同的。从理论分析的角度综合起来看，有可能出现如下比较典型的两种相对极端的观点。

一方面，也许有人会这样认为，在一个发展中国家和不太发达的社会中提出“办好人民满意的教育”似乎有点超前了。因为，目前中国的整体发展水平仍然不高，教育资源，尤其是优质教育资源仍然是非常短缺的，不可能充分满足人民对教育特别是对高水平教育的需求。同时，国家也不可能不考虑社会经济发展和公共需要的其他方面，包括公共卫生、安全、社会保障等方面的要求，而仅仅满足人民的教育需要。客观地说，这种担忧并不是没有道理的，我们的确应该充分考虑中国社会发展的实际。但是，这种担忧和考虑并不意味着现阶段中国的教育就可以有理由让人民不满意，或者说，我们就无法“办好人民满意的教育”。

---

① 本文发表于《教育研究》2008 年第 6 期。

另一方面，也许还会有人把“办好人民满意的教育”完全理想化，不考虑中国现阶段的实际而赋予“办好人民满意的教育”许多过于理想化的内容和要求，包括要求在所有学校实行统一的办学条件，所有学校的入学机会应该绝对平等，应该像某些发达国家的教育政策那样，推行一种高水平的教育公平和机会均等，以及在教育资源的分配上实现完全的公平和一致，等等。当然，这些想法和要求本身并没有错，问题在于中国作为一个发展中国家，作为一个处在社会主义初级阶段的国家和社会，目前仍然缺乏足够的资源来达到这些要求和标准。而且，如果脱离中国的实际而赋予“办好人民满意的教育”更多理想化的内涵和要求，往往对教育改革和发展是有害的。因为，这样做的结果往往会极大地提高和膨胀人们对“满意”和教育公平的预期，进而形成一种在高预期下对教育改革与发展成就的低评价，以及对整个社会的不满。

这两种观点都是不恰当的，对引导中国教育的健康和科学发展都是不利的。所以，结合中国社会经济和教育改革与发展的实际和目标，进一步阐明目前中国社会经济发展阶段中“办好人民满意的教育”的具体政策取向和含义，从理论和实践的角度来说都是非常必要的。

二

“办好人民满意的教育”涉及多方面的含义和要求。但从中国目前社会经济和教育发展的实际，以及教育本身的改革与发展而言，它至少应该包括三个方面的政策含义，即基本教育机会的供给、教育资源的分配体制与机制以及教育的质量。

（一）“办好人民满意的教育”要求基本教育机会的供给让人民感到满意

所谓基本教育机会的供给指的是义务教育的入学机会的供给，具体而言则是目前在中国实行的九年制义务教育机会的供给。一般来说，这种满意常常具有以下几个特点。

第一，这是一种底线的满意，或者说是一种起码的满意，而且体现的是一种基本的教育公平和教育机会均等。缺乏充分的义务教育机会的供给，根本谈不上满意。因此，必须保证所有适龄青少年儿童都能够平等地获得这种基本的教育机会。

第二，它又是一种直接的满意。由于义务教育机会的供给是国家和政府的重要责任，而且，它体现的是一种分配的公平，所以，对于人民而言，这种义务教育机会供给的相关政策及其利益往往都是非常直接的，对所有人来说，这种满意的获得也是无条件的。

第三，这种满意还是一种历史的范畴。换句话说，这种基本教育机会的具体内容在不同的社会发展阶段的含义往往是不同的。例如，中国义务教育机会的具体内容的发展变化便经历了几个不同的阶段，包括学生应该缴纳学杂费等的义务教育机会、农村地区“两免一补”的义务教育机会以及即将在中国城乡普遍实行的免除全部学杂费的义务教育机会。当然，义务教育年限的变化，往往也是一个随着社会经济发展而不断变化的范畴。就目前中国的实际而言，它也应该是与整个社会经济发展水平相一致的。

（二）“办好人民满意的教育”要求教育资源配置的体制设计和机制的实施让人民感到满意

教育资源，尤其是优质教育资源本身的内涵和外延是非常丰富的，它同样也是一个历史的范畴。虽然这些年教育经费的投入以及各种优质教育资源的建设和供给程度在不断扩大和提高，但是，由于人民对教育的需求也是不断发展的，所以，教育资源，尤其是优质教育资源往往总是短缺的，不能够充分满足人民的要求。所以，仅从教育资源数量的供给上希望达到人民的满意，常常是十分困难的，甚至是不可能的。而且，我们也可以非常清楚地看到，人民对教育不满意的一个重要方面，往往并不完全是教育资源的短缺，而更多的是由于这些有限的教育资源的分配或配置的体制设计与实施机制不太合理，以至于形成了一种相对剥夺以及由此产生的对教育的批评。所以，“办好人民满意的教育”的另一个非常重要的政策含义则是，必须对这些有限的教育资源进行比较合理的配置，包括配置体制的设计与实施机制的合理性。这样一种满意具有以下一些特点。

第一，它是一种体制的满意。所谓体制的满意，是一种制度设计的合理性。众所周知，教育资源，特别是优质教育资源常常是有限的，如何分配这样一些资源，往往是现代社会教育改革与发展中的一个重大问题，也是教育公平的一个重要问题。一般而言，这样一种制度设计的合理性，至少涉及两个方面。其一是制度本身内容的合理性，即关于这些教育资源分配方式本身的合理性。例如，对于各级各类重点学校的招生名额的分配方式、教育经费的分配方式，等等，应该符合一定道理和实际，体现必要的公平和公正，而且应该有一定的科学性。其二是制度设计的过程应该是合理的，换句话说，它应该是公开的和开放的，是在人民广泛参与的基础上形成的，而且，它的形成也是经过一定程序的。这一点同样是非常重要的。自不待言，在一个多元化的民主社会中，人民对教育的需求是多种多样的。在这种情况下，涉及人民群众直接利益的各种资源的分配制度，不可能使所有人感到完全满意。所以，程序的合理性是非常重要的，而且也是十分必要的。当然，这种合理的体制还需要有严格的实施机制来保证其本身的目标能够得到实现。这也是这种满意的重要内容之一。

第二，它又是一种间接的满意。显然，与第一种满意相比较，这种满意常常是间接的，它不能简单地依靠政府的分配，而还需要利益相关者自己的努力。例如，在高中阶段，尤其是某些重点高中入学机会的分配上，需要取决于学生的考试成绩和能力测试等。同时，它也与不同地区教育资源本身的规模以及地区分布有关。所以，这种满意不是直接获得性的。

第三，也正是由于它的间接性，它还是一种有遗憾的满意。因为在这种情况下，总会有人不可能得到自己所期望的教育机会，也总会有人由于能力和机会数量的限制而不能获得满意。但是，由于分配体制和实施机制的合理性，他们也不得不遗憾地接受这种事实。

（三）“办好人民满意的教育”要求教育质量能够基本符合人民的期望和要求

如果说眼下人民对教育有什么不满意的地方，教育质量是一个非常重要的方面。由于缺乏必要的调查研究，笔者不能对目前中国教育质量进行准确和客观的判断，但是，作为“办好人民满意的教育”的重要内涵之一，教育质量的含义与内容，则是制定相关政策时应该明确的。根据有关专家的观点和笔者的领会，至少应该注意以下几方面的问题。

第一，教育质量的基本含义。教育质量是一个不容易准确表达的概念。教育质量常常与一定的标准有关。这种标准往往具有两方面的含义，笔者把它们称为教育质量的内部标准说与教育质量的外部标准说。所谓教育质量的内部标准说，指的是根据教育系统内部的各种指标与标准决定教育的质量，例如，各种分数、考核成绩、评比名次等。这种标准当然是重要的，但是，教育质量更是一种外部的要求和规定。根据有关教育辞书的解释，教育质量是指，与“众人期望相符合的程度”①；而教育质量的管理则是指：“应用客观的原理原则与方法，使教育规划、执行与结果都能够符合教育理念以及多数人的期望，甚至超越众人的期望。”而笔者曾经把高等教育的质量定义为：高等学校所培养的人才适应社会经济文化发展要求的程度与状况。科尔曼提出的“教育质量的外部标准说”或者说关于教育学业的外部标准的观点，则更加明确地说明了这个意思，他认为：“虽然地方学校在教学上有相对的自主权，但哪些课程内容必须传授，学生应该而且能够掌握哪些知识都是外部标准决定的。”③ 所有这些都非常清楚地说明，所谓教育质量，实际上就是教育及其所培养的人才与社会经济文化发展的要求之间的适应程度。如果教育包括教育的结构及其所培养的人才等能够很好地符合社会经济文化发展的要求，则是高质量的，也是人民满意的；反之，则是低质量的，是大家不满意的。

第二，教育质量的两个重要方面。进一步说，教育质量又可以从两个方面分析。首先，某种教育在帮助人们进行人生转变的过程中是否发挥了应有的作用，包括在帮助青少年儿童从一个未完成的存在转变为一个比较成熟的社会存在的过程中所发挥的作用如何，以及教育在帮助人们不断适应社会变化中的作用如何。当然，这种转变涉及个体的社会发展、智力和体力发展等。同时，这种转变是所有人在成长过程中必然发生的，也是人们在适应社会变迁中必然遇到的。而教育的作用正是帮助和促进人们的这种转变，使人们能够更加顺利和有序地进行和完成各自的转变，教育质量的高低反映的是教育在帮助和促进人们进行和完成这种转变中作用的大小程度。其次，教育质量又不仅仅反映在这种帮助和促进人们的转变上，它更加重要的含义是帮助和指导人们朝着正确和适当的方向转变。这既是教

---

① ② 吴清山，林天佑．教育新辞书［M］．台北：高等教育文化事业有限公司，2005：58.

③ Coleman. Redesigning American Education［M］. Boulder Co：Westview Press，1997.

育的重要内涵，更是教育质量的重要体现。可以想象，即使教育能够帮助和促进人们比较顺利和有序地完成其成长过程中的这种转变，但是，它却没有能够引导人们朝着一种正确的或者适当的方向转变，它仍然不能算是一种高质量的教育。一种高质量的教育，同时也必定是一种能够引导人们朝着正确方向发展和转变的教育。这种正确的方向包括对自己国家的忠诚、对民族文化传统的认同，以及对社会的责任。如果说，个体的转变本身从某种意义上说，也可以是一个自发的过程，那么，这种对转变方向的把握和引导，则必须通过适当的教育来完成。所以，教育质量的这种意义和价值，往往比前者更加重要。也正是由于如此，把握正确的教育方向，是教育科学的内在要求和含义。

第三，教育质量的宏观含义与微观含义。教育质量不仅具有微观的含义，而且还具有宏观的含义。区分和认识教育质量的这两种含义同样也是非常必要的。所谓微观的教育质量，主要指的是个体的教育质量，即对每个学生的教育状况，或者说，个体学生的培养能否适应社会大众的期望与要求。这也是社会上普遍比较关心的一种教育质量。目前社会上对教育质量的批评，往往更多的指这种教育质量。所谓宏观的教育质量，指的是整体的教育发展状况与水平能否适应社会经济文化发展的要求与期望。在这里又往往以教育结构的质量为代表，或者说，是一个国家和社会的教育结构能否适应社会经济文化发展的要求，包括能否适应不同地区、不同层次和不同类型的人才需求的状况。这种宏观的教育质量往往得不到社会和人们的广泛关注。而从某种意义上说，它具有更加重要的意义。

因此，人民对教育结果或质量的满意，也应该包括三个方面：教育质量不仅要符合教育的内在标准，而且也要适应社会的要求和期望；教育质量不仅体现为促进人们的成熟和转变，而且也要能够引导青少年朝着正确的方向转变；教育质量不仅表现在个体的培养质量和水平方面，而且还表现在能够不断优化整体的教育结构，使之能够适应社会经济文化发展的要求。而相应的教育政策也应该充分考虑教育质量的这种多方面的内涵，通过合理的安排和调控，不断提高教育质量和水平。

有必要说明的是，上述关于“办好人民满意的教育”的前两个方面，即基本教育机会的供给和教育资源的分配体制与机制，实际上都涉及教育公平问题，或者说，这两方面的满意，都是对教育公平的满意。但是，我们应该看到，这样两种不同的满意，却反映了不同的公平观念和理论。基本教育机会供给的满意，实际上也是一种基本的教育公平的满意。这种满意的基础和根据是人的基本平等。从理论上讲，由于人生而平等，所以，他们在接受教育上也应该是平等的。换句话说，这种平等是一个绝对命令，是根据人的基本权利而直接得到的，它本身就是目的。也正是由于这种满意与平等的直接性，特别是因为这种基本的平等的原因是出自于自然的根据或所谓的天赋人权，所以它只是一种作为结果的平等和满意，因而也是一种用消极的方式来定义的平等和满意。① 关于教育资源分配体制和机制的合理性方面的满意，虽然也体现了教育公平，但它与基本教育机会的供给的满意所包含的教育公平是有所不同的。它体现的是一种自由的教育公平。这种自由的教育公平的地位和表达方式与基本教育机会的公平是不同的。由于它是以获得更好的生存与发展的机会和地位为目的，所以，这种教育公平和满意是作为手段而出现的，或者说，人民争取这样一种教育的公平和满意，是为了获得更好的发展机会和更强的竞争力，进而获得更高的社会地位，所以，它在这种因果关系中又具有一种原因的地位，并且具有更加积极的含义。从这个意义上说，这样一种满意必须通过一定的体制和机制的改革与创新来保证，而并不能单纯地直接通过提供资源来实现。这也是我们在制定这样两种不同的政策时应该注意的问题。

这里描述的是关于“办好人民满意的教育”的基本政策含义，至于这些含义如何通过适当的政策系统和方式进行表达，仍然需要进一步研究和实践。而且，要想真正“办好人民满意的教育”，也的确是非常不容易的。它需要多方面的共同努力，需要有道德上的勇气和信念，还需要有体制和制度的保证等。但是，这样一些比较具体的认识和理解对于真正“办好人民满意的教育”是十分重要的。而且可以说，对这种满意的认识水平也在一定程度上决定了我们的实践和工作水平。

---

① 莫琳·T. 哈里楠. 教育社会学手册［M］. 傅松涛，等，译. 上海：华东师范大学出版社，2004：119.

隔离是最大的教育浪费[①]

人们常常把人才培养看成是教师、课堂与学校的事情，看成是一种学术性的活动，看成是一种微观领域的事情，但《国家中长期教育改革和发展规划纲要（2010—2020 年）》（以下简称《纲要》）却把人才培养作为国家教育体制改革的一个重要组成部分，把人才培养工作纳入国家教育改革与发展的宏观视野，从国家和政策的角度予以规定和支持，这无疑体现了国家对人才培养工作的高度重视，极大地提升和拓展了人才培养的重要性与空间。特别是提出系统培养的观念与体系，促进和加强不同学校之间的衔接，以及学校教育与社会各个方面之间的结合，这实在是教育改革与发展急切需要解决的问题，也是政府在教育管理上的重要责任，需要有中央政府和各级政府的作为与努力。

《纲要》在更新人才培养观念方面所提出的五个观念中非常明确地强调了要树立系统培养的观念，这是非常重要的。它充分地体现了教育规划的意义与价值，反映了教育规划从整体上把握与引导教育改革与发展的功能，也抓住了中国进一步深化教育改革的一个关键性问题。而且，更重要的是，这种系统培养的观念，对于实现建设与完善我国的国民教育体系与终身教育体系的目标，也是至关重要的。就目前教育体制改革而言，如何进一步推进大中小学的有机衔接，促进学校教育中教学、科研与实践的紧密结合，加强学校、家庭与社会之间的相互配合，包括不断密切不同学校之间、学校与企业之间、学校与科研机构之间的合作以及中外合作等多种人才的联

---

① 本文原载于《中国德育》2012 年第 2 期。

合培养形式，形成体系开放、机制灵活、渠道互通、与选择多样的人才培养体制，不能不是一个非常突出的问题。可以这样认为，目前人才培养体系中的若干问题，包括教育质量与公平，往往都不同程度地与这样一个问题有关。而进一步深化教育改革，这也是其中一个十分关键的瓶颈。

这样一种系统培养的观念，是完全符合教育规律与人才培养规律的，是与教育的整体性特征相适应的。我非常清楚地记得，美国著名教育家杜威专门有一篇文章《教育的浪费》，讨论人才培养体系中的有机衔接问题。在这篇文章中，杜威非常敏锐地对什么是教育的浪费提出了十分经典的观点，即教育的各个部分与阶段的“隔离”乃是最大的浪费。这里所谓的“隔离”，讲的就是教育的各个方面与阶段彼此之间缺乏必要的联系与衔接，以至于相互矛盾冲突，甚至形成消极影响。他在谈到教育的组织结构时非常明确地指出，教育中“基本的组织是与其他各种社会生活形式联系的作为个人的共同体的学校本身的组织。一切浪费都由于彼此的隔离”；他还说道：“当谈到教育中的浪费这个问题时，我想请你们注意到学校制度各个部分的隔离现象，注意到在教育目的上缺乏统一性，在学科和教学法上缺乏一贯性。”① 为了进一步说明和阐述这个观点，杜威先生从两个方面进一步进行了说明。首先是学校系统内部的隔离现象。他列举了幼儿园教育与初等学校教学之间的衔接问题，讨论了初等学校、文法学校以及中学之间的隔离；而且，他还指出，“教育管理方面的重要问题是在一连串多少互不联系而又交叉重复的地方求得整体的统一性，从而减少由于互相摩擦、彼此重复和没有适当的衔接过渡所造成的浪费。”② 其次，杜威又从学校教育与社会生活之间的隔离现象进一步阐述了他的观点。他指出：“从儿童的观点来看，学校的最大浪费是由于儿童完全不能把在校外获得的经验完整地、自由地在校内应用；另一方面，他在日常生活中又不能应用在学校学习的东西。那就是学校的隔离现象，就是学校与生活的隔离。”③ 而且，他还非常尖锐地指出，“学校却同社会生活的通常情况和动机如此隔离，如此孤立起来，以至于儿童被送去接受训练的地方正是世界上最难得到经验的场所，

---

① 杜威．学校与社会［M］．赵祥麟，等，译．北京：人民教育出版社，2006：53.
② 杜威．学校与社会［M］．赵祥麟，等，译．北京：人民教育出版社，2006：57.
③ 杜威．学校与社会［M］．赵祥麟，等，译．北京：人民教育出版社，2006：58.

而经验正是一切有价值的训练的源泉"①。这岂止是对教育浪费的批评，他简直就是一针见血地指出了教育中最根本性的弊端与问题。由此可见，作为这种教育浪费的反面，人才的系统培养观念的意义与价值恰恰是重视和强调了教育的整合。而且，这种系统培养的观念实际上包括了两个方面。一个是教育内部的系统性，包括不同层次的教育之间的系统性、不同类型教育之间的系统性以及不同学科专业之间的系统性。二是教育或学校与社会之间的系统性，包括学校教育与家庭和社会之间的系统性以及学校教育与校外教育之间的系统性。可以说，这种系统培养的观念正是教育的本质要求。

这种系统培养的观念，不仅批评了教育与人才培养的隔离与浪费，更重要的是，它也从宏观上揭示了当前中国教育改革与发展中的一个深层次矛盾与问题。当然，中国教育改革与发展取得了举世瞩目的成绩，但所面临的挑战与问题仍然十分尖锐。其中，各个不同地区和学校之间，或者不同层次的学校之间的隔离，以及学校教育与社会经济发展的现实之间的隔离，不能不是一个十分根本的体制性问题。当然，这种教育和人才培养中的非系统性，的确会在人才培养的各种微观层面上影响教育的质量与效率，但我认为，这种隔离现象中更深层次的问题与症结还不能停留在微观或技术的层面，它既反映了教育体制上的问题与矛盾，但更要害的是，这种现象的产生与发展，根本原因在于，一些不同地区和学校已经不同程度地形成了它们各自的部门利益与利益集团，而视教育的公共利益而不见。这恰恰是对教育和人才培养最大的伤害之一。因为，教育系统中存在的这种日益强化与严重的部门利益或利益集团，不仅仅造成了人才培养的隔离现象，也绝不仅仅是一个教育浪费的问题，更重要的是，它从整体上损害了教育的公共性，进而影响了人才培养的质量。不待言，教育的公共性是教育的重要基石之一，是实现教育目的的根本保证。人才培养中所强调的对国家与民族的忠诚、对文化传统与价值的认同以及对社会的责任感等最基本的质量要求，都是依托在这种公共性之上的。因此，这种教育的公共性是教育最基本的特征之一，也是教育和人才培养一个最根本的基础。然而，教

---

① 杜威．学校与社会［M］．赵祥麟，等，译．北京：人民教育出版社，2006：31.

育系统中存在，而且日益严重的这些部门利益与利益集团，却在某些看似合理的口号下，侵蚀着教育的这种公共性。且不谈在这种教育的部门利益或利益集团中个人的堕落，更关键的是，这样一种教育的部门利益或利益集团，实质上是在形成和发展一种教育的私人化现象，是在把部门和集团的利益凌驾于国家利益之上，因而实际上也是在破坏教育的公共性。尤其是在基础教育或义务教育的领域，这种教育中存在的部门利益或利益集团，已经在一定程度上成了阻碍教育改革与发展的消极因素。从这个意义上说，重视与强调教育与人才培养的系统性，其实并不仅仅是一种单纯的制度安排的事情，也不单纯是一个不同层次或不同阶段的衔接的问题，它体现或反映的是一种教育部门和机构的个体利益与国家和教育整体利益的关系问题，是能否将部门利益服从于国家利益的问题。这可能也正是提出和强调人才培养的系统性的更重要和更深层的意义。

最后，我还是要引用杜威的一段话。他在谈到教育和人才培养的这种隔离现象时说："必须承认，迄今为止，它们从来也没有结合成为一个完全的整体。教育管理方面的重要问题是如何将这些不同的部分统一起来。"①

---

① 杜威．学校与社会［M］．赵祥麟，等，译．北京：人民教育出版社，2006：56.

公共利益：基础教育改革的首要坐标[①]

基础教育特别是义务教育，是一种培养社会和国家合格公民的教育，它要求以国家和社会的基本价值观念和行为规范为核心、“共同教养”和“共同道德”为基础的“公共框架”培养学生，建设学校和课程。在对我国基础教育，特别是义务教育的改革与发展的思考过程中，清华大学教育研究所谢维和教授提出需要从公共利益的角度审视基础教育的改革与发展。

公共性和公共利益能否得到维护和保证，是评价与衡量基础教育特别是义务教育改革与发展的最重要的标准——

基础教育的公共性和公共利益面临的新课题

谢维和教授认为，公共性和公共利益是基础教育，特别是义务教育最重要的功能和目标。它也是一个社会和国家为了实现和保证整个社会的整体利益而赋予基础教育特别是义务教育的一项非常重要的责任，并因此使得基础教育特别是义务教育成为由国家实施的一种具有强制性的教育。因此，这种公共性和公共利益能否得到维护和保证，是评价与衡量基础教育特别是义务教育改革与发展的最重要的标准。这些年，我国基础教育特别是义务教育的改革与发展取得了非常显著的成绩。在这样一个人口大国能够普及九年义务教育，确实是一个十分了不起的成就。但是，尽管基础教育应该首先保障公共利益的实现，然而在现实中，有些想法和做法却在一定程度上影响了国家基础教育改革与发展在实现公共利益方面的政策和目标。谢维和教授从四个方面阐述了这些现实问题。

---

① 本文原载于《中国教育报》2004年4月17日，记者：蒋建华。

1. 关于教育目的的认识

例如，现在有些家长在督促孩子学习时，常常是这样告诫的：“你现在不好好学习，将来都找不到工作”、“你要考虑你自己的前途”等，而不是“你将来如何成为国家的主人”、“你怎样才能够为社会做贡献”。

由于义务教育的普及和基础教育的扩大，特别是个人自主权的扩大，教育活动中的选择性有可能演变成为一种私人性。现在入学方面存在的差异往往与个体不同形式的努力与投入有关，学习者及其家庭常常由此而忘记了基础教育特别是义务教育是国家提供的教育，是一种公共的教育，因此有可能将获得个人投入的回报，部分或全部地代替接受基础教育特别是义务教育的公共性目标。谢维和教授认为，这实际是把接受基础教育特别是义务教育看成是单纯实现个人发展目标的一种活动。这些想法将会影响基础教育特别是义务教育的公共性目标，有可能将基础教育转变成为一种对个人回报的追求。如果每个人都将接受基础教育特别是义务教育作为一种个人行为，作为一种追求个人利益和目标的活动，那么，基础教育特别是义务教育的公共性将不能得到维护和保证。

2. 学校、教师与学生的关系

现在人们时常说，上了一所好的中小学，就等于上了一所好大学，也就等于将来有一个好的职业和工作。而出于这样的目的，学校和教师往往成为实现这些目标的工具和途径。而有些学校和教师也往往忘记了自己的社会责任，仅仅着眼于帮助学生实现这些个人的目的。

谢维和教授认为，这些说法和现象有可能导致学生和家长把他们与学校和教师的关系误解为一种交换的关系，从而导致教师和学校威信的丧失。这样理解三者关系有可能将国家、社会与个人在基础教育中的义务关系转变为一种个人与个人之间的利益关系，这是非常危险的。谢维和教授提醒到，基础教育特别是义务教育反映的是一种国家、社会与个人的关系，学校、教师的活动和身份体现的是国家的意志和权威，他们是在执行国家的任务，履行社会的义务，他们代表的是整个社会和公共的要求与利益，而绝不能够单纯是对学生实现其个人目的的服务。否则，这个基础教育和义务教育就“变味儿”了。这里，并不是否定学生的个人追求，而是说，教师和学校应该按照义务教育的要求，引导和教育学生形成一种社会责任感，并且将个人追求与公共利益结合起来，并防止将义务教育关系转变成为一种个人之间的利益关系。

3. 对于道德教育的态度

有人认为，现在的德育太空洞，缺乏实际内容。还不如教孩子一些比较实际的东西，让青少年学生能够学会与人打交道，能够很好地保护自己，学会心理调整，进而适应市场经济社会竞争的要求与压力。

就学校德育而言，谢维和教授认为，学校德育应该是一种理想与责任感的教育。人们的现实态度却不完全是这样，有时有可能转变为一种生活技能和处理个人人际关系的工具性教育。在社会转型过程中，由于各利益主体相互之间的对立和冲突，相应地造成了个人生存成本的提高，这样学校有可能受到影响，从而转变成为一种单纯帮助青少年学生增强生活技能和处理人际关系的教育，进而在一定程度上使得这些工具性教育替代理想和责任感的教育，由此崇高的教育很可能变成一种生存战略的谋划。谢维和教授特别指出，这里并不是否定这些工具性教育的价值和必要性，他只是担心将这些工具性教育绝对化，并代替和成为整个的道德教育。

4. 强调教育性还是消费性

现在有这样一种比较时髦的说法，认为教育也是一种消费，而选择学校和教师则是个人教育消费中的一种权利。

谢维和教授认为，在社会转型的背景和过程中，学校为了不断提高教育质量和水平，更好地满足人们对优质教育资源的需求，开展竞争并不完全是坏事。但是，受教育者的选择与这种竞争的结合，却常常可能会产生一种“顾客至上”的现象。由此，教育中所包含的基本价值观念和行为规范要求，以及学生学习学校课程等的义务性，很可能转变成为一种具有“消费”属性的活动，进而成为私人或个人的事情。这种将个人在教育中的权力绝对化的现象，势必造成基础教育公共性的式微。因为，将基础教育的公共性和义务教育的义务性，转变为一种单纯的消费性，实际上是否定了它们存在的价值和意义，与基础教育特别是义务教育的宗旨是不相符合的。

谢维和教授指出，这里的分析只是希望能够提醒人们，随着基础教育特别是义务教育的分化与发展，在基础教育和义务教育中强调学生的主体性和自主权，我们应该同时要防止侵蚀基础教育特别是义务教育公共性的状况发生。

多样性和差异性的扩大，以及对这些多样性和差异性缺乏及时和适当的整合，这种新形势下的基础教育特别是义务教育，往往通过这些多样性和差异性的绝对化，以及个体性的极度扩张，而转变成为一种私人化或者私事化，从而使得基础教育维护公共利益的特性和功能受到影响——

伴随基础教育改革的巨大成绩而出现的不和谐音

为什么会出现基础教育的公共性和公共利益受到影响的现象呢？谢维和教授认为，近 20 年来我国基础教育改革与发展的过程和轨迹隐隐约约地表现出三个比较基本的走向。这些基本走向反映了我国基础教育改革与发展的成就，而基础教育的公共性和公共利益受到影响，则是由于各种比较复杂的原因以及伴随基础教育改革与发展巨大成绩而出现的某种不和谐音。

1. 从行政和管理走向学术和专业

谢维和教授认为，最初在基础教育领域实施的分级办学、分级管理的改革，是一种针对管理体制所进行的改革，是一种行政制度的改革，这一改革对于优化基础教育发展的制度环境起了非常重要的作用，为义务教育的普及和基础教育的发展构建了一个新的平台。随后，素质教育进一步推动和深化了基础教育的改革与发展，已经从一般的管理和行政制度，深入到与基础教育内部学术活动有关的制度领域，而且是一些比较微观的制度领域。课程改革则十分明显地体现出基础教育的改革与发展已经进入了一个学术和专业的领域，实际上也是一种基础教育的学术创新。

2. 从统一走向比较多样化的办学模式

在计划经济体制下，我国基础教育的办学模式基本上是高度一致的。随着分级办学、分级管理的改革，基础教育的办学模式已经有了初步的变化和多样化。民办教育和各种社会力量办学形式的出现，各种新的学校类型和办学模式开始涌现，初步形成了多样化的办学格局。社会主义市场经济的改革与发展为基础教育办学模式的发展和分化提供了一个新的动力，特别是关于社会主义公有制实现形式多样化的有关政策，更是使得原来的公办学校出现了新的分化。

3. 从宏观走向微观的改革重心

随着改革不断深入到学术和专业的层次，以及办学模式的多样化，特别是学校办学自主权的不断扩大，基础教育改革与发展的重心开始逐步移向了学校这个比较微观的层面。换句话说，学校本身的改革与发展已经越来越引起政府、社会和人们的关注。而且，各项改革和发展的措施能否真正落实，包括课程改革的目标能否真正得到实现，基础教育的办学质量能否真正得到持续的提高等一系列与基础教育有关的问题，都不同程度地与整个基础教育体制的微观基础——学校联系在一起。

显然，基础教育改革与发展的这样三个走向促进了我国基础教育的分化，而且，这种学术性和专业化、多样化以及微观性的变化也体现了我国基础教育的一种进步，它有利于提供能够满足人民不同需要的教育，也能够适应社会发展对各种人才的要求。同时，这也是符合教育发展规律的。

然而，这种分化所产生的差异性和多元化却正是基础教育所面临的一种新的挑战。特别是由于这些多样性和差异性的扩大，以及对这些多样性和差异性缺乏及时和适当的整合，这种新形势下的基础教育特别是义务教育，往往通过这些多样性和差异性的绝对化，以及个体性的极度扩张，而转变成为一种私人化或者私事化，从而使得基础教育维护公共利益的特性和功能受到影响。

可以说，基础教育与其他类型和层次教育非常不同之处，就在于它的这种公共性。而且，这种公共性也正是基础教育的根本——

建立包含差异性和多元化的基础教育公共利益

谢维和教授认为，义务教育之所以为“义务”，不仅在于国家有提供这种教育的责任和人民有享受这种教育的权利，而且也在于国家有这样的权利要求所有人接受这种保障公共利益的教育和道德规范，以及人们有义务接受这种保障公共利益的教育，并遵守这些共同的道德规范。换言之，义务教育不仅具有形式上的义务性，而且具有内容上的义务性。可以说，基础教育与其他类型和层次教育非常不同之处，就在于它的这种公共性。而且，这种公共性也正是基础教育的根本。

由于基础教育保障公共利益的这种公共性往往具有一种统一性的目标要求和形态，因而它与差异性和多元化是相互矛盾和对立的。正是在这个意义上，这些差异性和多元化对基础教育构成了一种非常现实和直接的挑战。但是，谢维和教授认为，我们不能简单地将这种差异性和多元化与基础教育的公共性对立起来。这种挑战并不是要否定基础教育的公共性本身，而且基础教育的公共性也不排斥差异性和多元化。比较准确地说，这种差异性和多元化所反对的只是一种机械的公共性，或者说，是传统意义上基础教育的公共性。

显然，传统和机械的基础教育的公共性是不能适应这样一种差异和多元化的。它所重视的是一种简单的同一性，它是排斥差异的。谢维和教授之所以称这种传统的公共性是一种机械的公共性，是因为它的基础乃是一种机械的同一性。或者如同法国思想家迪尔凯姆所说的那种“机械团结”。这种同一性与社会生产力比较落后的时代联系在一起，同时也是与义务教育的普及阶段联系在一起的。

但是，一旦基础教育特别是义务教育本身出现新的分化和发展，这种公共性则要求获得新的内涵与形态，即一种能够包含差异与多元化的公共性，或者说是一种迪尔凯姆所说的，与现代社会相联系的“有机团结”基础上的基础教育的公共性。基础教育的这种公共性，与整个现代社会的发展和存在形态是非常一致的，是社会的现代化建设对基础教育改革与发展的要求。否则，我们的基础教育就不能适应现代社会发展的要求。可以说，只有在这种新的公共性的平台上，具有差异性和多元化这些新特点的基础教育才能够得到比较健康的发展。

中国的教育改革发展需要科学的话语系统[①]

文化的大发展大繁荣，既是一场文化建设的伟大实践，也是一次文化建设与创新的理论发展的机会。对于教育而言，这样一种理论的发展与创新的重要任务之一，就是不断“推进学科体系、学术观点、科研方法创新”，建设与形成有中国特色的教育学术话语系统，进而为进一步推进有中国特色社会主义教育的改革与发展提供坚实的理论基础，达到一种教育改革与发展的高度自觉。

实事求是地说，如果说中国的教育还不能适应经济发展和人民群众的需求，还不能适应科学发展、社会和谐的要求，还不能适应扩大对外开放的新形势，这其中既有体制的原因，但的确也存在教育本身理论建设的问题，突出表现在教育的学术话语系统的建设与完善已经不能适应教育改革与发展的需要，包括一整套比较客观和准确地描述教育活动与现象的概念系统与词汇系统、反映和体现对教育活动和教育现象的比较客观和科学的分类体系与结构安排，以及说明教育活动与教育现象内部与外部的各种内在和规律性联系的理论等。可以认为，这种不完善的现象已经严重地影响了教育的进一步改革与发展。例如，关于“减负”的问题，实际上也与我们对“现代社会里什么样的知识是基础教育中最重要、对青少年发展最有价值的知识”这种基本理论问题的认识不足有关。试想之，如果我们具有高度责任感的教师并不知道什么样的知识与能力对于青少年学生的发展是

---

① 本文原载于《教育研究》2011 年第 12 期，原标题为“建设中国特色的教育学术话语系统，增强教育改革与发展的理论自觉”。

最有价值的，那么不出现负担重才怪呢！当然，这种教育理论的“疲软”，特别是教育的学术话语系统的不完善，并非中国独有，它是一种世界性的普遍现象。正如英国著名的教育社会学家 M. 扬和 B. 伯恩斯坦所说的那样，教育学科是一门比较弱的理论学科，而且它的学术话语系统是一种“弱语法”。显然，这样一种现象是不能使我们达到文化自觉和教育改革与发展的高度自觉的。

建设中国特色的教育学术话语系统，达到教育改革与发展的高度自觉，首先需要建立和形成一整套能够比较客观和准确地描述教育活动与教育现象的符号系统与词汇系统。这也是教育学科的学术话语系统的“语法”建设的重要基础。坦率地说，教育理论中的概念与词汇体系是相当不完善的，这其中既有人们对教育词汇的形容与比喻，甚至是善意的夸张而造成的误解，也可能有由于利益的作祟，有些人自觉或不自觉地误解、歪曲某些教育基本概念的含义；这里既包括某些长期以来似是而非的名词与概念，也有在借用其他学科名词与概念时出现的偏差与错位，还可能是教育学科内部各种概念或名词之间的相似性而引起的混乱与误用，特别是人们在翻译和引进一些国外相关的教育概念与名词出现的混乱和误用。例如，教育学中最基本的概念之一“培养”，却一直缺乏一个比较明确的定义。而对于学校这一最重要的教育机构，却也常常由于缺乏清晰的概念而出现错误的定位，包括在一些非常重要的政府文件中，仅仅将学校看成是一个传授知识的地方，或者是一个进行研究的地方，而并不知道，学校从根本上说是一个文化的机构，以至于限制和影响了学校的建设。最可笑的是，不少大学在发展过程中，把过去的“系”更名或者升格为“院”，可是，据不完全了解，某些当事人可能对“院”、“系”的区别与联系也是不甚了了的。

建设中国特色的教育学术话语系统，达到教育改革与发展的高度自觉，还必须建设能够反映和体现不同教育活动和教育现象的比较客观和科学的分类体系与结构安排。这种对教育活动和现象的分类与结构安排，也是教育科学理论的重要方面。例如，尽管我们习惯性地把“因材施教”、“个性化发展”放在嘴边，但对于学生的认识，特别是对关于学生的基本分类的框架与方法却知之甚少。毋庸置疑，一门学科的科学性并不完全在于它自身的逻辑，而更多地在于对研究对象的认识程度。正如恩格斯所说的那样，科学的根据在于物质运动的形式及其固有的秩序。许多权威的教育百科全书和教育词典中关于教育的各个学科的定义，如教育人类学，都是按照这种方法进行规定的。而对于教育科学来说，这里所谓的“物质运动的形式及其固有的秩序”，便包括了对于学生发展形态和不同类型的认识。

建设中国特色的教育学术话语系统，达到教育改革与发展的高度自觉，还必须包含和说明教育活动与教育现象内部与外部的各种内在和规律性的联系，真正形成对各种教育现象和问题的解释力和预测力。这种对教育活动的规律性的认识是一个学科成熟与否的基本标准，它构成了教育理论与科学中各个不同部分和方面之间的内在联系，以及与外部各种社会活动之间的联系。例如，教与学之间究竟是一种什么样的关系，就是长期以来没有真正搞清楚的问题之一。因为我们都知道，教与学之间并不是一种单纯的线性关系，其中还包括许多中间变量。学校的教育质量，或者说它的教育产出，也并不完全是学校中各种教育资源投入的直接结果，由此也就出现了对学校管理理论中“投入—产出”模式的批判，并且发展出所谓的“层次区分理论”和“松散结构替换理论”，以及所谓的“超越层次区分理论”等。又如，教育与经济之间的关系显然是教育理论中一对非常重要的关系，但是，两者之间的关系究竟是一种什么性质的关系呢？如果说它们是一种单纯的因果关系，这显然是有问题的；它们是一种相关关系吗？如果是，那么又属于哪一种相关关系呢？是函数的相关关系，还是一种趋势性的相关关系？所有这些，都需要进一步研究和阐明。

可以肯定地说，这种教育学术话语系统的建设，以及对教育改革与发展的高度自觉，对于进一步提高教育质量是非常重要的。近年来中国教育改革与发展中存在的某些问题，包括高等教育的改革、高考制度的改革、素质教育的实施以及教育质量等重大问题，都或多或少地与此有关。

因此，我们有充分的理由认为，建设科学的教育理论与严谨强有力的教育学术话语系统，也就是一种教育领域中“无愧于历史、无愧于时代、无愧于人民”的优秀文化作品的创作，因为这也是历史、时代和人民的需要。同时，我还认为，这种科学的教育理论与严谨强有力的教育学术话语系统的建设，也是对中国特色社会主义教育发展道路的学理支撑。李长春同志在清华大学视察时，对中国哲学社会科学的发展提出了非常明确的要求，他指出，中国的哲学社会科学要从历史与现实、理论与实践、国际与国内以及不同学科的结合中，对中国在人类文明史上开创的伟大实践、崭新理念和现实成就进行系统梳理和研究，对创造中国奇迹的发展道路做出深刻的揭示和阐释，对国际社会广泛关注的中国发展经验做出科学概括和论述，不断地丰富哲学社会科学理论体系、学术思想，努力形成有中国特色、中国风格、中国气派的学术话语体系，为中国特色社会主义道路提供坚实的学理支撑，使之为更多的人所接受和信任，不断增强中国特色社会主义道路的感召力、吸引力和凝聚力。显然，中国特色的社会主义的道路，包括中国特色的社会主义教育改革与发展的道路，是一种历史的伟大创新，是一条前人没有走过的新路。但我们同时也应该非常冷静地看到，这种独特性也是一种风险，包括各种不可预测的困难与危机。这些年教育改革与发展的实践也已经充分证明，这样的风险时时伴随着我们的进步，经常地考验我们的意志与智慧，磨砺着我们教育的品质。面对这些风险、困难与危机，我们不仅需要坚韧持续的实践，而且也非常需要一种理论的探索。在这个过程中，狭隘的经验主义是必须避免的，迂腐的教条主义也是我们开拓、创新和发展的大敌。我们必须不断总结各个方面的历史与现实经验，努力学习与借鉴各种理论知识，建设和形成中国特色的教育理论和话语系统。从这个意义上说，在学习贯彻十七届六中全会精神、推动文化大发展大繁荣中，建设中国特色的教育学术话语系统，达到教育改革与发展的高度自觉，也是进一步完善和发展有中国特色社会主义教育发展道路，探索中国特色教育发展经验与规律的重要任务。

统筹考虑补齐农村教育短板[①]

中国的农村教育或者说农村的基础教育，今天仍然是整个教育改革与发展中最为薄弱的部分，也是整个国家教育体系中的一块短板。同时，它也是和谐社会与小康社会建设中的一个难点和薄弱环节，是整个国家民生建设的一个短板。

制约农村基础教育的发展、影响教育公平和质量的因素有三种基本假设。第一个是条件假设，也就是说目前中国农村教育的短板主要是由于农村基础教育投入不足，导致办学条件不到位造成的。比如说，经费的问题、学校的办学条件不足、师资队伍条件不足等。即使在今天，农村基础教育的办学条件仍然与城市存在比较大的差距，要改变农村基础教育的状况，必须不断增加投入，完善经费保障制度。

当然，近几年我国对农村基础教育的投入有了很大增加，为什么还会出现这种短板的现象呢？甚至在经济发展水平比较高的地区，也同样存在流失或质量问题。这就涉及第二个假设——制度假设，即农村教育的短板现象，包括质量与公平的问题，在一定程度上是由于体制和机制上的不完善造成的。

首先是农村教育的制度化基础的问题，这里指的是中国农村社会政治经济制度的改革与建设中存在的问题，包括城镇化建设对农村的影响、农产品价格问题、农村的各种社会保障与福利政策问题等，这些都会影响农

---

① 本文是笔者在“农村教育的公平与质量：理论与实践的对话”研讨会上的发言，原载于《中国教育报》2011 年 4 月 8 日。

村教育经费投入、入学制度和人事制度等。

其次是农村教育本身的制度化安排问题。比如对农村教育的支持往往不是制度化的而是功能化的，通过项目、工程而不是体系和制度来给予支持。

最后是农村教育的制度化预期问题，即农村学生与家长对接受基础教育的未来发展和收益，缺乏一种比较积极和乐观的预期。通俗地说，就是“我在这里接受教育将来能不能更好地发展呢?”如果他们看不到在农村接受基础教育对他们未来发展的好处，学生可能会觉得读书没什么用，将来可能也上不了大学，还不如早点出去跟父母打工、学点手艺，将来可能还生活得更好。显然，缺乏这种积极的制度化预期，家长也同样没有积极性送孩子去读书。

除此以外，农村教育公平发展和质量提高还存在第三种假设——文化假设，即由于价值观与文化的差异而造成农村教育的短板。这种假设的原因比较复杂，往往涉及各种地方性的文化因素与历史传统的影响。

农村教育改革与发展存在许多困难，但我认为，最大的困难是发展战略的悖论。今年全国“两会”上有个政协委员提出一个观点，农村的孩子不要到城里来读书。他的发言引起轩然大波。我不对这个问题做过多评论，但这恰恰反映的是农村教育改革与发展的悖论。这个悖论也是农村基础教育改革发展和质量提高的目标取向中的矛盾：是让农村学生接受高一层次的教育，具有更强的高考能力，适应城市生活的要求，还是更好地满足本地经济社会发展的需要，适应本地对人才的要求？我们不能简单地说农村孩子就留在农村，应该创造更多的条件让他们接受更好的教育，农村孩子中也有很多人才、精英、天才。可农村确实又需要人才，也需要高水平的人、聪明和有能力的人来改变农村落后面貌。两者不可偏颇，应该从新农村建设与城镇化相结合的角度，综合考虑这个问题。

教育空间的扩大需要新的资源制度
——兼谈教育“乱收费”现象[①]

近年来我国教育改革与发展的一个非常重要的特点和变化就是教育空间的不断扩大，这种教育空间的扩大及其特点，对教育的制度安排提出了许多新的要求，其中非常重要的一个方面就是对教育的资源制度的新的要求。而这也为我们今天分析所谓教育“乱收费”现象提供了一个新的角度。

所谓教育空间，这里主要指的是教育活动所覆盖的领域。按照一般的分类，这种教育空间至少包括以下三个方面：一是教育的地域空间，即教育活动所覆盖的地区范围；二是教育的人口空间，即教育活动所涉及的人口的数量和群体；三是教育的制度空间，即教育活动所关系到的各种制度安排和类型。而教育空间的扩大也主要是指这几个方面的拓展。

首先是教育的地域空间的扩大。这种变化和现象是有目共睹的。随着义务教育的普及，我国百分之八十五的人口地区都已经实现了普及九年义务教育。过去许多边远的贫苦地区、山区和少数民族地区也都不同程度地普及了义务教育，而且，国家还通过建设寄宿制学校的方式，使那些居住分散、上学不方便的家庭的孩子获得了学习条件。高等教育的大众化一方面使接受高等教育的机会扩展到社会的更多地方，同时高等学校毕业生的就业范围也越来越大，几乎遍及了社会经济建设的方方面面；另一方面，高等学校的分布结构和模式也发生了非常大的变化，过去主要建设在大中

① 本文的部分内容以《构建教育经费新的制度平台——兼谈高等学校本科招生并轨改革的启示》为题刊登于《中国高等教育》2006 年第 1 期。

城市的高等学校，现在也已经出现了扩散的趋势，一些中小城市也开始建立与地区经济社会发展具有更加密切关系的高等学校，甚至就是以地方命名的高等学校。更重要的是，这种地域上的拓展和扩大，绝不仅仅是一种单纯规模的扩大。由于这些地区本身的社会经济文化发展水平和特点的差异，它们一方面为高等教育提供了不同的基础，另一方面也对高等教育形成了各种不同的需求。显然，高等学校本身的差异性已经随着这种高等教育地域空间的扩大而正在发生着非常大的变化。

其次是教育的人口空间的扩大与变化。这个方面的拓展和变化也是非常明显的。一方面，义务教育的普及已经使得越来越多的适龄青少年获得了接受学校教育的机会，而且在比较发达的城市地区，高中阶段的教育也正在逐渐走向普及的阶段；另一方面，高等教育的大众化在近年来已经使高等学校的招生数量和在校学生的数量扩大了好几倍，越来越多的人有了进大学的机会，而这在20世纪90年代中期几乎是不可能的。同时，研究生的招生和在校研究生的数量也是大规模地增加。值得注意的是，这种教育的人口空间的扩大与变化还体现了其他两个方面。第一是传统的学生概念和含义已经发生了变化，非传统意义上的学生，包括成人的学生，在职学习的学生，以及部分时间制的学生等，已经使得学生的范围和领域都大大超过了过去的范围和领域。第二，各种非学历的教育形式也已经成为人们学习知识、适应社会经济发展和变化的非常重要的形式。尽管我们对这个方面的情况还没有非常准确的统计，但我相信，它的增长速度是非常快的，总量也非常之大。而且，随着终身学习的提出和学习化社会的建立，这种非学历的教育形式正在使越来越多的人获得了新的不同形式的教育机会。显然，这种人口空间的拓展和扩大，也绝对不仅仅是人数的增加。毫无疑问的是，随着接受教育的人口的增加，他们本身的经验和基础，以及他们接受教育的不同动机都将对教育提出新的不同的要求。而且，由于社会阶层的差异，包括社会经济地位的不同等，也会对教育的形式和内容产生各种不同的期望和评价标准。因此，如同教育的地域空间的拓展和扩大的影响一样，这种教育的人口空间的拓展和扩大，也将不断促进教育的分化。

最后是教育的制度空间的拓展和扩大。当然，这个方面的拓展和扩大所包含的内容与意义，与前面地域和人口空间的扩大相比较，可能是需要有所说明和解释的。根据社会学和政治学的理论与实践，我们可以看到，实际上整个社会往往是根据各种不同的制度化因素而划分成各种不同的空间的。例如，根据不同的政治制度，有可能形成不同的政治空间；按照不同的经济制度，社会也常常划分为各种不同的经济活动的空间；由于不同的文化因素，人们往往也自觉和不自觉地构成了不同的生活空间；在中国由于户籍制度的存在，整个社会还划分为城市和农村这样不同的生存空间；等等。显然，教育制度本身与这些社会的基本制度具有非常密切的关系。而本文所谓教育的制度空间的拓展与扩大，正是指上述这些社会基本制度的变化与改革对教育制度的影响。纵观这些年教育改革与发展的实际，这种教育的制度空间的拓展与扩大至少体现在以下几个方面。第一，教育活动从一种社会主义计划经济中的指令性制度，转变为社会主义市场经济体制中政府指导下，不断适应社会经济文化发展需求和人民群众对教育的需要的制度。第二，教育活动从一种单纯政府行为的制度安排，转变为一种既有政府行为，又有社会广泛参与的民间行为的制度安排。第三，教育活动从一种完全由中央政府统一管理的制度体系，转变为中央与地方两级管理、学校自主权不断扩大而形成的不同层次的分级办学、分级管理的制度体系。第四，教育活动从一种更多地强调其政治功能的制度设计，转变为不仅重视其政治功能，而且也非常强调其经济功能和文化功能等方面的制度设计。第五，教育活动也正在从一种单纯公益性的制度安排，转变为在保证公共利益基础上的社会服务性制度安排。显然，这些变化都已经使得教育活动的制度空间与过去比较发生了非常大的变化和拓展。无疑，这些变化和拓展已经使教育活动的制度设计和安排变得更加复杂，更加综合，也更加多样化。

当然，教育活动的这些空间的拓展和变化并不完全是同步的，而是不均衡的。从总体上看，我个人认为，教育活动的地域空间和人口空间的拓展和变化是比较快，而且也是非常直接的。相比较而言，教育活动的制度空间的拓展和变化往往具有一定的滞后性。换句话说，教育活动的制度空间的拓展和变化已经在一定程度上落后于教育活动的地域与人口空间的发展和变化，甚至于不能满足新形势和新的教育空间中教育改革和发展的需要。这一点也恰恰是当前我国教育改革和发展的一个阶段性特点。而这种教育活动的制度空间拓展相对滞后的现象也是当前整个社会发展中深层次矛盾在教育领域的一个具体体现。

教育资源（经费）的制度空间的拓展相对滞后，正是这种教育活动的制度空间拓展中比较突出的一个方面，而且是矛盾比较尖锐的一个制度领域。这种相对滞后现象比较突出地表现在，随着整个教育活动的空间的持续拓展和扩大，特别是教育空间本身的不断分化和多样化，教育的资源（经费）制度并没有相应地进行调整。具体地说，它并没有真正地从过去那种完全或者是主要建立在政府财政基础上的制度安排，拓展和转变为以政府财政为主、其他方面共同参与提供资源（经费）的制度安排，以至于在一定程度上形成了一种教育活动本身的复杂性与教育资源（经费）制度的相对单一性之间的非均衡现象，以及一种所谓教育活动的类型与资源和经费供给制度之间不对称的尴尬局面。在这种情况下，教育活动的资源（经费）状况便必然地朝着两个方面发展。一是对各级政府财政中教育资源和经费的需求期望越来越大，而整个政府的教育资源与经费支出常常又是捉襟见肘，甚至在比例和增长率上出现降低和负增长的现象。由此也形成了对政府的强烈批评和巨大压力。二是各种教育活动的提供机构按照一种非制度化的方式通过各种途径筹措资源和经费，包括以各种非正常的方式筹措教育资源与经费，这样也就出现了所谓的教育“乱收费”的现象，由此又从另一个方面造成了整个社会对教育的批评和压力。更重要的是，社会经济发展和人民群众对教育的需求仍然在不断地攀升和增长。在这种发展趋势下，进一步拓展教育的资源（经费）的制度空间，为教育改革和发展构建新的资源（经费）基础是非常重要的。

实际上，这些年教育改革和发展中教育资源（经费）的制度改革正是朝着这个方向进行的。早在 1985 年《中共中央关于教育体制改革的决定》中，政府就已经提出了多渠道筹措教育经费的思路。20 世纪 90 年代，《中国教育改革和发展纲要》及其实施意见也就基本明确了“财、税、费、产、社、基”的思路，力求拓展教育资源与经费的制度空间。特别是通过收费和产业发展的方式筹措经费，对过去的制度来说，是一个非常大的突破与拓展。而且，在这个方面，高等学校本科学生收费制度的改革就是一个非常成功的经验和案例。根据蔡克勇先生的概括，从20世纪90年代开始，当时的国家教育委员会就针对高等学校招生制度中已经存在的“委托培养、代培和自费生制度”，即由用人单位或个人出资、委托高等学校代为培养，学成以后回到出资单位效力、自费生自谋职业的制度，提出了要逐步实行公费、自费并轨的思路。而这一改革的基本目的就是要使得高等教育能够主动适应社会主义市场经济的需要，更好地贯彻教育公平性的原则，转变高等学校的培养机制，激励学生奋发学习，提高教育质量，从理论上看，则是高等教育的非义务教育的性质以及高等教育的成本分担理论的基础和依据。从改革过程上看，从1993年试点开始，到1997年全部实行并轨，在五年内，非常顺利和平稳地完成了这一改革。而在现实中，它恰恰就是一个教育资源（经费）的制度空间根据教育改革的实际和社会经济体制的变化而进行的成功拓展。而且，这也是高等教育的资源与经费制度从计划经济向社会主义市场经济拓展和变化的一个成功经验。应该充分肯定的是，这一教育资源（经费）的制度空间的拓展，为我国高等教育的跨越发展和大众化提供了非常重要的制度保障。不难看到，近年来高等教育的扩大招生和大众化的实现，特别是在国家和政府的教育经费不足的情况下，教育资源（经费）的这一制度空间的拓展，或者说，高等学校招生收费制度的建立，发挥了关键性的作用。当然，在这个制度的实际操作过程中可能也出现了一些这样或那样的问题，但是，从总体上看，我们可以认为，没有这样一种资源和经费制度的拓展和创新，我国高等教育的跨越发展和大众化在目前是不可能的。而当时高等学校招生收费制度的这一改革之所以能够成功，非常重要的一个原因就是，它适应了高等教育的地域和人口空间持续扩大和高等教育的需求不断分化以及高等教育资源和经费严重不足的现实，清楚地认识到了社会主义市场经济条件下高等教育的变化。因而也是高等教育体制在改革和发展中适应社会主义市场经济的一个重要体现。所以，总结这些经验，根据社会经济和教育发展的实际，不断拓展教育资源（经费）的制度空间，是进一步深化教育改革、保证教育健康发展的一个重要的战略举措。

应该看到，高等学校本科招生收费制度的成功改革所给予我们的不仅是一种现实的效果，更重要的是，它为我们教育资源（经费）的制度创新与拓展提供了一个非常有意义的启示和方法论。无疑，在当时的处境下，我们也可以有两种不同的政策选择：一种是在现有的资源和经费制度的框架内，不断增加政府教育经费支出的类型和数量，在制度上取消这些有可能出现和带来诸多问题的委托培养、代培和自费生政策，并将它们完全纳入过去公费学生制度的框架中；另一种则是从当时的实际出发，在科学理论指导的基础上，通过逐步的试点，抓住机遇，果断地拓展教育资源（经费）的制度空间，赋予这些所谓的委托培养、代培和自费生形式某种制度上的合法性，并进行有效与合理的规范管理，并且根据这种新的制度安排，建立了一种新的高等学校招生制度。事实证明，在教育的地域和人口空间已经拓展和扩大以及教育活动多元化的情况下，合理地拓展教育资源（经费）的制度空间是一种适当的政策选择。它反映和体现的正是一种制度创新，是一种适应社会主义市场经济需要的教育资源（经费）的新的制度安排。

实际上，我们今天的教育改革和发展正面临着这样一种选择。一方面，由于整个社会的和谐建设与发展对公共产品和服务的需求越来越大，特别是包括医疗卫生和健康等方面的需求，以及国防和科技的要求，整个政府财政的压力与日俱增，特别是免征农业税政策的实施，在一定程度上也减少了国家财政的收入。因此，希望在短期内教育经费有非常明显的增加是非常困难的，甚至是不可能的。另一方面，由于现代社会中教育空间的持续拓展，整个社会经济和个人的发展对教育的需求越来越大，需求的层次越来越高，需求的类型也越来越多样化，教育的发展对资源和经费的需求也会越来越大。在这种情况下，面对整个社会对教育收费现象的质疑，特别是对教育“乱收费”现象的严厉批评，什么样的政策选择才是合适的呢?当然，对于教育资源和经费，政府应该承担必要的责任，特别是对于基础教育和义务教育。而且在有条件的情况下，尽可能地扩大政府财政中教育经费的比例和增加新的税费幅度与类型等是非常必要的。但是，在整个教育的地域和人口空间已经拓展和扩大的情况下，逐步地拓展和扩大教育资源（经费）的制度空间，为教育发展提供新的资源基础，是更加重要的。换句话说，对现有的各种教育收费进行必要的清理和分类，将一些合理的收费现象进一步规范化，纳入制度化的空间，进行有效的管理，应该是一种更加适当的政策选择，而并不只是一味地将所有的教育收费一概戴上“乱收费”的帽子，甚至是把已经经过长时期的研究和准备，并且在理论上比较合理的教育收费项目也推迟和停止下来，进而进一步希望政府能够安排和提供更多的教育资源和经费，这样，势必形成一种对整个社会，包括对政府的形象以及教育的改革发展都非常不利的局面。

总之，从教育发展本身的逻辑、现实与政策的比较分析以及历史经验来看，面对教育发展的需要、政府财政的压力以及社会的批评，我认为，教育发展需要新的资源制度，需要进一步拓展和扩大教育资源和经费的制度空间，用更加积极和科学的态度，将当前各种教育收费现象中比较合理的部分进一步规范化，赋予它们制度上的合法性，进而构建社会主义市场经济条件下教育发展的新的资源制度。

学校品牌建设要符合教育规律[①]

从理论上和实践上看，在市场经济中学校的品牌作用已经显现，学校的品牌建设确实可以作为一种在市场经济发展过程中实施素质教育和提高教育质量非常可行甚至是很重要的路径和思路之一。

什么是学校品牌？即受教育者及其利益相关者对学校教育提供的课程、教学及相关教育服务的认知程度，是一个学校或教育机构所提供的教育产品和服务的综合品质的体现。它包括三个方面：一是教育教学质量，二是素质教育的水平，三是人民满意的程度。我们所说的学校品牌，实质上就是学校的声誉，也是一种信任，一种口碑。可以想象，如果一个学校在社会上失去了良好的口碑，比丧失一个科研项目杀伤力要大得多，这不就是学校的品牌吗？

更重要的是，这样一种声誉和口碑在很大程度上反映了社会对学校的信任。众所周知，教育的本质是社会对未来的一种委托和一种希望，我们培养的学生是未来社会发展所需要的人才，这就是一种预期的委托。从这个角度上看，清华大学拥有今天的声誉和地位，很大程度上是社会对清华的信任。这样的品牌建设，对学校、对教育的意义和价值非常重要。有人把品牌看成美誉度、普及度，我认为它体现的是学校的一种软实力，而软实力体现的是影响力、吸引力和说服力。影响力体现在学校的办学模式能否为教育改革提供借鉴，在提高教育质量方面是否具有示范效应等方面；

---

① 本文是笔者在《人民政协报》举办的教育之春“全国教育舆情分析与品牌建设高峰研讨会”上的发言，原载于《人民政协报》2013年6月19日。

吸引力则体现在一个有影响力、良好声誉口碑、得到大家信任的学校能够吸引优秀的生源、更多的资源，实际上很多人并不了解名校的办学细节，影响其选择的就是学校声誉和口碑，具有品牌的学校也最终具有说服力。

在学校品牌建设过程中，要谨防三个误区。第一，不要简单地把商业活动中品牌建设的内涵、方式简单地移植到教育上来。教育是一个公益事业，教育品牌建设也应该体现公益性，其价值体现在实施素质教育等方面，而并非一种短期的、追求商业利益的价值，如果学校的品牌建设走向这个误区，迟早会丧失品牌效应。第二，学校品牌建设切忌急功近利。一所学校的品牌根基深植于学校发展的历史和传统，不是简单地喊一个口号就形成一个品牌。第三，学校的品牌建设也要防止非专业化的现象。如果仅仅把学校品牌建设作为特色建设，这是非常片面的，品牌作为一种质量的体现，作为一种声誉和信任的体现，首先要符合教育的规律，体现教育的规范性。在这种规范性和规律的基础上，进行特色建设，而不否定这种规范性之上所具有的特性。否则，就违背了品牌建设的本质特征。

从这个角度来讲，学校品牌建设包括三个方面的内容：第一是质量建设，即一定要抓好人才培养质量；第二是文化建设，要抓好思想道德教育；第三是形象建设，即要突出公益性形象。

我特别想指出的是，学校品牌建设还有一个原则就是要符合教育规律，体现不同阶段教育的特点。我特别提一下幼儿园和学前教育，我们有些幼儿园把开发幼儿智力作为幼儿园的一种品牌和特色，并进行大肆宣传，其实这恰恰是南辕北辙，违背了幼儿教育的规律。让孩子身心愉悦与安全，这才是幼儿教育的功能所在。所以我在这里特别想强调学校品牌建设的基本规则，就是要符合教育的规律，体现不同阶段教育的特点，包括小学教育、中学教育、大学教育，每个阶段的教育都有其特点。

今日研究生培养的质量，明天国家竞争力的水平[①]

记得在本课题研究在北京友谊宾馆第一次向来自教育部、高等学校和地方主管学位与研究生教育的领导，以及有关专家进行汇报、征求意见的时候，尽管大家对部分内容与个别研究观点提出了一些非常好的意见与建议，但对于整个报告的篇首语："今日研究生培养的质量，明天国家竞争力的水平"，都给予了充分和高度的肯定和认可，认为它非常精确地反映和表达了今天研究生教育的地位和重要性，以及对国家社会发展的意义。从他们发表的意见和评价中，我清晰地听到了一个十分强烈的话外音：中国的发展需要我们自己的"精英"。

中国的发展及其宏伟目标任重道远，我们需要不断完善我们的制度与体制，我们需要更加丰富的资源条件，我们也需要有更好的社会文化与生态环境，我们还需要有一个比较稳定和谐的国际国内局势，等等。当然，一定还会有人说，我们更加需要从人力资源大国走向人力资源强国。这些显然都是非常必要的。但我在这里更想说的是，中国在面向未来的建设与发展中，尤其是面向国际的竞争中，我们更加需要的是一大批高水平的拔尖创新人才，我甚至更愿意说，我们的确需要一批能够为国家在风口浪尖上承担重担的"精英"。正如党的十六大在提到我们的教育应该造就数以亿计的高素质劳动者和数以千万计的专门人才这些目标之后，还特别强调教

---

① 本文是为笔者和王孙禺主编的《学位与研究生教育：战略与规划》（教育科学出版社 2011 年版）一书所写的序言。

育要培养“一大批拔尖创新人才”。

这是中国学位与研究生教育的历史使命，是中国学位与研究生教育真正的定位。中国特色社会主义的道路是一条前人没有走过的道路，是一种全新的开拓和探索。这条道路上充满了各种各样的艰难险阻，也存在许多未知的变数与不确定的因素，包括诸多人为与自然的挑战，以及看得见和看不见的风险。我们不仅需要勇气和热情，需要团结和忍耐，也更加需要智慧，需要有一批能够在面对这些困难和挑战时，冷静、沉着、拿得出办法的人；一批能够与矛盾博弈，与挑战周旋，与危机智斗的人；一批能够在关键时刻提出解决问题的方案，进而化险为夷的人，一批能够在激烈的竞争中善于把握机遇，赢得胜利的人。总之，我们的国家迫切需要一批高智商与高情商的人。虽然这些人的脱颖而出有各种可能和途径，但不能否定的是，研究生的培养是其中最重要的机制与平台。尽管我们的学位与研究生教育能够为国家和社会经济的各行各业培养与输送大量不同类型的人才，虽然学位与研究生教育具有多方面的功能与价值，但毋庸置疑的是，为国家的社会经济发展培养一批具有拔尖创新意识与能力的“精英”，则是其中最重要和最突出的任务，而且是它不可回避的使命，也是任何其他活动都不可替代的使命。

这是中国学位与研究生教育的根本方向，是中国学位与研究生教育必须时时强调与关注的目标。作为一种高层次的人才培养与学术活动，学位与研究生教育无疑具有非常浓厚的学术性，它总是与一定的知识创新与科学发现联系在一起的；作为一种极其专门化的活动，它也是一种不断探索未知领域和开拓未来的活动。但是，学位与研究生教育的这样一种创新与发现，这样的探索与开拓，是与中国未来的竞争力建设联系在一起的，是与中国的发展与民族复兴的责任联系在一起的，是与培养中国的拔尖创新人才或“精英”联系在一起的。这样的“精英”必须忠诚于国家和人民，具有强烈的民族认同感与社会责任感，能够承受苦难、挫折和敢于担当，能够自觉地在振兴中国的历史进程中扮演率先垂范的角色，能够成为中国社会经济科技文化发展过程中“靠得住”的群体。中国在未来世界上的竞争力如何，与今天的学位与研究生教育息息相关，也与今天所有的研究生的发展水平紧密相连。

这也是中国学位与研究生教育的质量观，是中国学位与研究生教育发展水平高低的最根本的标准。当然，我们重视研究生教育过程中的投入，我们也关注研究生对高水平学术论文的贡献，以及在重大科研课题或项目中的参与，我们还十分强调研究生的就业去向，鼓励他们到国家需要的地方去发挥自己的聪明才智。但是，我们更加强调的是能够在各个不同领域培养出一批顶尖的人才，一批能够在不同领域拔得头筹的翘楚，一批能够在不同地方发挥领军作用的帅将之才。他们必须具有非常恢宏和开阔的眼界，能够在全球的视野中把握那些具有高度关联性的战略要点，能够在充满不确定性的变化中审时度势，乘势而为，进而在发展和竞争中把握先机；他们必须具备深厚的理论功底和很高的学术造诣，不仅能够在专业上达到一流的水准，而且还可以多学科地综合思考；不仅能够驾驭学术思潮的发展，而且能够在理论和现实之间自由地行走；他们还能够具有很高的人文情怀和素养，他们关心人类的命运与世界的未来，能够把个人的命运与人类的发展自觉地结合起来……任何一个研究生培养机构和单位，如果不能在一定时间内培养出这样的拔尖创新人才或“精英”，我们无论如何不能说它的研究生培养质量是高的；如果一个研究生培养机构和单位缺乏这样的使命与方向，我们无论如何也不能说它的研究生培养体制是先进的。提高学位与研究生教育的质量，说到底，就是要能够培养出这样的拔尖创新人才或“精英”。

这也是中国学位与研究生教育改革与发展的重大机遇，是突破学位与研究生教育体制与机制中若干难题的难得机会。应该看到，近年来中国学位与研究生教育取得了突出的成就，有了长足的进步和发展，为国家的社会经济科技文化发展输送了许多优秀人才。但是，同样应该承认的是，我们的学位与研究生教育仍然存在不能够适应国家社会发展的需要的方面，包括一些体制和机制方面的顽症。我们同样承认的是，这些不适应的方面，尤其是解决体制机制方面的问题，并非一蹴而就的事情，它需要长期的努力，甚至是必要的耐心。但是，面对国家社会经济科技文化建设的紧迫要求和压力，还有什么比尽快提高和加强国家竞争力建设更重要的事情吗？还有什么比为国家的发展培养和输送高水平的拔尖创新人才和“精英”更重要的事情吗？今天，正是中国学位与研究生教育改革的最好时机，是中国学位与研究生教育跨越发展的重大契机。因为，我们的国家实在是太需要拔尖创新人才和自己的“精英”啦！

中国应该有自己的“精英”，应该培养自己的“精英”，我们期待着中国的研究生培养机构和单位能够为我们的国家和社会培养出更多这样的“精英”。我们也由衷地希望，我们的研究报告能够为中国学位与研究生教育的改革与发展，能够为中国的拔尖创新人才和“精英”的培养，提供一点自己的作为。而这些许的作为也应该感谢国务院学位办公室的信任与指导，感谢清华大学教育研究院、清华大学研究生院、国务院学位办等单位的教师、博士后、研究生以及相关学者三年多来所共同付出的努力与智慧，感谢出版社的编辑们一丝不苟的工作，当然，还有许多为此做出默默无闻的贡献的朋友们。

走在正确道路上的清华文科[①]

由方惠坚等老师与文科处撰写的三十多篇文章，从不同的角度与不同的风格，从各自的亲力亲为与感受，回顾和介绍了清华文科恢复与建设的历程与故事。这些弥足珍贵的文字与叙述，有血有肉地、系统全面地，并且是非常客观地再现了清华文科自恢复建设以来的成长经历、发展阶段与上升轨迹。反映了清华文科的成长路径、逻辑与理性，也浓缩了清华文科恢复与建设过程中所有人的精神与智慧。同时，这些文章也还栩栩如生地写照了清华文科人的形象、个性与风格。依我个人看，作为一部清华文科恢复建设的简史，丝毫也不逊色。我应该衷心地感谢本书所有的作者，感谢他们对清华文科建设的参与，感谢他们对清华文科发展的贡献，也感谢他们为此书付出的心血。因为，正是他们，以及他们所代表的清华文科人，十分形象地在人们的心目中构筑了一条清华文科这些年走过的道路。

清华文科建设近年来所取得的成绩及其地位，不仅是学校上下的共识，而且也已经成为全国人文社会科学领域的共识以及社会的共识。可以毫不谦虚地说，它已经成为国家人文社会科学和有中国特色社会主义意识形态建设的一支重要力量，我甚至愿意说，在某些方面和领域，它也已经成为国家社会经济政治文化建设中能够“靠得住”的一支队伍。从目前的结构与成绩看，清华文科已经初步构成了五个高水平的平台。第一是国家高层次干部培训平台，为干部队伍的专业化、知识化做出了重大贡献。

---

① 本文是为清华大学百年校庆时关于文科发展与建设的纪念文集《清华大学文科的恢复与发展》（清华大学出版社 2011 年版）一书所写的序言。

据不完全统计，仅2005年以来，我校共培训各级各类干部687个班次，培训人数达28848人次。其中一些培训班已经成为“品牌”，在国内外产生了很大的影响。第二是文科高水平创新人才培养的平台，不仅逐步凝练了自己独特的办学理念，而且正在形成个性化的培养导向；不仅在生源质量上达到了国家的前列，而且经过多年的努力和积累，人才培养的质量不断提高，培养了一批未来的“学术大师、兴业英才、治国栋梁”。第三是学校国际声誉与影响力拓展的平台，包括留学生的招生、英语课程的建设，以及学科的国际评估和高水平的国际展览等方面，清华文科已经显示出强有力的发展势头。第四是政策咨询与政府智库的平台，清华文科学者与团队所做出的各种高水平政策分析与研究报告，已经得到了政府与社会各界的认可与好评，有些甚至成为“品牌”。第五是思想理论与文化建设的平台，通过多年的学科建设与深入的科学研究，清华文科中的某些学科正在逐渐形成独特的“清华学派”，研究成果也日益受到国内外的高度关注。总之，通过多年的积累和发力，一支生气勃勃的中青年队伍已经崛起，一批具有品牌效应的研究机构与论坛已经愈发成熟，一批颇有影响的成果持续产生，一批高素质的毕业生也正在各个重要和主流领域发挥着日益重要的骨干作用。更重要的是，在学科专业与研究领域的建设与磨合中，在深厚的学术传统与文化积淀的基础上，清华文科正在凝聚和形成新的学术精神与文化，有的也正在形成有广泛影响力的学派与品牌。所有这些成绩和进步，都是多年来各届领导与文科人长期努力的结果，是所有清华文科教师和学生共同奋斗的结晶，也是清华大学近年来世界一流大学建设的成效。

清华文科的建设与发展正处在一个非常关键的战略机遇期，也面临着严峻的挑战和压力。中国特色社会主义建设的总体格局所包括的经济建设、政治建设、文化建设、社会建设、生态文明建设，对人文社会学科也提出了更高的要求。而我国社会经济发展过程中正面临的“中等收入陷阱”，更是凸显了当前社会经济文化发展过程中的矛盾与风险。这些，都为清华文科的发展与发挥力量，提供了巨大的机会与空间，也提出了更高的要求。同时，能否为国家发展克服与跨越各种改革的风险，在解决若干影响国家发展的重大战略性问题上提供高水平的研究成果与建议意见，能否为人文社会科学的建设与中华文明的伟大复兴做出独特性的历史贡献，能否为中国特色社会主义意识形态的建设与完善发挥清华文科的作用，等等，也都是清华文科在未来发展中所面临的新的挑战。不管是机遇、动力，还是挑战、压力，都需要我们进一步深化改革，锐意进取，大胆创新，优化结构，以新的思路和举措，凝聚和发挥清华文科教师与学生的聪明才智，以一种新的面貌和姿态迈入清华的新的百年。

清华文科的未来必将更加辉煌灿烂，对此我们充满自信。这种自信，首先源自于对我们国家发展的美好前景的信心，源自于对中华民族伟大复兴的信心，这是一个国家人文社会科学发展的根本保障和基础；这种自信也源自于对清华在新百年的更加辉煌和更上一层楼的信心，这也是清华文科发展建设的具体环境与平台；这种自信更是源自于对清华文科的认识和信心，源自于对清华文科的巨大潜力与良好发展势头的信心，这也是清华文科发展最直接的力量与依托；当然，这种自信还源自于我们对自身不足与差距的认识，因为，我们非常清楚地知道，清华文科与学校其他学科相比较，可能面临的困难还会更大，遭遇的竞争必定会更加激烈，与国家社会与人民群众对清华文科的要求与期望，也存在一定的差距。更重要的是，这种自信的非常根本性的基础是，在清华大学的整体建设与发展过程中，在诸多前辈与同事的协力参与下，通过清华文科建设发展的实践的检验，清华大学文科这些年的建设与发展，已经走上了一条正确的发展与建设道路。这条正确的发展道路，首先是我们坚持了文科发展的正确方向，保证了清华文科能够比较稳定、从容和充满活力地不断向前迈进；这条正确的发展道路，也在于我们遵循了人文社会科学发展的基本规律，做到了尊重人，发挥了清华大学历史传统中独立之精神，自由之思想的学术追求；这条正确的发展道路还在于我们坚持了实事求是的原则与精神，从清华大学文科发展的实际出发，提出并且实践着我们自己的发展思路、建设目标与具体措施。也正是由于清华文科的建设和发展走的是一条正确的道路，才有了今天的成就，才会形成如今清华文科在社会与学术界的口碑，也才会有现在的发展势头，以及我们对未来的信心。我们坚信，在这条道路上，将会汇集更多优秀的学者和人才；将会涌现出更多的学术大师、治国栋梁和兴业之才；在这条道路上，也将会出现更多的成果、故事与神话；同时，我们也坚信，清华文科发展的这条道路将会延伸得很远很远，因为它是一条充满希望的道路，是一条光明的道路。

永远感恩铺就这条道路的人们，衷心感谢拓宽这条道路的人们，热忱致意正在这条道路上奋斗的人们，也诚挚地祝福未来走上这条道路的人们。

在陈来学术论著集出版座谈会的讲话

我首先向来参加由清华大学国学研究院和三联书店学术出版中心共同举办的陈来学术论著及出版座谈会的各位专家、各位来宾表示感谢，表示欢迎。我觉得大家来参加这个会也反映了这件事情的重要性，也是大家对我们的支持，对我们的关心，对我们的帮助，我代表学校感谢大家。我大致讲三点。

第一，我要向陈来教授表示祝贺。我觉得能在三联出版个人学术论著集，这是件非常荣耀的事情，是一个很高的荣誉。据我非常粗浅的了解，三联书店出版个人学术论著集还是非常少的，三联给陈寅恪、钱钟书出过论著集，陈来教授是第三位在三联出版个人论著集的清华学者。所以我觉得能在三联书店出这样的个人学术论著集，真的是很高的荣誉，是一件非常值得庆贺的事情。在这里我要代表学校向陈来教授表示祝贺！这不光是我个人的一个祝贺，得知这一消息后，我跟我们学校的校长、书记，还有其他校领导都通报了这一喜讯，大家都感觉到这是一件非常荣耀的事情，而且是清华文科建设中的一件非常荣耀的事情。所以从这个角度来说，我真的要感谢陈来教授。我们一所学校有这样的教授，或者多有一些这样的教授，我觉得这就是一所学校的荣耀。学校并不是以他的校长为荣耀，关键是以教授为荣耀，就像过去梅贻琦说的那样："大学者，非大楼之谓也，大师之谓也。"的确是这样，我确实有充分的理由向陈来教授表示祝贺！

第二，我要向三联书店表示感谢。三联书店确实是有眼光，确实是有这样学术上的洞察力，能够在人文方面给予这么大的支持。据我了解，现在有很多出版社，你交一点钱，就可以出书。在三联很少听到这样的事情，能够保持这种学术上的神圣、纯洁和高尚，尤其是在这样物欲横流的时候，这是非常难能可贵的。能够有这样一种眼光来支持文科，不光是支持陈来教授，我们在座的很多人都很受益于三联出版的书，或者我们自己在三联出书，或者我们读三联出的书。基础文科本身是无用之大用，很难有像经济学、社会学这些经世济用的直接效果，但是它对人的精神、文化，对社会灵魂的舒展，有着重要的作用。三联在这个方面对清华的支持，对我们整个国家人文社会科学的支持，就这些来说，我也是充满着感激之情的。我也希望三联以后能够更多地来支持不管是清华的也好，包括在座的，我们整个国家人文社会科学方面的学术出版，尤其是文史哲方面的出版。我觉得这真的是立德、立功、立言的大好事情。当然了，说老实话，我也是感谢，非常荣幸能够和三联书店这样非常高档的学术出版单位合作。实际上，三联不光是出版单位，同时也是学术单位。很早的时候，我当时还在社科院读书的时候，就到三联参加一些学术座谈会，包括一些小范围的学术座谈会。我记得有一次刘东的国外汉学会议也是在三联，包括刘梦溪很多学者参加，那还是上世纪 90 年代初的时候，那时候我还在社科院读博士。所以我们有这样一个很好的合作伙伴，这对清华的文科建设，是一个很大的支持；对我们的图书馆发展也是一个很大的支持，我们今天图书馆的书记也来参加座谈会了。我想，实际上，在北京也好，外地也好，我们还有一大批非常优秀的学者，说心里话，我希望他们的书都能在三联出版。

第三，说实话，对这样的会，我还是有点小小的希望，或者说我个人的希望。学术论著集，包括陈来教授的学术论著集，包括我们三联做出的这么多的贡献，还有在座各位专家你们对中国文化所做的贡献，实际上都是在为中华民族精神的建设在做贡献。我们中华民族精神，她是个生命，她需要哺育，需要去给她浇水施肥。中华民族精神到底是什么？在她成长过程中又有几个什么阶段？大家可能看过陈来教授在凤凰台做的一个节目，讲百年儒学的挑战和机遇，实际上我在看这个节目的时候，并不仅仅是在看他的演讲，实际上是在讲中华民族的精神生命在成长过程中遇到了哪些沟沟坎坎。中华民族的精神，我觉得现在要提倡，要多提倡。实际上讲和谐社会，讲小康社会，讲中华民族的复兴，首先是精神要敞亮。精神不敞亮，精神上没有自信，没有明确的科学的严谨的表达，我个人感觉你很难说这个社会已经成熟到什么地步了。但是这个精神有时候会被遮蔽掉，这就需要我们把她拨开，让她恢复一下；这个精神有时候会受到一些伤害，需要我们去修复她；这个精神有时候也需要自身的革新，也需要涅槃，才能焕发出新的生命。总的一句话，我觉得必须要有中华民族精神。当然，我这可能把话说得稍微大了一些，但是我觉得在座各位都是大家、大师，不讲点大话，我都跟不上大家了。我呢，因为可能是偶然的机会吧，有时参加全国人大和全国政协关于国家的一些讨论，我深深得感到这种中华民族的精神，对国家和社会发展的价值。所以，实际上，陈来学术论著集，包括三联在这个方面所做的工作都不是个人的事情，也不是出版社自己的事情，而是一个国家、一个民族的事情。我原来是学哲学的，当初我并不太了解哲学到底是干什么的，从书本上，考试里面，我也可以背得很好，说哲学是关于世界观、人生观学问等，我也可以考得满分，但真正反思下来，这十年做下来之后，虽然我不再做研究哲学，但是我还是在想，按哲学的反思方式来想，为什么要学哲学，为什么要有人文，为什么要有历史，实际上并不是个人升职称，发表几篇论文，拿几个奖，说心里话，也不是出著作，关键还是在中华民族精神。如果说我们在座的学者，包括我们的出版单位，如果在中华民族精神的建设上、更新上、拓展上、敞亮上（我喜欢用“敞亮”这个词）能做出我们的贡献，我觉得这是一种荣耀，比出版著作更荣耀的事情。

有人说我们清华大学要多发展些应用的，和应用相关的学科，这样很快一下子就能上去了。但我们觉得一个学校要有文科，必须要有文史哲，这一点我们非常明确。一个学校有很多社会的、经济的、管理的学科，这些要不要呢？要，我们说老实话，这也是需要的。但是我们非常非常清醒地知道，尽管文史哲的建设需要长时间的积累、很长的铺垫。到今天为止，我们知道，我们跟北大、人大、社科院还有一定的距离，我们还很不够，我心里也很清楚，但我们一定要发展她，而且我们要长时间地去滋养她。我说心里话，这是我们的决心，不是我个人的决心，这是我们学校的决心。所以我希望在座的各位多帮我们，多扶持我们。清华的事情和各位是息息相关的，我们一定向兄弟院校好好学习，学习你们好的经验，学习你们发展文史哲的经验。没有准备，今天看到这么多专家在这里，我都不大敢讲了，实际上是向大家求教，向大家学习。谢谢大家！

《老清华的社会科学》新书首发式致辞[①]

尊敬的各位来宾，各位老师，各位同学：大家下午好！

首先，我代表学校衷心祝贺《老清华的社会科学》这本书成功的首发，对各位的到来表示热烈的欢迎！本书得到清华大学人文社科振兴基金研究项目的特别资助，在此，我对长期以来对本书编写、出版倾注了极大的热情和心血的老师、校友、同学和清华大学出版社致以诚挚的谢意，对本书的两位主编钱颖一、李强教授表示特别的感谢！2011 年不仅是清华的百年校庆，也是老清华的经济学系、政治学系、心理学系、社会学系这四个学科建系 85 周年，我也特别祝贺四个系建系 85 周年。

关于这个四个学科的建设，刚才片子拍得非常好，我看完以后，心里很激动。所以我就在这里，借这个机会谈几点自己的想法。

第一，清华的四个社会科学的学科，这几个系，不仅仅是属于清华的，而且是属于我们国家的。大家只要看到背板上这些头像和名字，可以说是大家都不用提起也不会忘记的名字。刚才片子里简单列举的那些名字，我想足以让我们震撼并肃然起敬。我觉得很多的学者与学生不光在自己的研究著作、文章、书里会引用他们的东西，甚至在中国历史上，在中国这些学科的发展史上，我们也会经常看到他们的名字和言论。可以这样说，他们不仅是清华的财富，也是中国社会科学发展的财富，是中国社会科学非常弥足珍贵的资源。所以从这个角度来说，我们写这样一本书，来纪念他

---

① 本文是在 2012 年 12 月 12 日举行的《老清华的社会科学》一书（清华大学出版社 2011 年版）首发式上的讲话。

们，并且用它作为我们清华社会科学重新去获得辉煌的一种巨大的精神支撑和资源，我觉得怎么说也不过分。我觉得如果给更充分的时间，恐怕写十卷也不过分，他们每一个人都足以写一本书。张小劲等同志在政治学系做了很有意义的工作，也在回忆、追溯和记载老清华的很著名的政治学者的事。我想讲的第一个意思是，即这本书出版为清华大学社会科学的发展做了一件大好事，也是为中国的社会科学做了一件大好事。我们说要文化的大发展大繁荣，要大力建立我们的哲学社会科学，繁荣我们的哲学社会科学。这样的一些工作，首先要有历史的总结，要把我们丰富的历史资源挖掘出来，展示出来，这也是落实十七届六中全会的非常有价值的举措。所以我要感谢我们的编者，感谢我们的出版单位，感谢我们参与这个事情的人，当然要感谢我们的先辈们，他们做了伟大的事情，才让我们今天有条件去写他们，去记载他们，去学习他们。

第二，我们在这里展示老清华的社会科学，我们不仅要纪念他们的学术，包括他们的人格，等等，我们还要重新认识清华大学哲学社会科学这样一种学统或者叫道统。当然一定意义上这是弘扬和发展我们国家社会科学学术传统的重要事情。我们中国文化中常常提到的一个词："道尊于势"，讲的就是学术传统的重要性与价值。讲到这里，我想起晚唐时期著名的思想家韩愈有一篇非常著名的文章《原道》，讲的是中国文化真正的学术传统是儒学，他认为，中国学术思想文化的真正传统从尧舜开始，后来到孟子那里就没有了。而佛学自汉代到唐朝，发展到了一个相当的高峰。他则力图在他的《原道》这本书里把中国真正传统的儒学的东西重新提出并加以恢复。陈寅恪先生对这篇文章给予极高的评价，并且认为韩愈的论述与中国文化的发展有极大的关系。

我们今天做这样的事情，也就是在做类似韩愈的工作，是寻求清华的学统，这是非常重要的。就像一个国家，没有历史的民族是不稳定的，它的文化是站不住的。所以一个有着丰富历史渊源的学科才是真正强大的学科。清华的文科在今天的某些统计数据上可能还弱一点，但我们完全有信心恢复清华文科的地位，并使它更加辉煌。实际上，我们做这件事情不仅仅是这本书，我们有三本书：《老清华的社会科学》、《老清华的人文科学》和《改革开放以来清华的文科建设》，我们还有一本书没有出版。我们做的这些工作，就像中国青年报在清华一百周年校庆的时候发表的文章——《清华找回另一半》那样，虽然它的内容可能由于时间的关系，不可能搜集到非常全面的材料，但它的题目足以让我们个人感到欣慰。其实，我们也有自己很骄傲的数据，例如，我们的社会科学，已经进入到国际社会科学ESI检索系统的前1%。在整个中国的社会科学体系中，只有四个部门进入了，这是非常了不起的。

尽管我们其他的数据稍微小一点，但是我个人觉得有这样的学统，有这样的道统，有这样的历史传统与积淀，我们还怕什么呢？振兴与重新辉煌是迟早的事情。因为我们走的是一条正确的道路，我们做的是正确的事情。怕就怕走的道路错了，怕就怕做的事情不正确。

第三，我想说，清华的文科在过去历史传统的基础上，我们不仅很好地继承了传统，而且我们也发扬了传统，光大了传统。老清华的学术传统、历史传统包括四个方面：一是科学的研究方法，二是国际的视野和国际的标准，三是关注中国的现实问题，四是独立之精神，我觉得这四个方面总结得非常符合事实，我完全同意。在这样的基础上，清华今天的文科发展也在原来的基础上形成了我们今天的思路。我们今天的思路就是：入主流、高水平、有特色。

过去我们提“小而精”，今天不提了。所谓“入主流”，讲的是我们的文科既要有文科的主流学科，如文史哲，经济、社会、政治、心理等学科，还要入国家和人类社会整个世界改革和发展的主流和重大问题。这是“入主流”的两个方面。“高水平”，即我们要代表中国的水准，具有世界的影响。当然我们“有特色”，我们有自己的特色，有我们清华本身的风格，有我们自己的传统。同时在这个基础上，我们清华的文科建设，包括社会科学、人文学科、艺术，还有其他的应用型的文科，要建设三个影响力：学术影响力、社会影响力和国际影响力。我们提出整个文科改革发展的思路，是三个交集：要和理工科形成交集，要和国家一流大学、高等教育强国形成交集，要和国家整个建设和谐社会、小康社会形成交集。当然在整个文科建设与发展的整体目标上，我们要做四个贡献：即人才贡献、思想贡献、文化贡献、政策贡献。这都是我们在这些年的探索实践中由清华文科老师提出来的，由我们大家共同总结出来的。

所以我想今天借这个机会代表学校向编者、出版者表示祝贺，同时希望这本书的出版能够成为文科下一步发展的巨大动力，成为我们将来判断做事情好坏的一个基准，成为我们清华大学人文社会科学、文化软实力非常重要的支撑。我在清华经常跟我们老师说，我不希望你做太多的事情，但我希望你做一点永恒的事情。一个学科，一个人的水平与地位，并不在于你写多少文章或多少文字，问题是有没有几篇文章或者几段话能够对中国文化有一定的贡献，我们清华大学的文科中有没有几本书、几篇文章，几个人，能够在中国历史上，30 年、50 年、100 年以后，人们还会提起，还会像今天这样被人们去纪念和学习，我相信这本书会有这样一种价值！

谢谢你们！

三个优先与政策引导

——清华大学文科科研评价的实践与思考[①]

清华大学的人文社会科学有着非常光荣和辉煌的历史与传统，自上个世纪末重新建设以来，在比较短的时期内取得了跨越式的发展。在这个重建的发展过程中，我们深深地感到，科学、合理的文科科研评价体系与制度是一个非常关键的因素。

清华大学文科重建以来，我们面临着非常严峻和现实的挑战与压力：面对建设世界一流大学的目标要求，承担着清华文科历史的传统，如何能够以一种新的思路，实现又好又快地发展，完成世界一流大学的建设目标，特别是如何能够通过文科科研的发展，实现新的突破？显然，如果不能完成这个任务，清华大学的文科不仅会辜负国家、社会以及历史的期望，而且还会拖累清华大学整个学校世界一流大学建设的目标。在这种情势下，我们没有选择统一的、刚性的、追求数量的科研评价方式，而是在充分相信教师与科研人员的基础上，以一种更加从容和自信的态度，按照文科科研的基本规律，以追求质量为指导，通过学校的政策引导，鼓励和激发大家以一种高度的自觉性，不断取得高质量的科研成果。

清华大学文科科研评价的主要做法包括“三个优先”和“一个引导”。所谓的“三个优先”，首先是质量优先，坚持高质量的评价导向。质量是文科科研的生命线，它至少包括四个方面：第一，国家水准，即按照学术发

---

① 本文是笔者于苏州召开的全国人文社会科学评价工作会上的讲话，部分内容发表于《光明日报》2011 年 11 月 25 日。

展和国家社会发展的主流与需求进行研究；第二，世界影响，即着眼国际竞争和“走出去”的战略开展科研活动；第三，历史检验，即要求文科科研的成果能够经得起历史和时间的检验，若干年以后仍然能够为学者所引用或者参考；第四，实践贡献，即能够有助于解决现实中的若干重大问题。其次是基层优先，充分尊重不同学科的特点。学校文科并没有制订统一的评价标准和考核要求，而是允许各个院系（所）根据自己的实际情况制订本院系所的评价标准和考核要求，基本实现了评价的多样性。最后是倡导优先，以一种比较科学的管理模式提出学校的要求与意向。在鼓励文科教师和研究人员走向世界，争取在国际知名学术刊物上发表文章和出版专著时，并没有采取“一刀切”的做法，而是通过适当的方式鼓励大家。所谓的“一个引导”指的是学校宏观上的政策引导，它包括在科研目标上的“三个影响力”，即学术影响力、社会影响力和国际影响力；学校在整个文科库结构与布局上的优化与调整，特别是在若干具有战略性和高度关联性的具体领域进行布点，进而获得结构上的优势；同时，强调文科科研与国家社会经济文化发展的最大战略与重点领域的“交集”，使得整个文科的科研能够与国家战略实现更大程度的同步与一致；等等。

实践证明，清华大学文科在科研评价上的这些做法是非常成功的。这些年，文科的科研经费、项目、成果等都取得了非常好的成绩，包括在文科“走出去”方面，我们不仅成功地在国外举办学术会议、展览、讲学，而且好几个学院通过了国际学术的评估。同时，我们还非常成功地主办了 *Chinese Journal of International Politics*（牛津大学出版社出版）和 *Tsinghua Law Review*（Christensen . Inc 出版）。更重要的是，这些做法得到了校内外与国内外学者的认可，也鼓舞了大家进一步发展的信心。

水木清华，务实开拓

——中国社会科学报访谈录[①]

记者：上世纪90年代以来，教育界人士就呼吁实施素质教育，但实际效果并不理想。一直以来您都在关注中国教育的发展，您认为素质教育的含义和根本目的是什么？素质教育难以真正落实的症结在哪里？实施素质教育的有效路径有哪些？

谢维和：我国台湾教育研究院筹备处的何福田先生曾经问过我，现在社会上对素质教育有各种各样的说法，在你心目中什么是素质教育？我告诉他，虽然素质教育有这样或那样的说法，素质教育本质上就是一种教人如何做人的教育。

我认为，教育最重要的功能就是培养合格的公民，合格的公民应该具备几个基本条件。首先，要忠诚于自己的国家和民族，对国家忠诚是对一名公民最基本的要求，世界上许多国家的公民在转换国籍前都要宣誓效忠新的国家。其次，认同本民族的文化传统和历史。作为一名普通公民，不管身在何处都应该认同本民族文化传统和最基本的价值观念。最后，肩负起对社会的责任和义务。我认为素质教育最重要的是培养具有对社会的责任感和使命感的公民。现在许多大学强调，面对全球金融危机和中国经济的快速增长，大学应该肩负发展经济的使命，我觉得大学的经济责任固然很重要，但是大学应该承担更多的社会公共责任。

我认为，教育主要讲两件事情。一是帮助人实现本身的转变。通过接

① 本文系《中国社会科学报》访谈录，转引自中国社会科学院网（2009年12月29日）。

受各种教育，一个人可以从不成熟的少年转变为成熟的青年人，从不具备最简单的社会生存能力转变为具有独立生活能力的人。但是，只简单完成个人角色的转换是远远不够的，教育还应该承担另外一个更重要的责任，即帮助受教育者朝着正确的方向转变，不但要长大还要长好。这就好比园丁培育一棵树苗，不但要帮助它逐渐成长起来，而且还要让它发育得又正又直。即使这棵树长得很快，但是如果长歪了，这种努力也是失败的。教育也是同样的道理，要让受教育者通过接受教育成为一个正直健康的成年人。素质教育更多的是从这个角度说的。

两相比较，我认为教育的第二种功能更加重要，一个人即使不在学校接受教育也可以实现自身角色的转变。素质教育则保证了受教育者沿着正确方向转变。

记者：清华大学的老校长梅贻琦先生曾经说过，“所谓大学者，非谓有大楼之谓也，有大师之谓也”，您作为清华大学主管文科建设的副校长是如何理解这句话的?

谢维和：作为一个教育管理者，我切身体会到一所大学最重要之处在于拥有一支一流的专家学者队伍。与世界一流大学相比，中国高校教师队伍建设还存在很大差距。所以抓教师队伍建设，培养一流专家学者是学校今后工作的一个重点。

我个人认为大师并不一定是那些具有很强的思考与写作能力，或者科学实验能力的人，虽然这些专业能力对学者来说非常重要，但并不是一个人是否可以被称为大师最重要的条件。一位学者之所以能被称为大师，他一定比其他人高明，具有某种超出常人的地方。他高明在什么地方呢？我觉得最重要的是他具有一种别人不具备的眼光，一种视野。这种眼光可以帮助他在恢宏的视野中、纷繁复杂的环境中发现哪些事情更加重要，哪些问题是具有高度关联性的战略要点。对各种事情进行选择，甚至比做某件事情更重要，更有价值，找出问题的症结在什么地方。

目前，我们一方面要培养具有很强教学与科研能力的教师，但是更重要的是培养有高度眼光和深刻洞察力的学者，特别是对于清华大学这种争做世界一流大学的学府来讲，培养这种具有国际视野的大师意义更加深远。近几年，清华大学在培养大师上花了很大力气，包括从世界各地引进一流的专家学者，为他们提供优质的学术和生活环境，保证他们可以做出最优秀的学术。

记者：教育家办学是温家宝总理提出的一项重大教育命题。您认为衡量一个教育工作者是不是教育家的标准是什么？您曾经在师范类院校担任过领导职务，您认为如何才能培养出最优秀的教育家？

谢维和：最近为了培养高水平拔尖创新型人才，清华大学开设了基础科学班、姚期智班和钱学森班等实验班，钱学森班负责人郑泉水教授曾经问过我应该如何进行课程设置和教学安排？我告诉他设置这个班的目的就是为了选拔拔尖创新型人才，对于课程设置我不想说太多，但是从教育的角度，我认为最重要的是培养学生一定要具有一种对自己将来所从事事业的献身精神。学生必须发自内心地热爱自己的专业。只有真正喜爱自己事业的人，未来才能够成为本领域最优秀的学者。同样的道理，对于一个优秀的教师来说，他一定非常热爱教育，能够献身于教育事业，把人类社会的命运发展当作自己的责任。这种献身精神比具体的知识和能力都更加重要和可贵。

许多优秀的特级教师都非常热爱自己所从事的教育事业，关心和爱护自己的学生。有人曾经问我，你如何判断一个人是否真正爱自己的学生，爱教育？我给他打了一个比喻。我问他如果两个年轻人正处在热恋中，你如何判断对方是不是真正爱你？我告诉他有一个非常有效的方法。那就是仔细观察你的恋人，如果她关注你生活中的每一个细节，比如你的衣着服饰、兴趣爱好和你的健康，那么她就是真正爱你。同样的道理，那些真正献身于教育，热爱教育事业，爱自己学生的教师，就会非常关注学生成长过程中的每一个细节，当学生遇到困难的时候不是简单地去批评他，而是从建设性的角度帮助他克服困难、健康成长。

记者：近年来，随着大学行政级别的强化，行政官员担任高校领导的现象明显增多。大学内部高度行政化，行政权力凌驾于学术权力之上。您怎么看这个问题？如何协调两者之间的关系，尽可能地发挥学术在教学工作中的作用？

谢维和：我觉得最好不要在行政后面加上“化”，这个问题不要就事论事，一定要放在中国高等教育改革的总体背景下来考察。合理的高等教育体制应该协调好学术力量、行政力量和市场力量三者之间的关系。在所有实行市场经济的国家，只有协调好这三种力量的关系，高等教育才能健康稳定发展。欧美发达国家的高等教育之所以健康发展与处理好这三者之间的关系有着密不可分的联系。中国的高等教育改革过程中出现的大学市场化就是由于与市场力量的关系没有协调好，而行政化则是由于与政府的关系没有协调好。

我认为大学行政化并不是一种普遍现象。大学里还是由教授说了算，我曾经和教授们讲，我是给他们“打工的”，是为他们提供服务的，他们的任务就是专心搞学术研究。在研究型院校，包括我曾经工作过的高校，教授们是学术活动的主体。术业有专攻，他们考虑问题都是从本学科发展角度来看，所以我告诉我的同事们，重要的学术问题一定要征求教授们的意见。当然，并非大学里所有事情都由教授说了算，但是学术问题要充分尊重教授意见。我认为，中国高等教育要继续向前发展，不是单纯协调学术力量和行政力量这两种力量之间的关系，而应同时协调好三种力量的关系。

记者：清华大学提出建设世界一流大学的总体目标，您认为清华大学与国际一流大学的差距有多大？与它们相比清华大学还存在哪些不足？清华大学如何迎头赶上？

谢维和：我觉得这个问题也是一个复杂的问题。清华大学的领导认为要成为世界一流大学必须具备四个基本条件：第一，在若干个具有可比性的基本办学指标方面到达一定水平；第二，若干个学科领域处于世界领先地位；第三，学校具有独立的、适合高等教育规律的、适应本国国情的办学理念和思想；第四，该校一定为本国、本地区的社会、经济、文化和科技发展做出杰出贡献。从目前来看，清华大学为国家建设和发展做出了卓越贡献。清华大学“自强不息，厚德载物，追求卓越”的办学理念激励着一代又一代清华人为国家繁荣富强不懈努力。目前，清华大学若干个学科已经达到或者正在逐渐接近国际一流水平，当然还有若干指标因为历史的原因与国际一流水平尚有一定差距。但是我相信，通过国家的支持和大家的努力，清华大学跻身世界一流大学的目标是可以实现的。

记者：清华大学的理工科在国内首屈一指，但是由于历史原因，人文社会科学相对薄弱，改革开放后清华大学确立了“理工结合、文理渗透”

的发展思路，请您介绍一下清华大学在加强文科建设方面都采取了哪些措施？在这个过程中遇到哪些困难？未来清华的人文社会科学要达到什么高度？

谢维和：近几年，清华大学的文科发展势头很好，尤其是应用学科取得了不俗的成绩。例如，清华的工商管理（MBA）专业不仅是全国第一，而且清华经管学院也是中国唯一通过 AACSB（国际精英商学院协会）、EQUIS（欧洲质量发展认证体系）认证的商学院，这就意味着清华的教学标准得到全世界的认可，我们的法学、公共管理和新闻传播在全国也是数一数二的。与其他高校文科专业教师人数几十人甚至上百人相比，清华大学文科队伍规模比较小，专业的教师人数非常少，许多学科的教师人数只有二十多人。

清华大学的领导充分认识到文科队伍建设对高校人才培养和国家建设的作用，对文科建设也提出了很多宝贵的意见和建议，强调中西融合、国际合作。在现有条件下，清华大学文科发展思路是抓队伍建设，在抓教师质量建设上下功夫，主要是抓重大课题和重点教授。我们不求全求大，坚持低调、从容发展，虚心向别人学习。让老师安心做事，尊重大家的劳动成果。让每一位老师都有发展自己能力的空间，让有能力的人有更大的空间。前一段时间清华的应用学科发展很好，下一步我们要在文史哲等基础人文社会科学上下更大的功夫。

记者：我们发现，最近您一直在关注中国的教育公平问题，您和您的课题组提出在一个转型的社会和国家中，教育发展在相当长的一个阶段内往往并不会提高教育公平的程度，甚至会引起更大的教育不公平。请问这句话应该怎么理解？您认为应该如何解决教育公平问题？

谢维和：这既是一个现实问题也是一个理论问题。教育发展包括两方面的含义。第一方面是教育的扩张，即尽量提供更多的教育机会和提高教育参与率，比如，扩招和“普九”等。第二方面是教育机会和资源分配机制的完善和改革。也就是说，首先扩大教育机会，然后采取措施保证分配体制和机制更加完善和科学，教育发展的这两个任务往往不是同时进行的。

按照教育发展规律，通常情况下都是首先做好教育扩张，也就是我们常说的把蛋糕做大。如果蛋糕都没有做大，只有那么一点，人民群众就会只患寡而不患不均。只有把蛋糕做大之后才去考虑切割和分配，所以各国首先考虑教育扩张问题。这一阶段，解决教育资源分配和进行分配机制改革不是主要目标，教育公平问题虽然已经存在，但不是主要任务，过分强调教育公平问题与这一时期的主要任务不匹配。如果在教育发展的初始阶段就强调改革教育分配机制，那么会导致矛盾冲突加剧。一般情况下，教育改革开始阶段都是先做增量，用发展和扩张来带动改革，这样改革的成本就会比较低。既然教育发展第一阶段主要任务是教育扩张，提供更多的教育资源，那么教育公平的问题是必然出现的问题。

教育发展不能总是停留在扩张阶段，扩张到一定程度就要进入教育发展的第二个阶段，就是要使教育体制和机制更加完善，重新分配教育资源，这个阶段的主要任务就是解决教育公平问题。我们这项研究的目的就是要提醒人们中国的教育已经发展到了第二个阶段，这个阶段需要更加注重教育公平问题。

竞争性优势与引领性优势

——清华大学需要什么样的优势[①]

清华大学的整体优势是清华大学追求卓越的重要依托与支撑，也是清华大学在国内外保持良好声誉的重要基础，同时，还是清华大学的综合实力的体现。因此，如何继续保持并不断增强清华大学的整体优势，是学校新百年发展的根本性问题。而竞争性优势与引领性优势则是两种不同的取向与选择。

所谓竞争性优势，指的是评价与衡量高等教育或者大学发展水平与质量的若干可比性指标方面的优势。例如，在教师队伍、生源质量、研究项目与经费、成果与奖励、实验室的规模以及国际交往等硬实力方面的优势。显然，这些可比性指标方面的综合优势必然反映和体现了一所大学的综合水平。追求与改善这些可比性指标，是一所大学的本能与内在冲动。在目前国际国内若干大学排行榜中的大多数量化指标，基本上就是以这些可比性指标作为根据和基础的，由此反映的也是不同大学的竞争性优势。一般而言，这种竞争性优势有两个非常重要的特点。第一，这种竞争性优势的确是一所大学建设与发展的基础，是一所大学办学质量与水平的根据。而且，这种竞争性优势也是反映一所大学水平的重要标志之一。第二，这种竞争性优势所反映的可比性指标很难比较全面地反映出大学中精神和文化内涵的差异，也无法完整地表达一所优秀大学真正内在与核心的优势。它

---

① 本文是在讨论清华大学新的百年发展战略时写的一篇文章，发表于清华大学校刊《新清华》。

反映和体现的主要是大学办学质量与水平中那些能够被量化的内容与部分，是这些量化方面或规模的差异。因此，这种竞争性优势就如同在队列中的“高个子”。

所谓引领性优势，则是指大学在影响力与吸引力方面的优势，也就是所谓软实力方面的优势。这种引领性优势往往具体表现为大学在人才培养、科学研究、社会服务与文化传承中所发挥的表率和示范作用及其优势，以及由此形成的广泛吸引优秀人才与办学资源的能力。例如，某大学及其若干学科的结构调整和课程改革，成为其他大学学习的榜样与对象；或者某一科研项目或政策，带动了整个社会或行业领域的变革与资源配置；等等。毋庸置疑，一所大学如果能够具有这样的软实力，特别是一定的影响力与吸引力，必然是一所高质量和高水平的大学。简单地说，这种引领性优势在某些大学排行榜中通常表现为“学术声誉”，在现实社会中则表现为老百姓的“口碑”。这种学术声誉或“口碑”，虽然不像量化的指标那样具体，甚至还有点“虚”，但就大学质量的性质、特点及其评价而言，往往具有更大的说服力和可信性。所以，这种引领性优势反映和体现的是一种内在的整体优势，一种结构与境界的优势。我们也可以认为，这种在引领和软实力方面的比较，实际上是一种更高层次的竞争性优势，而且是一种质量的竞争或内涵的竞争。因此，这种引领性优势也可以形象地比喻为队列中的“排头兵”。

竞争性优势与引领性优势是不同的，竞争性优势体现的主要内容之一是资源方面的差异，是对办学资源的竞争优势；而引领性优势反映的主要内涵则是一种战略的优势，一种在发展方向、结构与思路方面的优势。例如，高考招生中争取更多所谓的“状元”便是一种典型的竞争性优势，而如果能够在高考招生中提出一种新的、符合教育规律的改革，显然是一种引领性优势。又如，争取到某些项目，尤其是重大项目，无疑是一种竞争性优势，而能够提出某种思想，或突破某些关键技术，特别是那些引导战略性新兴产业的所谓“颠覆性技术”，进而开创新的领域，带动大批新的项目，则属于引领性优势。在竞争性优势的格局中，不同大学或学科之间是一种对手的关系，是一种你强我弱、非赢即输的关系，甚至是一种互不服气的关系。而在引领性优势的格局中，不同大学或学科之间的关系则是一种相互学习的关系，是一种示范性的关系，也是一种以质量和内涵为目标的良性竞争。

竞争性优势与引领性优势也是相互联系的，现实中两者也常常是结合在一起的。这种引领性优势，或者软实力，需要竞争性优势或者硬实力作为其基础与依托。没有必要的竞争性优势或硬实力，引领性优势或软实力也是不可能形成的。而且，只有在形成竞争性优势的基础上，才能够发展和形成引领性优势。但是，它绝对不是竞争性优势的自然生成，也不是硬实力的必然发展。它需要的是一种自觉的办学境界，包括对资源的合理配置，对发展方向的选择，以及对运行机制的设计，等等。当然，具有引领性优势的大学也重视资源、规模与量化指标，但这些指标往往并不是这种大学的长处，甚至还可能不如其他大学。这样的大学虽然不是“大个子”，却仍然是“排头兵”。

清华大学在长期的发展中，经过多年的积累，已经形成了强大的竞争性优势和良好的引领性优势。学科的整体地位、办学思路与优秀的清华精神，使清华大学成了一些大学的学习对象。但我们也应该非常清醒地看到，在新的战略背景与形势中，特别是其他大学与学科迅速发展与崛起、部分企业技术创新能力明显加强的格局中，清华大学的某些传统优势已经面临着十分严峻的挑战，有些方面甚至已经出现落伍或退步的现象。在百年辉煌的基础上谋划新百年的发展蓝图，保持和进一步发展清华大学的整体优势，并创建新的辉煌，要求我们发展并形成新的优势。对此，我们必须回答的一个基本问题是：未来新百年中清华的优势应该是什么？

无疑，清华应该继续在整体和某些领域与学科保持一定的竞争性优势，并在若干战略性的可比性指标上保持领先，特别是教师队伍的素质与水平上，保持并进一步强化我们的竞争性优势。同时，在部分具有高度关联性的学科领域，特别是与国家重大需求和未来发展相关的领域中，加强与提升学校的竞争性优势。通过这些方面和领域的竞争性优势，不断提高清华大学的综合实力。

第一，清华必须更加重视和强化自身已有的引领性优势，特别是进一步发扬光大和建设以清华精神为核心的软实力，并形成以引领为主要取向的优势。这是世界一流大学的共性和普遍特征，也是现实的要求。我们已经看到，某些学校常常集全校之力建设某个学科，某些学校往往是毕其功于某一领域或项目的竞争，还有某些学校是依托自身的行业优势全力培植某个方面的竞争性优势。我认为，清华大学既没有可能参与这样的竞争，也没有必要参与这样的竞争。这样的竞争性优势也不应该是清华大学发展的根本目标。国家赋予清华大学建设世界一流的责任与使命，以及相应的投资与政策，所希望的也正是清华大学的引领作用。因此，清华大学应该清醒认识、努力发展和制度化自身的引领性优势。这种引领性优势首先是一种境界的优势，即追求卓越，服务国家，在保持优良传统时敢于超越自身的责任与境界，这种责任与境界能够使清华永远与国家的发展战略同步，能够使清华超越自身的得失而成为国家战略的支点和众多大学的表率。第二，是一种结构性优势，即具有与国家和世界的社会经济科技文化发展及其结构相适应并适当超前的学科与专业结构，并且能够前瞻性地在若干领域和方面进行布局，进而使清华能够始终保持一种结构性优势，引领高等教育的改革发展与文化社会科技的进步。第三，是一种模式与体制的优势，即能够符合国情与学校历史传统和现实，并具有自身特色的人才培养模式、管理体制与运行机制，协调好学术、市场与行政的关系，由此带动高等教育的质量提升与个性化发展。第四，是一种价值观的优势，即以知识创新为使命的价值观念，能够在若干与国家重大战略与发展政策相关的领域产生突破性的思想、变革性的知识与颠覆性的技术，能够培养、吸引和涌现一批具有广泛影响的“旗帜性”的大师、巨匠与名家，成为国家与社会文化科技发展的“引擎”。

总之，清华大学应该在已有的竞争性优势的基础上，努力建设和发展自身的引领性优势。

忧虑与期望

——在《教育研究》座谈会的发言

在教育研究领域多年，听到过对教育的各种不同的批评，有些甚至是非常严厉的批评与指责，但是，最让我感到难受并且耿耿于怀的一次对教育的批评，却是发生在我担任全国政协委员时的一次常委会上。当时，一位曾经在教育部门工作过的领导以一种貌似不解的语气说到，我们的的教育究竟怎么了，今天一个说法，明天一个说法，总是变来变去，它还有没有规律呀？在场的我顿时心跳加速，真是恨不得钻到地底下去，至今仍然难以忘怀。因为这种教育改革与发展的变来变去或者波动性，的确是教育的大忌。它的危害性在表面上看，短时期也许不太明显，但从长远的和深层次的角度看，则会对整个教育产生相当程度的负面影响。因而也不能不让人感到忧虑。

作为一个教育科学研究人员，打心眼里不愿意承认和接受这样的批评，于是便做起了验证的研究。我与我的学生陈超一起收集了从 1985 年至 2001 年国家发布的各种教育政策，进行了总量与分类的统计和研究。据不完全统计，1985—2001 年，中共中央、国务院、教育部（原国家教委）共颁布各种教育政策 1511 件，其中，中共中央、国务院颁布教育政策 98 件，教育部发布教育政策 1413 件，平均每年出台教育政策 88．8 件。最低的年份是 1989 年的 56 件；而最高的年份是 1999 年的 123 件。数量之多，确实让我们感到惊讶。而当我们根据每年政策发布的数量进行描述和分析时，则发现，教育政策的数量变化具有十分明显的波动性和非连续性。从反映教育政策数量变化的曲线我们还可以清楚地看到，这 17 年间教育政策的数量变化实际上出现了四个波峰和三个波谷，而且变化的周期也大致相同，即4—6年之间。同样，在描述和研究不同类型与层次教育政策的数量变化时，它们也表现出相似的特征。当然，教育政策的数量多，一方面也反映了教育发展的力度，但另一方面这样的变化也的确说明了教育改革与发展的不稳定性和波动性。由此看来，那位领导的批评还并非空穴来风。

客观地说，造成教育与教育政策如此变来变去的原因是多方面的。但是同样客观地说，教育发展和教育政策的理论研究不够充分，或者说，教育改革和发展的理论研究没有到位，也不能不是一个非常重要的原因。因为，教育改革与发展的变来变去，或者教育政策本身的波动性，实际上在一定程度上反映了我们对教育发展规律缺乏必要和充分的认识，特别是对建设有中国特色的社会主义教育体系的规律，对在中国这样一个历史与现实条件下发展教育的规律认识不足。而这种对规律的认识与探索，正是教育理论研究，包括教育基本理论研究的使命与责任。在这方面，《教育研究》杂志是大有可为的，而这也是我对《教育研究》杂志的期望。

莫问收获，但问耕耘

——谈学术志趣的定位[①]

在研究型大学积极倡导与张扬学术志趣，我完全赞成，而且不会有太多的质疑和歧义；但对于学术志趣究竟如何定位，则可能会有争议和疑问。有人认为，缺乏高远的学术志趣，将来难以成为学术大师；有人主张，学术志趣也是造就国家栋梁的重要基础；当然还可能有人会觉得，现代社会的兴业之才也必须有学术志趣的铺垫，等等。上述看法当然都有一定道理，而且也认识到了学术志趣的重要性。但这些看法也不免有将学术志趣作为工具的功利主义之嫌。由此，我更愿意倡导一种“莫问收获，但问耕耘”的解读，因为学术志趣作为学者的一种境界与追求，它本身就是目的，而绝非仅仅是实现某种目的的手段。将学术志趣当作手段，我想也不会得到学者们的认同，因为这与我们倡导学术志趣的目标适得其反。

学术志趣是一种将学术追求与学术研究作为人生方向的长远兴趣，是一种与人的生命相统一的内在兴趣，是一种具有普遍性的个体兴趣。这种学术志趣作为一种个人志向的兴趣，最重要的特点之一，则是它本身就是学术的目的，而绝非学术的手段。记得过去读曾国藩的著作，印象颇深的是他那铿锵有力、掷地有声的豪言：“不为圣贤，便为禽兽；莫问收获，但问耕耘。”据说这是曾国藩身为翰林大人在京修身时期为勉励自己而手写的一副对联，也是曾国藩的座右铭。我认为“莫问收获，但问耕耘”这句名

---

① 本文是笔者在清华大学第 24 次教育讨论会上关于“学术志趣”的发言，发表于清华大学校刊《新清华》。

言是对学术志趣定位的最好的说明。这个表述实际也是中国文化与历史中"志存高远"之士的自我诫勉。正是这种破釜沉舟的坚决态度，不流于俗的雄心壮志，使曾国藩得以从一个默默无闻的农家子弟一跃成为名垂青史的封疆大吏，成就了其非凡人生和千秋功业。而这样的说法，也颇得文人志士唱和。比如，梁漱溟先生对曾国藩的这一人生观和座右铭便十分欣赏，并曾经专门书写之；闻一多先生在其诗集《红烛》中，也引用"莫问收获，但问耕耘"为序诗的最后一句，既激励自己，也鼓舞世人。从历史上看，这种"莫问收获，但问耕耘"的准则，实际正是历代仁人志士追求的人生境界。

纵观中国历史与现实，这种"莫问收获，但问耕耘"的学术志趣，也一直是中国知识分子的一种学术品位，是他们做学问的一个基本规范。我在读梁启超先生的家书时，曾经看到他与梁思成的一段书信。当时，梁思成已经在宾夕法尼亚大学学习了三年，他觉得自己每天都在画图绘制，担心自己会成为一个画匠，而不符自己当年追求的理想，于是向父亲抱怨和求教。梁启超在 1927 年 2 月 16 日的回信中，十分用心地说道："思成来信问有用无用之别，这个问题很容易解答。试问唐开元、天宝间李白、杜甫与姚崇、宋璟比较，其贡献于国家者孰多？为中国文化史及全人类文化史起见，姚、宋之有无，算不得什么事。若没有了李、杜，试问历史减色多少呢？"由此告知梁思成应该安下心来，踏踏实实地去好好学习。在同一封信中，梁启超还引用了曾国藩的上述两句话鼓励梁思成："我生平最服膺曾文正两句话'莫问收获，但问耕耘'。将来成就如何，现在想它则甚？着急它则甚？一面不可骄盈自慢，一面又不可性弱自馁，尽自己能力做去，做到哪里是哪里，如此则可以无入而不自得，而于社会亦总有多少贡献。我一生学问得力专在此一点，我盼你们都能。"由此告诫年轻人，不必刻意去想将来的成就，只要现在努力耕耘，必会成为对社会有用的人。这样的告诫，何尝不是对学术志趣的最好注释？今日的青年学子又何尝不能从中得到若干启迪呢？

可以说，学术志趣的基本要义与精髓正是这种"莫问收获，但问耕耘"的境界。具备了这样的学术志趣，才能真正做到在学术追求的过程中，不为艰难险阻而踌躇，矢志不渝，勇往直前；只有形成了这样的学术志趣，才能够不为利益得失而逡巡，患得患失，经得住“板凳要坐十年冷”的考验；而只有牢固树立了这样的学术志趣，才能够最后攀登学术的巅峰，进而获得“众里寻他千百度，蓦然回首，那人却在灯火阑珊处”的幸福体验。

在现代社会中，对这样一种“莫问收获，但问耕耘”的学术志趣，肯定会有人嘲笑其不问目的的迂腐；也肯定有人在心底里觉得这样的境界只能是“天方夜谭”；还必定会有人鄙视这样的定位“太虚”，不实事求是，甚至有人会认为这样的立志只是一种“虚伪”，认为世界上哪有如此之事之人；等等。的确，要真正具备和形成这种“莫问收获，但问耕耘”的境界与品位，还真不是一件容易的事情。因为，这种境界与品位确实不符合现代社会所谓“理性人”的假设。以现代科学的评价标准来衡量，恐怕也缺乏效率或效益的内涵。至于投入产出的计算，更是相去甚远。然而，这也正是今天清华大学倡导与张扬学术志趣的可贵之处。毋庸置疑，现实生活中的功利主义与这种只是目的而非手段的学术志趣是背道而驰的。我们知道，真正的学术绝不是经营，学术研究更不是经营的功夫，知识创新也不单纯是市场“通货”的交换对象。而学术志趣所具有的单纯目的而非手段的价值与意义，恰恰是学术研究与知识创新的内在逻辑。1927 年 8 月 29 日，梁启超在家书中还说：“我国古来先哲教人做学问的方法，最重‘优游涵饮，使自得之’，这句话以我几十年之经验结果，越看越觉得这话亲切有味。”换句话说，学术作为一种探索道理与新知的活动，需以从容而执着的态度，孜孜不倦，深入体会，方可达致。

学术志趣的这种“莫问收获，但问耕耘”的内在逻辑是客观的，具有很强的约束力，并且是不以人的意志为转移而发挥作用的。君不见，那些工于心计的人，最后往往是南辕北辙；那些急功近利的人，结果常常是事与愿违；那些急于求成的人，其最后结果往往是一事无成。这是学术的奥秘之所在。因为有时往往是你越在意，可能你所期待的结果越不会达到。而如果你抛弃这些患得患失的顾虑，欣赏与享受学术过程的各种体验，最后往往是结果不期而至。可以说，这也正是老子在《道德经》最后一章所说“圣人之道，为而不争”的含义。当然，这样的说法并非暗示学术志趣的这种定位与潜在目的仍然是追求功利。它只是强调，这些现象无非都是客观规律的体现。而在学术界，只有遵循这种学术志趣的规律与逻辑，才能够真正获得学术的“正果”。

而且，我之所以如此赞赏清华大学倡导学术志趣的举措及其“莫问收获，但问耕耘”的学术境界，还因为它具有非常现实的价值与意义。甚至对当前中国学术活动存在的问题具有非常鲜明的针对性。实事求是地说，在社会转型的过程中，市场的交换律似乎支配了现实生活中的一切行为，所有的活动都被所谓的“收益”牵着走，以至于出现一种“魂不守舍”或心为物所役的现象。在利害得失的牵引下，某些学术研究过程变得急功近利，学术不规范现象屡禁不止。尽管我并不愿意在这里简单地将眼下学术界中形形色色的不规范现象与过分追求学术利益或名望的功利主义联系起来，但两者之间的确有一定的关系。我们甚至可以在这样两者之间建立起一个所谓正相关的“公式”，即越是追求和在意学术的功利目标，就越容易（虽然不是必然）产生和出现学术不规范的现象。

应该进一步指出的是，这种“莫问收获，但问耕耘”的学术志趣，与中国传统文化所提倡的“学以致用”的思想也并不是相互矛盾的。因为，这种只是目的而非手段的学术志趣，并非是一种虚无主义和所谓“不食人间烟火”。它与“学以致用”所针对的问题或对象，以及协调的关系是不同的。荀子在《荀子·儒效》中所说的“知之而不行，虽敦必困”，强调的是人们在掌握了丰富的知识与道理之后，不能束之高阁，而必须付诸实践。它反映的是知识与应用之间的关系。而王阳明等人提出的所谓“知行合一”等观念，要解决的也都是知与行的关系问题。而学术志趣的定位所针对的则是学术探索与知识创新过程中的目的与手段的关系问题，它力求解决的是学术界在知识活动中存在的某种功利主义现象与倾向。所以，将这种只是目的而非手段的学术志趣与“学以致用”的思想对立起来是没有道理的。

我愿意向诸位主张这种定位的学术志趣，推崇这种“莫问收获，但问耕耘”的学术逻辑，更加愿意与各位一起分享这种学术志趣的快乐。

耐　　烦

——《教育活动的社会学分析：一种教育社会学的研究》（修订版）后记

一般而言，在书的后记中，作者常常要感谢出版社、编辑，以及所有帮助过他的人和朋友，在本书第1版的后记中，我也是这样做的。而且，在修订版的后记中，我也想这样做。但是，我又觉得，我的朋友们这样帮助我，更多的是希望我能够做得更好一些，更多的是希望通过他们的帮助使我认识到自己的不足，而不仅仅是得到我的感谢。实际上，他们的帮助和愿望已经得到了实现。因为，在对本书进行进一步完善和修改的过程中，我的确又有了一些体会和收获。一方面，我感到本书中有些地方仍然存在一定的问题，有些地方还没有完全说清楚，有些部分还可以写得更加好一些。当然，在修改的过程中，我也已经做了一些工作，但仍然存有遗憾。另一方面，在修改的过程中，我也形成了一些新的思考，产生了一些新的研究与创作的欲望和计划。但是，我想在这里说的是，通过这次修订，我的确对自己有了一次反思，而且在心态上有了一点新的认识和体验，简单地说，这种认识和体验就是：耐烦。

在修改书稿的过程中，我常常表现出一种十分“不耐烦”的心态，常常觉得有些地方不需要再修改了，由于一些外国人名的英文需要从各个方面寻找出处，所以也常常表现出不耐烦。另外，有些地方虽然编辑已经提出了修改的建议，有时也常常不愿意再花功夫，只是随便调整一下就算了，还有其他一些方面，都不同程度地反映了自己的不耐烦。这恰恰也是自己仍然缺乏“修炼”的表现。这里，我想起了多年以前阅读沈从文先生的著作时所看到和体会到的沈从文先生的文风和态度。他对自己所写的文章总是不厌其烦地修改，甚至在这些文章已经出版和发表以后，也还进行修改。而这也就是他常常说的“耐烦”。沈从文先生对自己的评价和对别人的夸奖，都是“耐烦”。当然，对于这个“耐烦”，究竟是一个什么准确的含义，恐怕很难进行非常全面的界定，但根据上海辞书出版社所编纂的《辞海》中对于“耐烦”的简单解释，它指的是“忍受得住；禁得起”。当然，沈从文先生所说的“耐烦”所包含的意义，已经大大地超越了这个解释。但是我想，即使是这样简单的规定，对于我们这些从事研究工作的人而言，也已经足矣。当然，对于沈从文先生的成就，我只能望其项背。但他的这种“耐烦”的文风和治学态度，却是非常值得我们学习和品位的。反省我自己，在学问上至少有许多方面是“不够耐烦”的。

其一，浅尝辄止——读书不够耐烦

尽管这些年自己买了不少书籍，也承蒙朋友的厚爱得到了不少的赠书，书房中书架的承载也与日俱增，尽管自己也有一定的读书计划，甚至是读书任务，要求自己每个月能够完成一定的阅读量，但是，坦率地说，像过去在读研究生时那样“啃书”的劲头已经很少了，而往往是一种近乎“功利主义”的读书，需要什么，就东翻西翻地到处找，这本书看看，那本书查查，断章取义地寻找自己所需要的内容，甚至不能非常完整地读完一本书。尽管有时也会废寝忘食，但也常常是为了完成一定的任务和课题，更谈不上对一些名著名篇和名句反复地咀嚼和细细地品味。最让我感到恐怖的是，似乎现在已经没有了当初大学和研究生时代的那种读书的激情，特别是没有了过去那种完全没有任何写作目的的纯粹的阅读，以及在那种自由阅读时的愉悦。

其二，敷衍了事——讨论不够耐烦

讨论是一种十分重要的学术活动和形式，它可以激发人们的灵感，启迪彼此的思考，磨砺思维的敏锐，以及催发知识的创新。实际上讨论也是反映一个学者学品和人品的“镜子”。如果说，自己过去还能够也愿意与同学、同事和朋友们在一起讨论一些学术问题，并且能够把这些讨论作为自己学习的一种重要形式，那么，现在的我，已经逐渐自觉和不自觉地在回避讨论，淡化讨论，甚至是敷衍讨论。有时往往感到这样的讨论似乎是浪费时间，没有价值；有时则是认为在讨论中不同意见的交锋常常会引起不必要的矛盾和对立。而且，更加可怕的是，在与青年学生和教师的一些学术讨论中，自己已经显现出一种“老”态，即常常用自己的某些观点和理论去“同化”这些青年学生与教师的不同意见和一些新的想法，而不能更多地采取一种“顺应”的态度去认真和谦虚地听取他们的研究与观点，更多地反思自己理论和观点中的缺陷与不足，甚至还没有听完别人的话，便粗暴地打断别人的话，迫不及待地用自己的理论去解释对方的问题。

其三，得过且过——修改不够耐烦

文章是需要“磨”的，只有经过反复的修改和“磨”，才能够像画家黄宾虹所说的那样，使得自己的作品不仅是一种“能品”、“精品”，而且是能够成为“神品”和“逸品”。当然，从创作和写作的过程中，我们的确需要一种激情和所谓的一气呵成，但是，激情之余和呵气之间，也往往需要一种冷静和从容。而这恰恰就是对文章和作品进行修改时所需要的态度。这些年，我感到自己对修改文章已经是没有了这样的冷静和从容，往往是非常草率地浏览几遍，觉得大模样没有问题便草草收笔，而不能比较仔细地对结构、逻辑、方法以及叙述和语句等进行反复的修改。有时是嫌麻烦，有时则是自认为，一篇文章贵在它的“神”，而对于个别文字和逻辑等，则无伤大雅。更让我自己感到羞愧的是，近年来甚至出现了这样的事情，有时看到自己已经发表的文章被编辑进行了修改，还不高兴，认为是影响了自己所谓的风格。

其实，说起耐烦，我也想起了 2006 年的一件事情。当时我应邀参加中国社会科学院哲学研究所的建所庆祝活动。会议过程中，许多哲学所的老师和研究人员纷纷回忆在哲学所历史上的名人轶事，缅怀哲学所历史上的各种事迹。哲学所研究员、著名哲学家叶秀山先生发言中在提到了我的博士研究生导师王玖兴先生的治学态度。他说道，当时王玖兴先生有一个并非贬义的外号“王久磨”，意思是任何文稿到了王先生那里，总是要拖比较长的时间，甚至是耽误了规定的交稿时间。但是，只要是经过他手的文稿，基本上是不用再修改了，是可以放心的。我自己就经历了一次这样的事情。当时，哲学所由王先生主持翻译卢卡契的名著《理性的毁灭》，我们几个年轻的研究人员和研究生都参加了翻译工作。由于文字和作者本人风格的缘故，这本书的确是非常难译。后来，等我们把翻译的初稿都交给王先生以后，就一直没有消息，我们也都十分着急。但是，等到王先生把他修改过的译稿给我们重新誊正时，我发现在自己译稿的四周，竟然全部是王先生修改的文字，可以说，他几乎是把我翻译的部分全部重新翻译了，而且，经过对比，我真是感到自己的翻译水平实在是太差了。后来，出版社也基本上是按照王先生的译稿出版了。所以，对于叶先生的发言，我是由衷地赞成的。没有想到的是，自叶先生发言以后，几乎所有后来的发言者都提到了王玖兴先生治学的这种态度和严谨的作风，而且也都批评现在的文风过于浮躁，缺乏过去王玖兴先生的作风。这次会议真是让我十分感动，而且是受到了一次非常深刻的教育。与我的老师比较，我也是十分惭愧。

因此，与沈从文先生的“耐烦”相比，与王玖兴先生的“磨”相比，我确实感到自己学品的差距。其实，沈从文先生对自己和他人所要求的这种“耐烦”，王玖兴先生的这种“磨”，又岂止只是一种文风和做学问的态度，它更是一种人品和做人的态度，反映了他们做人的一种境界，因为，文章的水平实际上是一个人人生境界的表现。你的境界达到什么程度，你的文章也才能达到这样的境界。人生境界的高低也决定了学术水平和文章水平的高低。此外，这种“耐烦”和“磨”实际上也是一个人品位的体现。因为，一种做人的品位在很大程度决定了人的情趣和眼界，它直接影响了研究人员对自己的要求和标准，以及个人的价值追求。品位低的人是拿不出高水平的作品的。当然，这样的“耐烦”和“磨”可能会影响与限制作品的数量，因为这样做，是不可能一年出版好几本书，或者是几十篇文章的。但是，即使这样，也丝毫不影响沈从文先生和王玖兴先生的学术声誉。坦率地说，在现在的学术圈中，这样的“耐烦”和“磨”实在是太少了；与沈先生和王先生比较，我们实在是太惭愧了。而且，我也在想，为什么我们今天就不能做到这样的“耐烦”和“磨”呢？究竟是什么因素使得我们这一代做学问的人丢掉了中国学术传统中的这种精神和态度呢？为什么我们这一代做研究的人就不能有比较高的人生境界和学术品位呢？其实，我们是可以做到的，问题在于一种学术的自律，包括个人的自律和整个学术界的整体自律。

最重要的是出思想

——在《解放日报》第62届文化论坛的演讲

刚才冯骥才先生说，他听说今天在这里举办题为“民族复兴的文化担当”的文化讲坛，感觉有点儿吃惊，他觉得韩美林先生是一个很感性的人，似乎他这样做有一点不符合他自己的禀赋和特点。从他对韩老师的了解来说，这话是对的。而从我的角度来说，韩老师这样做却又在情理之中，为什么这样说呢？因为他是大学老师。大学老师是干什么的？不就是文化的担当者吗？作为大学的老师，承担文化担当者这样的责任又有什么奇怪的呢？这是一种责任，甚至也可以说是一种义务吧。而且，做这件事在一定意义上也抓住了大学最重要的职能和本质。

我在大学里分管外事工作，经常接到任务，在国内外参加各种各样的论坛，发表演讲，介绍自己的学校，提出合作意愿，开展一些学术问题的探讨活动。在这个过程中我发现了一个很有趣的现象：一些大学校长在他们的演讲和发言过程中讲什么呢？讲这所大学有多少个院系，有多少个学科，有多少个重点学科，有多少个重大项目，有多少科研经费，有多少奖项，等等，列举了一大串非常实的量化的数据，似乎这样说会让别人感觉到这所大学有实力、有水平。但是也有一些校长不是这样说的。他们说什么呢？他们讲的是学校的历史，讲的是学校在历史中所产生的文化、精神，尤其是讲学校的一些传统，包括特别引以为傲的那些历史上的镜头、人物、故事。

我曾经也经历过讲数据、讲材料的那个阶段，我觉得这些数据、这些材料也让我感到骄傲，但我后来更倾向于以后一种方式来介绍清华大学。

因为我发现以这样的方式介绍清华大学的文化历史、介绍它的传统的时候，往往能激发人们对学校产生更大的尊敬，给予更高的评价。

有一次我和王蒙先生一起在宁波开会，说起宁波有“三宝”。王蒙先生就问我：谢校长，清华有“三宝”吗？我当时几乎是不假思索地回答：当然有“三宝”了。他问：有哪“三宝”啊？我说这第一个“宝”呢，是清华的校训“自强不息，厚德载物”，它来自于《周易》。第二个“宝”是清华的校园。季羡林先生考清华大学那年，作文题目就是“梦想中的清华大学”，那个时候清华离北京市区很远，交通不方便，他考试之前没来过清华园。他真正到清华大学报到的时候，发现看到的真实的清华校园和自己写的竟然如此相似，而不仅仅是神似。当然，我之所以说校园，还在于美国《福布斯》杂志在评选全世界最美的校园时，清华园也很有幸成为全世界第14个、也是亚洲唯一一个“最美的校园”。第三个“宝”是什么？是清华的校友，我们以校友为傲，清华不仅培养了多位杰出的国家领导人，更培养了一大批科学家、一大批教育家、一大批踏踏实实在各个领域工作的知识分子。这样讲难道不比我去介绍那些干巴巴的数字更能打动人吗？大学要出论文，但最重要的是要出思想。

坦率地说，我今天在这里不是作为清华大学副校长，而是作为大学老师的身份来的。我们现在对高等教育、对大学的评价，往往背离了大学作为文化担当者的角色，至少有那么一点点背离。为什么呢？我们现在评价一所大学，大量地采用那些数据、指标，比如有多少老师、多少学生、多少实验室、多少土地、多少经费，等等，以至于我们成天纠缠于这些数字中。其实这些数字并不能说明什么问题。谁都不会怀疑西南联大的那批老师、那批学者对中华文化巨大的担当。如果我们用数字来评价韩美林的艺术，恐怕也很难把它列为这个级、那个级吧。

作为一所大学，作为一个民族复兴的文化担当者，最重要的是它在文化上的贡献。评价一所大学，我们也许要有一些数据，我不反对那些数据，因为它是物质基础。就像冯骥才先生说的那样，一定要有经济的增长，要有社会的完善，这些都是要有的，但不能仅仅有这些。大学作为一个文化机构，作为一个民族振兴的文化担当者，首先要评价它在文化上的贡献、在文化上的担当，以及在这种贡献和担当中所达到的境界。

让我们回想一下，当初冯友兰先生在谈到知识分子的境界时，说到自然的境界，说到道德的境界，最后他提到天地的境界，我想这足以给我们很大启示。在我看来，最高的就是思想的境界。大学在民族振兴的文化担当者这个角色中最重要的是出思想。它要出论文，它要出各种技术，但最重要的是要出思想。

回到今天的现场，回到韩美林艺术馆。实事求是地说，这样一个艺术馆的建设应该不仅仅是让一个区，让韩美林本人，以及一些热心艺术的人和各方好友来做。同样，不无遗憾的是，当前对于大学建筑设施的规定中竟然没有文化馆和博物馆这一类的建筑。所以我也想借今天这样一个机会做一番呼吁，如果我们把大学真正看成是文化的担当者、一个文化担当的重要机构，那么在大学的规划建设中，博物馆和文化馆应该是题中之意。

谢谢大家！

出 版 人　所广一
责任编辑　刘明堂
版式设计　贾艳凤
责任校对　贾静芳
责任印制　曲凤玲

图书在版编目（CIP）数据

教育的道理：谢维和教育文集．第Ⅰ卷／谢维和著．
—北京：教育科学出版社，2014.5
ISBN 978－7－5041－8472－6

Ⅰ.①教…　Ⅱ.①谢…　Ⅲ.①教育—文集　Ⅳ.
①G4－53

中国版本图书馆 CIP 数据核字（2014）第 071336 号

教育的道理——谢维和教育文集（第一卷）
JIAOYU DE DAOLI——XIEWEIHE JIAOYU WENJI

出版发行	教育科学出版社		
社　　址	北京·朝阳区安慧北里安园甲 9 号	市场部电话	010－64989009
邮　　编	100101	编辑部电话	010－64989419
传　　真	010－64891796	网　　址	http://www.esph.com.cn
经　　销	各地新华书店		
制　　作	北京金奥都图文制作中心		
印　　刷	保定市中画美凯印刷有限公司		
开　　本	169 毫米×239 毫米　16 开	版　　次	2014 年 5 月第 1 版
印　　张	16.75	印　　次	2014 年 5 月第 1 次印刷
字　　数	254 千	定　　价	39.00 元